번역의 정석

번역의 정석

ⓒ 이종권, 2024

초판 1쇄 발행 2024년 7월 4일

지은이   이종권
펴낸이   이기봉
편집   좋은땅 편집팀
펴낸곳   도서출판 좋은땅
주소   서울특별시 마포구 양화로12길 26 지월드빌딩 (서교동 395-7)
전화   02)374-8616~7
팩스   02)374-8614
이메일   gworldbook@naver.com
홈페이지   www.g-world.co.kr

ISBN 979-11-388-3208-3 (03330)

번역가는 원저자의 머리 꼭대기에 앉아 있어야 한다

번역의 정석

원 칙 · 방 법 · 비 판 · 실 천

Boston Tea Party · Political Correctness
미합중국 번역주권 회복을 위한 제언

이종권 씀 ‖ Frontier Publications 엮음

Essays on
Translation & America

좋은땅

Dedication

To **Nicholas Cavender Wilson,**

the Publisher of American History Research Associates.

Everything started from your generosity.

Thank you very much. Rest in Peace.

저자 서문

내돈내산이란 말이 요즘 신조어인가 보다. 이 책이 바로 내돈내산이다. 좋은땅에서 벌써 세 번째 책을 출간한다. 좋은땅의 좋은 점은 내돈내산이라는 점이다. 내돈내산이다 보니 좌고우면하지 않고 마음껏 써낸다는 장점이 있다. 내돈내산은 표현의 자유다.

표현의 자유는 자유민주주의의 근본 가치 가운데 하나이다. 모든 인간은 동등한 표현의 자유를 갖고 태어났다. 그런데 현실은, 모든 인간은 동등한 표현의 자유를 누리지 못한다. 표현의 능력도 사람마다 다르고 표현의 자유를 행사할 환경과 조건도 사람마다 제각각이다. 창조주가 모든 이에게 동일한 표현의 자유를 부여하였으나 그것을 행사할 수 있는 능력과 환경과 조건은 모든 개인이 각자의 노력으로 계발하고 구축하는 것이다. 이것이 자유민주주의 사회의 작동원리이다. 창조주에 보답하는 인간의 자유의지가 바로 자유민주주의다. 그것은 정치 이전에 인간다운 삶의 방식인 것이다.

나는 돈이 되지 않는 글을 참 많이 썼다. 돈이 되지 않는 번역도 꽤 많이 했다. (누가 읽든 안 읽든) 내가 쓰고 싶은 글을 썼고 (내 생각에) 필요한 번역을 했다. 모진 환경 속에서도 표현의 자유는 한껏 누리며 살아왔다. 글도 쓰고 번역도 하고, 그러다 보니까 원문에 관한 글도 쓰게 되었고 또한 번역이란 작업 자체에 대한 글도 쓰게 되었다.

번역을 하게 되면 멍을 때릴 때가 많다. 좋게 말하면 사색과 성찰? 그리고 리서치. 하다 보면 문제의식도 생기고 관점도 생기고 영감도 떠오른다. 글이 마려워지는 과정이다. 그럼 쓴다. 후딱 쓴다. 페북에도 쓰고 카톡방에도 쓴다. 시간도 별로 안 걸린다. 일종의 휴식? 그리고 다시 번역. 먹고 사는 와중에 나는 이렇게 산다.

돈이 되든 안 되든, 읽을 사람이 있든 없든, 내가 평생을 천착하여 번역할 분야는 미국이다. 미국 와서 온갖 일을 겪고 버티며 여기까지 왔지만 결국 이거 하려고 미국에서 말뚝을 박은 꼴이 되었다. 도미할 때 험한 세상의 다리처럼 한미관계의 다리가 되겠다고 학업계획서를 거창하게 써냈는데, 지금 보니까 그게 번역으로 낙착. (젠장, 딴 것도 좋은 거 많은데.)

내돈내산의 번역가로서, 생업에 바쁜 관계로, 많은 작업은 못 했지만 중요한 일은 해 왔다고 자부한다. 전공계열의 프로페셔널들이 그 중요한 일들을 나한테까지 남겨줘서 감사하다. 니네들이 안 하면 내가 다 할 꺼다. 난 이제 시작이고 이 책이 그 팡파르다.

수학의 정석이라는 책이 있다. 대입수학의 원탑으로 '라떼' 이 책으로 공부하지 않은 고딩이 없었다. 수학 I이 있고 수학 II가 있었는데 왜 그렇게 어렵던지 집합과 인수분해만 지나가면 두뇌가 마비되었다. 나에게 수학은 오르지 못할 나무였다. 내 비록 일찌감치 수포자가 되었으나 인생을 포기한 것은 아니어서 여기까지 왔는데, 문득 그 책이 생각났다. 번역에 있어서는 이 책이 바로 정석이라고 말하고 싶어 홍성대 선생님을 오마주하였다. 번역의 정석. 수포자가 수학을 결국 이렇게 써먹네. 감사드린다.

지금은 비정상의 시대다. 원래 책까지 낸다는 생각은 없었으나 번역에 관한 비정상적인 글을 접하여 반론을 쓰다가 책까지 만들게 되었다. 번역에 관해서든, 글쓰기에 관해서든, 그리고 미국에 관해서든 올바른 생각을 나누었으면 좋겠다는 생각으로 이 책을 기획해 보았다. 그러한 바람을 가장 잘 담고 있는 단어가 바로 '정석'이다.

4년 전인가? 새벽 세시에 동네 던킨도너츠에서 원고수정하다가 별 생각 없이 사진을 한 장 찍었는데 볼수록 맘에 쏙 들었다. 마구 지우고 고치고 한 것이 내 인생 같았다. 어글리하지만 크게 한번 써먹고 싶었다. 그게 이 책의 표지다. 이걸로 소원성취했다.

이 책에서 많은 분들을 비판했다. 비판이라 하지만 내 입장에선 성심껏, 혼신을 다하여 모셔드렸다고 말씀드린다. 노상 말하는 것이지만 이름 걸고 글 쓰는 사람들은 언제나 (글로) 얻어맞을 각오가 되어 있어야 한다고 생각한다. 복서와 파이터가 링에 올라 점잔 빼고 예의나 차리면 스포츠가 뭐가 되겠는가. 까고 까이는 것이 글 쓰는 자들의 숙명이다. 그런 표현의 자유 위에서 우리는 함께 진리에 수렴한다.

잠자는 사자 여러 마리의 코털을 건드렸다. 세상에는 고수가 너무너무 많으니까 나 역시 무사하진 못할 것이다. 이왕 버린 몸, 누가 나를 흠씬 두들겨 주었으면 하는 바람도 있다. 그래야 우리 산업이 발전을 하지. 마중물이 되고자 목 씻고 기다린다.

NJ Vince Lombardi Welcome Center 작업실에서

이종권

차례

──────── I ────────
번역 현장

—————————— II ——————————

비평: 이희재론 外

III
번역가의 세계관

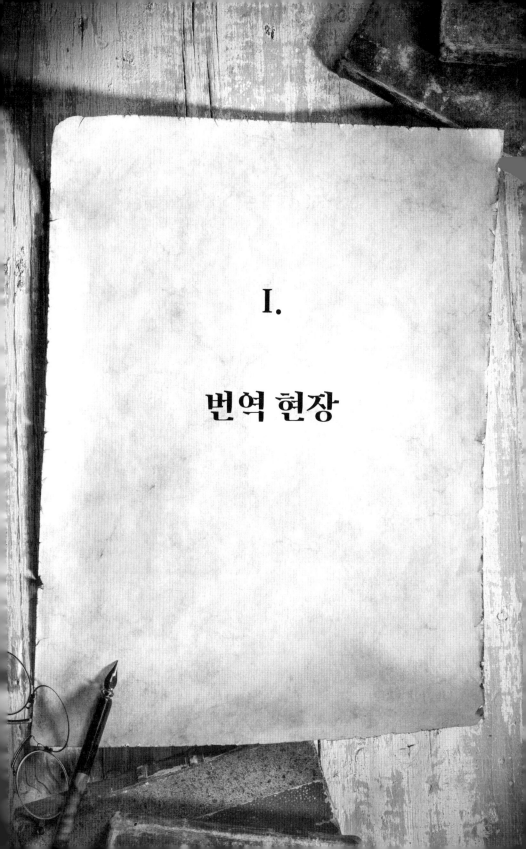

I.

번역 현장

1.
미합중국 건국의 아버지들

번역이 취미?

취미가 뭘까 생각해 봤는데 난 번역인 것 같다. 요즘 간단한 책 한 권에 꽂혀서 하루에 한 쪽씩 하고 있다. 책은 재작년에 미국 국가인 The Star-spangled Banner의 탄생지 포트 매킨리에서 산 거다. 2017년 9월 16일 자 페북에 그렇게 기록되어 있네. 1년 반을 방치하다 요즘에야 발동이 걸렸다. 짧은 책인데 서문 첫줄이 약간 까다로워 손 놓고 신경 끄고 있었는데 며칠 전 심심해서 다시 시도해 봤더니 잘 뚫렸다. 필자가 약간 글을 꽈서 쓰면 뜻을 알아도 우리말 어법에 맞게 표현하기 어려운 것도 있고… 그 밖에 번역이 잘 안되는 까닭은 수도 없이 많은데 내게 있어 그 난관을 해결하는 방법은 그냥 묵혀 두는 거다. 이 책처럼 놔뒀다 다시 보면 거의 해결되더라. 뭐 난 이거 말고도 할 일이 많고…. 데드라인이 있는 작업도 아니라 될 때마다 할 수 있을 만큼…. 그러나 이왕이면 성의껏 하려고 하니까…. 취미 맞지?

학부 전공이 어학이다 보니까 어렸을 때부터 번역할 기회가 많았다. 학부생 시절부터 망해가는 출판사의 싸구려 번역도 해 봤고…. 출판사에서 테스트도 받고 내 이름 올라간 책을 낸 적도 있었다. 전문번역가가 될까 하는 생각도 있었는데 역시 그건 안 하길 잘했다. 모든 수입이 원고지 매수로 계산되기 때문에 삶이 너무 팍팍하고 강도 높게 일하는 것도 아니면서 늘 매여 있어 자유시간도 없다. 직업으로 할 일은 아니다.

요즘은 저작권 때문에 아무 책이나 출판할 순 없지만 번역이 취미인 나로서는 아무 책이나 골라서 할 수 있다. 이걸 직업으로 한다면 돈을 받아야 시작할 수 있겠지만 난 하고 싶은 책을 그냥 하면 된다. 그렇게 해서 실제로 출간까지 했던 적도 있다. 10년 전에 불광출판사에서 나왔던 *Diary of a Korean Zen Monk.* 한글 책을 영어로 옮겼는데 혼자 작업하고 있었더니 모 단체가 그 사실을 알고 계약금을 주면서 출판을 제의했다. 일생일대에 고생했던 작업 가운데 하나였는데 다행히 평가가 좋았다. 그것을 기점으로 일 년에 한 권씩은 해야겠다고 작심하였으나 먹고사느라 바빠서 잘 안됐다.

며칠 전 어느 중요한 모임에 가서 이런 얘기를 한 적이 있다. (미국에 사는) 한국 사람들이 미국을 알고 사는 데 도움이 되었으면 한다고. 그 미션을 실천하기 위한 수단 가운데 하나가 번역이다. 그래서 앞으론 미국에 관련된 자료들을 하나씩 해 볼라고.

지금 작업하는 이 책도 기본적이지만 중요한 토픽을 다루고 있는 책이다. 같은 신대륙이래도 남미랑 북미는 엄청 큰 차이가 있다. 그중 미국이라면 전 세계 이백 개가 넘는 국가 중에 나름 성공적인 국가라 할 수 있는데 그 까닭이 무엇인가 생각해 보니 소위 건국의 아버지들이라고 불리는 사람들이 다들 엄청 똑똑했고 헌신적이었다. 그 정신이 오늘날 고스란히 전수되었다고 하긴 힘들지만 애초에 닦아놓은 단단한 기반이 오늘날 세계를 주도하는 대국의 정신적 밑천이 되었음을 부인할 수 없다. 그와 같은 중요성에도 불구하고 독립전쟁 당시 구체적으로 어떤 이들이 어떻게 활동했는지 알지 못했는데 이 책 보면서 한 명씩 알아 가고 있다. 재밌다.

번역은 여가 시간을 이용하여 취미로 하고 있지만 그렇다고 전문성과 완성도를 무시하는 건 아니다. 나름 미국사의 줄기는 잡고 있고, 용어 등

세부사항은 검색과 확인 등의 작업을 통해 꼼꼼히 하고 있다. 다 마치면 참조할 만한 미국사 책 여러 권 보면서 대조 작업까지 철저히 할 거다. 유일한 취미인데 이 정도 성의는 들여야지.

출간? 되면 되고 말면 말고. 재밌으니까 완성만 해도 대성공. 그렇다고 추구하지 않겠다는 건 아니다. 사실은 아예 출판사를 하나 낼까 하는 생각도 있어서 이름까지 정해놓긴 했다. 어차피 앞으로도 번역 많이 할 거니까.

돈이 문젠데⋯. 그건 일해 놓고 걱정해도 늦지 않다. 안 해서 그렇지 여태껏 돈 없어서 일을 못 했던 적은 없다. 하면 된다. 그러니까 일단 해놓고 보자.

꼴랑 네댓 페이지 마쳐 놓고 말이 앞서는 것 같은데 몇 페이지 해 보니까 만만치 않지만 해낼 수는 있을 것 같아서 큰소리 좀 쳐 본다. 이래 놔야 책임감을 갖고 끝을 볼 것 같아서. (2019/1/27)

취미생활 정주행

취미생활 정주행을 하고 있다. 지금까지 14명 했다. John Adams, Samuel Adams, Charles Carroll, Samuel Chase, George Clymer, John Dickinson, Benjamin Franklin, Elbridge Greey, Alexander Hamilton, John Hancock, Benjamin Harrison, Patrick Henry, John Jay, Thomas Jefferson. 앞으로 스물 한 명 남았다. 하루에 한 명씩만 하려고 했는데, 사실은 두 개 더 했다. 재밌고 한가해서. 앞으로 21명 남았다. 이달에 다 할 수 있을까?

대략 뭉뚱그려진 역사로 읽을 때랑 개인에 포커스를 맞춘 거랑 느낌이 확연히 다르다. 아메리카 혁명은 여러 사람들이 일사분란하고 일목요연한 활약으로 성취되었을 것이라는 선입견을 갖고 있었는데, 이거 보니까 그게 전혀 아니고, 특정 기간 동안 각자의 역할과 재능과 운대가 절묘하게 맞아떨어져 기적같이 이루어진 역사가 American Revolution이 아닌가 하는 생각이 들었다. 개개인의 역할과 관계와 입장을 음미하며, 이 사람들의 인품은 어땠을까 상상해 본다.

솔직히 내가 이 책을 하는 것은 어떤 의미에선 상징이자 의식이다. 맨날 하는 새 출발이지만 이번 새 출발은 이 책이 적당하다고 보았다. 애당초 나의 도미 목적과 연관하여.

내가 원래 한 달 벌어 한 달씩 근근이 먹고사는데 지난달은 장사가 잘돼서 이번 달에는 일 안 해도 먹고살 정도가 되었다. 이상하게 난 돈이 좀 생기면 더 벌어야겠다는 의지가 타오르지 않고 금방 만족이 되어 버린다.

이번 달에 문득 취미생활에 눈을 돌리게 된 까닭이다. 그런데 희한한 게, 취미생활에 더욱 매진하라는 뜻인지 요즘은 비즈니스가 매일 공치고 있네! 누가 그랬더라? 생각대로 된다고. 참내, 암튼 굶어 죽지 않으려면 빨리 끝내야 한다.

책이 도처에 오역의 함정들이 부비트랩처럼 깔려 있다. 아직까진 잘 돌파해 온 것 같은데, 그건 내 생각이고…. 이해는 잘했더라도 표현은 잘됐는지도 궁금하다. (2019/2/4)

아버지가 많아서 좋은 점

여가로 하루에 한 쪽씩 하려고 했던 일인데 자꾸 걸리적거려서 며칠 동안 씻지도 않고 정주행해 끝내 버렸다. 본격적으로 달라붙어 열흘, 처음 마음먹고 일 년 반…. 작심하면 금방 끝날 수 있는 일을 이렇게 질질 끄는 습성이 젤 문제다. 물론 이렇게 페달을 밟은 것은, 마치면 멋진 이태리 식당에서 밥 사주신다는 페친+절친 님의 독려 덕분이다. 감사드린다.

독립혁명 주인공들의 삶을 간략하게나마 살펴보면서 느낀 바가 몇 가지 있었다. 서문에서 필자는 이들이 "신은 아니다"라면서 우상화를 경계한다. 그들은 신이 아니었지만 그들이 추구했던 자유와 평등과 독립은 현대사회에서 종교보다 소중한 가치이다. 한국인들, 뻑 하면 정치인의 우상화 유혹에 빠져든다. 그들이 추구했던 가치만 뽑아먹고 실천하면 되는데 (아무것도 안 하면서) 누구를 더 좋아하냐에 따라 패가 갈리고 싸움을 한다. 꼭 죽은 사람들이 통치하는 나라 같다. 건국의 아버지들, 그들의 사상과 업적에 포커스를 맞춰 바라보며 그게 나랑 무슨 상관이 있는지 생각하여 내 삶에 도움이 되기를 바란다. 숭배만 하지 말고 활용을 하자. 이게 원저자의 뜻이다.

책 제목이 Founding Fathers로 복수 plural이다. 고조선은 단군, 신라는 박혁거세, 고려는 왕건, 조선은 이성계, 중국은 모택동, 베트남은 호치민 쿠바는 카스트로 등등 대부분의 국가의 국부로 한 명의 이름만이 거명되는데, 미국은 복수이다. 혼자서 만든 나라가 아니고…. 그 건국의 아버지들이라는 이들의 리스트도 딱 부러지게 규정된 바 없어서 이 책에서 선정한 사람들만 해도 35명. 기준에 따라 더 될 수도 있고 덜 될 수도 있는 것이 미합중국 건국의 아버지들의 명단이다. 한마디로 이 나라는 처음부터 혼자 만든 게 아니라 다 같이 만든 나라이고 그렇기 때문에 이들이 가장 경계했던 점이⋯ 공을 혼자 차지하는 일, 즉 권력의 독점, 독재였던 것 같다. 견제와 균형, 권력의 분립⋯ 이런 콘셉트는 오늘날 우리가 당연한 것으로 받아들이고 있지만 유사 이래 왕조정치만 경험하였던 그 당시 인류에게는 중력의 발견만큼이나 획기적이고 혁명적인 발상이었다. 뭐, 미개한 신민들에겐 여전히 왕조나 독재가 편안하겠지만 난 이 정치체제가 좀 더 취향에 맞는 듯하므로 이들의 업적과 성취에 박수와 엄지척!

　오늘날 한국 사람의 입장에서 이들이 고뇌했던 노예제에 대해서 잠깐 생각해 본다. 우린 오천 년 동안 신분사회였다. 100여 년 전까지만 해도 인구의 절반 이상이 노예, 머슴이었다. 우리 역사에 훌륭한 업적을 남겼던 양반 귀족들도 많았지만 그 많은 조상들 가운데 어느 누구도 노예를 해방시켜야 한다고 주장했던 것을 들어본 적이 없다. 가끔 노비 만적이나 이런 사람들이 자신의 정체성을 기반으로 신분 없는 사회를 꿈꿨던 적은 있었고, 육두품이나 양반서자 같은 사람들이 불공평한 세상을 탓하며 신세 한탄을 했던 적은 있었으나 노예주 또는 양반 신분을 가진 사람이 스스로 노예제를 타파해야 한다고 주장하며 싸웠던 적은 없었던 것 같다. 나였어도 엄두를 내지 못했을 것. 그 어려운 일들을 일부 건국의 아버지들이 했다. 노예농장을 상속받았던 그들이 스스로의 기득권을 타파하고자 했던 것이다. 이 점 또한 높이 평가하고 찬사를 보낼 만한 일이 아닐까 싶다.

얇은 책이지만 실력이 부족하여 쪽마다 난관이 무지 많았다. 이것저 것 찾아보며 간신히 끝냈다. 앞으로 용어정리랑 수정작업 등을 천천히 해야겠다. 써먹을 수 있을지도 이제부터 모색해 보고. 말하자면 작업의 제일 쉬운 부분이 이제 끝났다. 진짜 어려운 일은 이제부터 시작이다. (2019/2/9)

그들이 극복한 장애물들

윤문이나 슬슬 하면 될 줄 알았는데 이건 완전 리노베이션 수준이다. 내 생얼이 이 정도라니. 한편으론 창피하고 한편으론 다행이다. 그나마 걸러 져서.

미국혁명을 공부하다 보니 한반도 통일에 참조할 바가 많다는 사실을 알게 되었다. 코리안의 대중적 인식 속에 독립을 일제의 패망과 동등하게 보는 게 아닌가… 그런 생각이 들었다. 그래서 일제시대에 일본에 대한 항거가 바로 독립운동. 맞나? 근데… 이걸 잘 봐야 된다. 일본의 패망 후 (일본으로부터) 해방은 됐지만 독립은 안 됐다. 신탁통치. 그다음은 독립이 됐냐? 독립 대신 분단. 독립운동은 (조금) 있었으나 독립은 없었다. 뼈는 좀 때리지만 팩트 맞지?

미국혁명과 한반도의 해방 사이엔 중대한 차이가 있다. 미국은 영국을 몰아내고 열세 개의 나라가 하나로 통합되었고 한반도는 하나였던 나라가 두 개로 쪼개졌다. 그들은 성공했고 우리는 실패했다. 도대체 뭘 어떻게 했길래?

광복과 독립이 다른 것처럼 미국사에서 Independence와 Revolution도 구분되어야 한다. 영국의 통치에서 벗어나기 위한 사상 & 무력투쟁, 제퍼슨의 독립선언(1776)과 영국군의 항복(1781)과 종전평화협정(1783)… 거기까지가 Independence. 영국이란 공동의 적을 매개로 뭉쳤던 13개의 국가가 다양한 이해관계를 극복하고 우여곡절 끝에 하나의 헌법을 만들고 (1787) 모든 주가 비준하여 효력을 발생시키고 새 대통령을 선출함으로써 (1789) U.S.A란 이름으로 건국할 때까지의 모든 프로세스를 일컬어 American Revolution이라고 한다. 정리하면 미국혁명 = 독립 + 건국.

독립만 해도 간단한 과정이 아니었다. 일단 13개의 국가가 단일대오로 싸워서 영국을 이겨야 했는데 영국처럼 훈련된 군대도 군비도 일사분란한 위계질서도 없었다. 지금은 엄청난 카리스마로 처음부터 영웅 대접을 받고 추대되었을 것이라고 여겨지는 조지 워싱턴도 당시에는 시기 질투 모함에 시달려 축출당할 뻔했던 적도 있다. 군에 자금을 댔다가 패가망신했던 사람도 있었다. 그런 판국에 이중스파이는 없었을까? 양다리는 없었을까? 기회주의나 수구파는 없었을까? 지금 생각으론 당시 미국인들이 모두 독립을 찬성하며 대의에 희생했을 것이라고 여겨지지만 심지어는 이 책에 등장하는 건국의 아버지들 가운데도 독립을 반대하는 사람이 있을 정도로 독립정신이 그 당시 파퓰러 마인드에 압도적인 대세는 아니었다. 암튼 싸움을 간신히… 기적적으로… 그것도 프랑스 덕분에 승리했다. 미국 길거리 이름에 Lafayette St.이 되게 많다. 전쟁에 혁혁한 공을 세운 프랑스 장군이다. 신라 입장에서 보면… 소정방 정도? 음. 큰 공을 세우고도 숟가락 내밀며 지분을 요구하지 않았던 프랑스도 대단. 통일신라 먹으려던 당나라처럼 뭐든지 요구할 수 있는 입장이었을 것 같은데 자국에서 내 코가 석자인 사정이 있었다. 암튼 미국은 운도 참 좋다.

이제 열세 개 나라가 하나로 통합될 차례. 영국을 이기고 전쟁이 끝났으니 13개국이 (원래대로) 각자 알아서 먹고살아도 상관없는… 그리고 당시의 지도자들 가운데 한 명이라도 그렇게 마음만 먹었으면 그럴 수도 있었던 상황이었다. 좁은 나라에서 우두머리로 각자 떵떵거리며 살아가는

번역의 정석

해방 후 남북 지도자들처럼. 또는 같은 스페인으로부터 해방된 후 수없이 갈라진 남미의 국가들처럼.

근데 이 사람들은 타협했다. 서로 줄 거 주고 받을 거 받으면서 일방적으로 한쪽이 원하는 대로 간 게 아니고… 수 틀린다고 깽판친 것도 아니고… 불만이 있었어도 승복할 것은 승복하며… 그렇다고 거시기까지 다 내놓지 않고 지킬 건 지키면서 합의했다.

합의의 결과가 헌법이었지만 헌법으로 미진했던 부분들은 이들이 살아생전에 수정헌법 권리장전을 통해 보완하여 미래의 갈등을 미연에 방지했다. 확실히 이 사람들이 합의했던 부분들은 후대에도 아무런 이의가 제기되지 않았고 아직도 잘 지켜진다. 딱 하나…. 합의하지 못하고 어정쩡하게 봉합했던 노예제… 이거 때문에 전쟁 나서 미국이 절단날 뻔했던 건 다 알지? 계약서 작성이 그만큼 중요한 거다.

영국이 물러난 후 이 건국의 아버지들이 당면했던 현안은 이런 것들이다.

1. 국가권력 vs. 개인권리

애초 영국의 강압적 통치를 벗어나고자 피를 흘렸던 것인 만큼 새로운 국가가 시민의 자유를 통제하려 한다면 도전개찐 죽 쒀서 개 주는 모양이다. 해서 표현, 종교, 신체의 자유 등 개인 고유의 자유를 보장하는 것이 매우 중요했는데 (심지어는 무기소지의 자유까지)… 그걸 매우 중시하는 사람도 있었고 일단 나라부터 만들고 보잔 사람들도 있었다. 결국은 이 문제에 대한 명시적 보장 없인 헌법에 찬성 못 한다며 회의장에서도 반대한 사람들의 주장이 반쯤 먹혀서…. 이것도 롱 스토린데… 미진하나마 (헌법을) 일단 통과시켜 나라부터 만들어 놓고 1차 수정헌법 권리장전을 1791년 헌법에 첨부함으로써 무마됐다. 그리고 이들이 주창했던 개인의 자유들, 그 덕분에 우리도 혜택받고 있다. 땡큐.

2. 연방정부 vs. 주정부

우리나란 옛날엔 왕이나 대통령이 도지사 시장을 모두 임명하여 중앙정부에서 시키는 대로 움직여야 했지만 미국은 여러 나라의 대표들이 모여 하나의 통합국가를 만든 거다. 한반도에선 단 두 개의 정권뿐이지만 통일은커녕 주적이 되어 있는데 이 사람들은 무려 열세 나라.

지금 우리나라도 지방자치제로 도지사 시장을 자체로 뽑지만 대부분의 지자체가 적자라서 대통령과 국회에 잘 보여야 국가 예산을 받아낼 수 있기에 태생적으로 중앙정부의 권력이 우위에 있을 수밖에 없지만… 이 당시엔 열세 개의 국가가 쌩돈을 각출하여 없었던 포지션과 기관을 만들어야 했다. 세월이 흘러 지금은 좀 다른 양상이지만 당시엔 열세 개의 각 나라들이 갑이었음을 추론할 수 있다. 물론 취향에 따라… 어떤 사람은 단일국가 시스템을 너무나 선호했던 나머지… 기존 모든 국가 철폐하고 그냥 하나로 가자… 연방이나 연합이 아닌 영국이나 프랑스처럼 one nation 으로 가자… 심지어는 군주제로 가자… 하는 주장도 었지만… 양보와 타협으로 오늘날의 연방제…. 주와 연방정부의 역할과 권한을 분점하는 것으로 귀착.

3. 큰 주 vs. 작은 주

만약 제주도랑 서울이랑 같은 지자체라고 예산도 똑같이 배정해 달라면 서울이 억울할 것이다. 반대로 제주도… 니넨 몇 명 안 사니까 국가의 의사결정에서 빠지라고 왕따시키면… 차라리 나 혼자 살고 말지… 그러며 독자노선을 도모할 것이다. 델라웨어나 코네티컷은 작은 주…. 뉴욕이나 버지니아는 큰 주…. 이들의 상이한 이해관계를 어떻게 무마시켜 통합을 이룰 것인가… 하는 점도 혁명을 완수하기 위한 꽤나 어려운 퍼즐이었다. 거두절미하면, 이 문제는 양원제로 해결했다. 상원은 각주 동수대표. 하원은 주별 인구비례대표. 풀고 나면 쉽지만 그 전엔 꽤 진통이 있었다. 코네티컷 타협안(The Great Compromise), 나이스 플레이.

4. 기존의 주 vs. 미래의 주

미국이 지금은 50개주지만 그땐 13개였다. 37개가 늘어난 거다. 지금은 하와이까지가 미국이지만 그땐 애팔래치아 산맥 동쪽만… 심지어 플로리다도 미국이 아니었다. 지금의 1/3 사이즈도 안 되는 나라였다. 그것도 엄청 크긴 하지만. 그때 그 사람들이 당시의 회원국과 영토 크기에 만족했다면….또는 미래를 준비하겠다는 비전이 없었다면…. 서부개척은 없었다. 아님 서부는 다른 나라가 되었거나. 근데 이 사람들은 후대에 펼쳐질 서부 진출 후… 거기 사람들도 독자적인 주를 만들어 기존의 주와 동일한 자격과 의무와 혜택을 가지며 연방에 가입할 수 있는 길을 만들어 놓았다. 이건 동부에 바다로 막힌 나라들 말고 서부 대륙으로 뚫려 있는 나라들에서 알아서 배려하고 양보해야 하는 문제였는데…. 그 어려운 일을 제퍼슨이랑 버지니아 사람들이 해냈다. 북서부조례 (Northwest

Ordinance · 1787). 우리도 만주 연해주 진출을 위해 참조해 볼 사안이다. 실사구시적인 관점에서 평가하면 미국혁명이 여기까진 참 훌륭했다. 이제 마지막 부비트랩이다. 바로…

5. 노예제

북부 사람들은 그렇다 쳐도 남부의 워싱턴이나 제퍼슨 같은 사람들은 자기네가 노예를 소유했던 농장주였으면서도 노예제 철폐를 주장했다. 근데…. 그거 건드리면 연방에 가입 안 하겠다는 주가 있어서…. 마무리 안 짓고…. 그럼 1808까지만 신규 노예 수입허용… 이렇게만 해놓고 덮었던 게 결국 링컨 때 터진 거다. 애당초 니네끼리 노예제 하면서 살라고 놔뒀으면 여러 나라인 상태로 아웅다웅하다가 노예제가 있던 나라들에서도 기계화나 산업혁명 또는 인공지능으로 인해 노예제는 결국 소멸했을 텐데 링컨은 노예제 유지를 위해 연방을 탈퇴하겠다는 남부의 주들과 전쟁을 불사했다. 그래서 냉정히 링컨의 업적을 평가하면…. 연방을 분열로부터 지켜낸 것. 그래서 오늘날 미합중국의 관점에서는 무척 다행인 것이 링컨의 승리다. 비록 본인은 많은 적이 생겨 비명에 가셨지만 후대에 큰 혜택을 남겼다. 뭐냐고?

알렉산더 해밀턴은 통합의 이익은 안보라고 했다. 나라가 분열되어 있으면 당연히 상대국을 향하여 국방을 해야 하니까. 한 나라로 합쳐 있는 게 장기적으론 훨씬 이익이지. 한반도 분단의 가장 큰 대가도 바로 안보비용인 것처럼… 그 실천을 링컨은 정확히 이행했고 그 혜택을 대대손손 입고 있는 거지. 50개 주 어디를 다녀도 걸림 없이 다닐 수 있잖아. 한 나라니까.

앞서 노예제에 관한 합의를 안 본 걸 사람 잡는 부비트랩이라 했는데…
총칼이나 무기만 사람을 잡는 게 아니다. 선조들의 잘못된 협상과 정치행
위가 후대의 대량살상을 낳는 핵무기가 될 수 있음을 미국헌법이 보여줬
다. 끔찍하지 않냐. 지금 한반도를 중심으로 남북미 사이엔 눈치와 밀당
과 치킨게임 등의 온갖 개인기를 이용한 협상 중이다. 이 사람들이 사인
한 문서가 어떠한 결과를 가져올지 오리무중이다. 다만 살이 좀 떨릴 뿐.
단지 바란다면 그 시절의 저 사람들한테서 취할 건 취하고 버릴 건 버려
서 만인에게 행복을 가져다줄 수 있는 진정한 그리고 궁극적인 Korean
Revolution을 완성하기를 바랄 뿐이다. (2019/2/13)

미국혁명의 성지에서 1980년대 한국 민주화운동을 반추함

번역하는 거 응원해 준다고 서부에서 페친 두 분이 와주셨다. 필라델피아에서 만나 Independence National Park에 가자고 했다. 내 프로젝트에 도움이 되기를 바란다고 하였다.

이곳은 독립선언문을 논의하고 서명하고 선포했던 장소를 중심으로 National Constitution Center, American Revolution Museum, Liberty Bell 등 미국 역사의 공식 기원이 되는 볼거리와 유적지가 집약된 곳이다. 전에도 몇 차례 왔었지만 역시 공부를 조금 하고 왔더니 느낌이 전과 다르다. 나보고 가이드 좀 해 달래서 책에 나온 내용을 조금씩 얘기해 줬더니 좋아라 하였다.

요즘 수정작업을 거치면서 확실히 번역은 취미로만 해야 할 일이란 걸 깨닫는다. 오래전 아르바이트로 번역할 때 하루에 원고지 백 장 넘게 할 때가 있었다. 퇴고고 뭐고 없이 폭주했다. 퀄리티고 뭐고 분량에 따라 페이만 받으면 되는 거였고 출판사도 가혹한 번역료로 사람을 부려먹었다. 이러니 문화가 발전을 하겠냐고.

취미다 보니 돈에 연연하지 않고 충분한 시간을 갖고 작업을 하게 된다. 취미다 보니 젤 중요한 게 완성도다. 이번 책은 네 번 정도의 수정보완작업을 거치려고 한다. 이제 두 번째다. 지금 보니까 이번 판이 제일 시간도 많이 걸리고 책의 깊은 맛을 알아가는 것 같다. 오역도 많이 잡아냈고 무엇보다 필자와의 다이얼로그를 즐기는 중. 이 취미생활의 하이라이트가 여기인 것 같다.

아메리카 혁명을 공부하며 학교 다닐 때 뭔가 석연치 않았던 어떤 문제를 다시 생각해 보게 되었다. 우리 대학 시절엔 "운동권"이 학내 주류세력이었다. 일주일에 세 번은 시위를 했고 그 덕분에 휴강도 많이 했다. 나는 시위와 관계없이 수업에 거의 들어가지 않는 학생이었는데 시위 덕분에 결석 처리가 되지 않아 그렇게 땡땡이를 많이 쳤어도 졸업은 무사히 할 수 있었다. 감사하다.

당시 시위의 이슈는 아주 명확했다. 독재타도. 언론자유. 민주주의 쟁취…. 상황은 다르지만 아메리칸 혁명을 일으켰던 건국의 아버지들이 내걸었던 기치와 거의 일치한다. 그런데… 그런 구호를 걸고 싸웠던 투사들이 공부하던 커리큘럼은… 러시아 혁명, 중국 혁명, 쿠바 혁명. 마르크스 엥겔스… 뭐 이런 것들이었다.

그 아이들이 운동에 크게 좌절했던 시기가 있었다. 소련과 동유럽 사회주의 국가들의 몰락. 그때 애네들이 갈피를 못 잡고 방황하는 것을 옆에서 지켜봤다. 그때 그 친구들이 진짜로 원하는 것은 무엇이었을까? 그런 커리큘럼은 누가 짜주었던 것일까? 요즘에 와서 궁금해졌다.

요즘 코리아의 정치 트렌드는 좌파니 우파니 편을 가르는 일이다. 1980년대 민주화운동의 유산(이라 쓰고 폐해라 읽는다)이 아닌가 싶다.

좌우를 떠나 내가 원하는 것은 이런 것들이다: 종교와 국가의 분리. 종교의 자유. 언론과 표현의 자유, 집회의 자유. 국민청원권. 영장이나 적법절차 없이 체포, 구속, 압수 수색당하지 않을 권리. 일사부재리의 원칙. 불리한 증언을 강요당하지 않고 적법절차 없이 생명 재산 자유 박탈당하지 않기. 사유재산권 보장 등. 1789년 합중국 헌법에 명시되지 않았다고 박

터지게 싸워서 1791년에 포함시킨 제 1차 수정헌법 권리장전의 내용이다. 이거 안 넣었다면 아마도 미국은 쪼개져 있을 것이라 장담한다. 우리가 아는 민주주의의 기본원칙이 여기에 다 나와 있다.

아메리카 혁명은 외세에 대한 저항이었고 동시에 인간의 기본권인 천부인권의 선언이었다. 그 내용은 대한민국의 헌법에도 거의 반영되어 있을 뿐 아니라 전 세계 민주주의의 전범이 되고 있다. 현대의 많은 갈등이 250년 전의 그 성과를 훼손함으로써 생겨난다. 그저 기본… 그 기본에 좀 더 투철하고 충실했으면 하는 것이 나의 정치적 입장이다. 이것은 좌파인가, 우파인가? (2019/2/24)

원서의 발행인을 만나다

어제 그제 메릴랜드 가서 한탕 했다. 출판을 위한 저작권 허가를 문서로 받아 왔다. 조건도 아주 좋다. 무료로 영구적 이용. 무르기 없기. Period.

오래된 책이다 보니 원저자께선 돌아가셨고 아드님이 유업으로 물려받아 계속 책을 보급하고 계신다. 이분도 연세가 지긋하셔서 적어도 60대 후반은 되신 듯. 이분 함자가 니콜라스인데… 메릴랜드에 다른 볼일이 있어서 갔다가 소뿔도 단 김에 뺀다고 연락해서 쳐들어갔다.

물론 며칠 전 내가 이메일로 저작권 사용허가에 관한 메일을 올렸고 그 다음 날인가 아드님이신 니콜라스 윌슨 발행인께서 친히 전화 주셔서 해도 좋다고…. 필요서류 보내면 사인해 주겠다고 하셨다.

사시는 집으로 오라고 했는데 울타리 안에 널찍한 소나무숲이 있고 집이 두어 채…. 한 채는 1790년에 지었고 또 한 채는 1920년대의 집이란다.

콜라 마시며 이런저런 얘기를 많이 했다. 중요한 것만 얘기하면… 내가 아버지 책을 번역해서 좋다고…. 아버지도 기뻐하실 거라고…. 이분이 나에게 판권 사용을 허락하신 것은 두 가지 이유라고 하셨다. 첫째는 내가 이 책을 좋아한다는 점, 둘째는 내가 이 책의 지식들을 많은 사람들과 나누고 싶어 한다는 점…. 그런 게 맘에 드셨다고….

솔직히 내가 준비한 서류는 인터넷을 참조하여 완전 내 이익만 고려한 내용으로 작성하고 맘에 안 드는 내용이 있으면 수정하려고 각오했었는데… 내용을 보지도 않고 서명해 주셨다. 내가 한국어로 책 낸다고 당신

비즈니스에 아무런 지장을 주지 않는다나…. Cool! 이분 역시 이 책으로 아버지를 기리며 책이 널리 읽혀지는 것이 목적이지 다른 건 없으신 듯했다. 내가 번지수를 제대로 찾은 듯하다.

아버지 돌아가시기 전까지 13년을 병간호를 하셨다고 했다. 필자에 대해서 좀 더 말씀해 달라고 했더니… 줄줄 나올 기세였다. 잠깐 스톱을 걸고 말씀하시는 거 영상으로 찍겠다고 허락을 구했다. 그럼 자세를 바로 해야겠네… 하시며 정좌하셨다. (영상은 유튜브에 올렸다.)

Dr. Vincent Wilson Jr. introduced by his son Nicholas Wilson
https://www.youtube.com/watch?v=pg8BxIV-OJs

한 시간 넘게 이런 저런 얘기를 나누었다. 나보고 파운딩 파더 중에 누가 젤 좋냐고 물으셨다. 첫 만남이라 페인트모션을 썼다. 리차드 헨리 리가 좋다고 하였다. 토마스 제퍼슨에 앞서 독립선언문 초안 작성을 위임받았으나 고향에서 마누라가 아프다고 연락이 오는 바람에 팽개치고 돌아간 애처가다. 내가 생각해도 너무 오글거리는 대답이었다. 니콜라스 아저씨는 벤자민 프랭클린이랑 토마스 제퍼슨을 선호한다고 했다. "왜 그런지 알아?" 나에게 물으셨다. "Because they had lots of women." 그러면서 윙크를 살짝. 상남자다. (2019/3/6)

Translation RELEASE FORM

I, Nicholas C. Wilson hereby grant and authorize **Jong Kweon Yi** the right to translate **The Book of The Founding Fathers** written by Vincent Wilson Jr. and published by American History Research Associates into Korean language and publish it for the purpose of commercial distribution.

This authorization shall continue indefinitely.

I waive any right to royalties or other compensation arising or related to the translation of this book.

I hereby hold harmless and release **Jong Kweon Yi** from all liability, petitions, and causes of action which I, my heirs, representative, executors, administrators, or any other persons may make while acting on my behalf or on behalf of my estate.

Printed Name: Nicholas C. Wilson

Signature: _Nicholas C. Wilson_

Date: 3/5/19

기본 용어의 개념 정립

초기 미국사를 번역할 때 제일 까다로웠던 게 기본 용어의 개념정립이었던 것 같다. 예를 들면 우리가 흔히 사용하는 "미국"이라는 용어는 언제부터 사용할 수 있는지부터가 고민이었다. 우리가 아는 '미국'이 존재하기 이전의 이야기 때문이다. 이를테면, 지금은 America를 미국이라고 옮겨도 지장 없는 경우가 대부분이지만 미국의 국체가 형성되기 이전의 America는 지명일 뿐이었으므로 국명으로 표기할 수는 없다. 또한 우리가 알고 있는 버지니아나 펜실베이니아 등도 식민지 시대, 독립전쟁 수행 시기부터 연방헌법이 제정되기 전까지의 시기, 그리고 헌법에 의해 연방이 구성된 이후는 각각의 정치적 위상이 상이하기 때문에 그 차이를 어떻게 표현해야 할지도 고민이었다. 심지어 The United States of America라는 표현도 지금은 편안하게 "미합중국"이라고 부르고 있지만 이것 역시 연합헌장 체제에서의 미합중국과 연방헌법 체제에서의 미합중국은 의미와 위상이 다르기 때문에 이러한 기본적인 어휘들에 대해서 적절하고 자연스러우며 일관적인 용어로 번역하는 게 제일 어려운 부분이었다. 실제로 학계의 여러 자료를 봐도 말끔하게 정리되지가 않은 것 같았고, 그래서 한동안은 번역은커녕 개념 잡는 일도 쉽지 않았다.

예를 들면 우리가 많이 아는 단어인 Congress도 미국사 맥락에선 간단치 않았다. Congress는 당연히 의회라고 알고 있고, 그래서 어렸을 적 영어 단어 외울 때도 그렇게 써가면서 외웠었다. 의회는 입법 사법과 함께 정부의 3개 부처의 한 축인데, 이런 3부 시스템은 권력분립을 추구했던 합중국 헌법에서 시작된 개념이므로 삼권분립이 명시된 합중국 헌법 이전에 사용된 "Congress"라는 표현을 생각 없이 "의회"라고 옮기면 개념상 혼란을 준다. 헌법 제정 이전의 congress는 당시 느슨하게 연대했던 식민지 연합국들의 중앙정부 역할이었고 그 속에서 입법, 행정, 사법을 함께 수행했다. 물론 "느슨했기" 때문에 재정도 약했고 파워도 별로 없었다. 해서 다른 책들을 보니까 Continental congress라든지 congress of confederation 등의 용어에서 congress를 '의회'가 아니라 "회의"라고 옮겼더라. 대의원들의 모임이었고 대표성과 집행력이 있으면서 "임시정부"의 느낌이 나서 적당해 보였다. 실재했던 비슷한 용례로 이런 것들이 있다 국가재건최고회의, 국가보위입법회의 등등.

너무나 익숙하여 안다고 생각하지만 실제로는 알지 못하고 있다는 사실을 알아채고 알아내는 일이 퍽 중요한 듯하다. 근본적인 오역도 여기서 많이 나오는 것 같다.

작업을 다 했다고 생각했는데 고칠 것이 자꾸 눈에 뜨인다. 굉장히 많다. 내가 뭘 했는지를 모를 정도. 수정을 하면서 드는 생각인데, 완성도를 위해서는 번역은 매절로 가면 안 될 것 같다.

매절이란 출판용어로 번역가에게 장당 얼마씩 쳐서 일 해오면 돈 주고 퉁 치는 출판업계의 관행을 일컫는다. 역자는 질이 아닌 양으로 보수를 받기 때문에 아무래도 질보다 양에 역점을 두기 쉽다. 내가 해놓은 오역들을 다시 보았더니 원본 비교하면서 내가 직접 바로잡지 않으면 안 될 유형의 오류들이 너무 많았다. 출판사 편집자가 번역자에게 넘겨받은 원고만 갖고 (원본대조 없이) 윤문하면 딴소리가 될 가능성이 너무나 농후하다. 번역서를 읽으면 종종 이게 도대체 무슨 소린지 이해가 안 가곤 하는 현상은 이런 제작 공정을 거치기 때문이다. 제일 확실한 것은 실력 있는 번역자가 많이많이 검토하고 수정하여 이 정도면 되겠다는 확신이 생겼을 때 넘기는 것이다. 송고 전 단계에서 전문가 여럿이 검토하면 더욱 좋다. 그런데 이게 시간과 비용이 장난이 아니다. 번역을 취미로만 해야 된다는 내 주장의 근거가 바로 이거다.

번역도 장인정신이 요구되는 예술이다. 그에 합당한 사회적 인식과 제도보완이 필요할 것이다. 물론 해당되는 개인들의 각성 & 분발과 함께. (2019/3/12)

미국사 번역의 난점과 이 책의 성과

Governor는 주지사다. governor의 사전적 의미는 선출 또는 임명받은 최고책임자를 뜻하는데, 현대 미국에 와서 뜬금없이 주지사(state + chief executive)가 되었다.

Governor는 미국에서 주state라는 것이 생겨나기 전에도 있었다. 독립을 선언하기 전 13개의 colony에는 영국에서 국왕이 파견한 최고책임자가 있었는데, 그들을 governor라고 불렀다. 말하자면, 일제 강점기의 데라구찌와 같은 포지션인데, 그래서 미국의 식민지 시대에 13개 식민지의 chief administrator인 governor를 "총독"이라고 옮긴다.

Governor는 메이플라워호 시절에도 있었다. 1620년 청교도를 포함한 102명의 이민자들이 메이플라워호를 타고 플리머스에 도착했다. 이들은 혹독한 겨울을 지나면서 절반 이상이 첫 해에 사망하고 50여 명이 남았다. 이 사람들끼리 지도자를 뽑았다. 그때 선출된 지도자의 직함도 governor였다.

한국의 기라성 같은 미국사학자들이 협업으로 번역 출간한『있는 그대로의 미국사』라는 역사서가 있다. 이에 따르면 "플리머스가 런던회사 영역 밖에 있었기 때문에 정착민은 회사의 규정에 복종할 필요가 없었다"고 한다. 본국과의 끈도 없고 주민은 겨우 50명 정도인데도 이 책에서는 필그림의 지도자를 "총독"이라고 옮겼다. 플리머스 정착지는 정교분리가 되지 않은 사회였지만 주민수가 적었기 때문에 그 지도자는 권위주의적 권력을 행사하였다기보다는 반상회와 같은 분위기 속에서 마을회의의 사회자로서 각 가정의 애로사항을 듣고 건의사항을 처리했을 가능성이 농후하다. 그런 사람을 "총독"이라고? 그냥 주민대표 정도가 적당할 듯하다.

지금은 50개 주가 공히 행정수반을 governor라고 표기하지만 예전에는 state에 따라서 president라고 불리는 곳도 있었다. 조지형 교수가 쓴 『미국헌법의 탄생』에는 독립전쟁 이후 헌법을 제정할 때까지 original 13개 state에 설치되어 있던 의회와 최고지도자의 명칭을 테이블로 정리해 두었다. 굉장히 유용한 자료였다. 감사드린다. 자료에 의하면 뉴햄프셔, 펜실베이니아, 뉴저지, 델라웨어에서 governor에 해당하는 자리에 president라고 호칭했다. 연방의 대통령과 state의 president가 같은 단어로 사용된 경우인데, 조지형 교수는 state에서는 president든 governor든 모두 최고행정관으로 통칭함으로써 연방 대통령과 구분을 주었다. 합리적인 방법이라 여겨져 나도 받아들였다. 합중국 연합 회원국인 state의 president는 최고행정관, 연방union의 president는 대통령. 지금은 모든 주의 최고행정관은 주지사governor라는 타이틀로 통일되었지만 그 이전인 연합정부 시절에는 13개국이 나라마다 같지 않았다는 얘기다.

종합하면, 미국에서 'governor'라는 직함은 시대에 따라 그 직능이 주민대표-총독-최고행정관-주지사로 발전해왔다. 같은 단어, 같은 표현이라도 시대와 상황에 따라 개념이 달라지기 때문에 그것을 반영해 주는 일이 번역가의 역할 중에 하나다. 기계적 '직역'은 연구와 성찰이 없는 번역이다.

Governor가 시대에 따라 다른 위상을 갖고 다르게 번역되어야 했듯이 아메리카 대륙의 격동의 시기였던 18세기에는 번역작업의 난관이 도처에 도사리고 있었다. 아무래도 아메리카라는 땅덩어리가 짧은 시기에 식민지에서 독립국가로, 그리고 개별국가들의 연합에서 연방국가로 변모하는 시기였기 때문에 이에 수반하는 용어들도 많은 변화를 겪을 수밖에 없었던 것 같다. 이 와중에 번역자를 제일 난처하게 만드는 용어가 'state'였다.

한마디로 state는 colony가 독립선언을 하면서 명칭을 바꾼 거다. 13개의 식민지 대표들이 대륙회의continental congress라는 모임을 갖고 연합헌장Article of Confederation이라는 합의문을 만들고, 그 합의문의 주체를 The United States of America라고 이름을 붙였고, 거기에 서명했던 13개의 식민지는 그때부터 state라는 타이틀을 사용하였다. State들이 합쳐졌으니 'Unted States'가 된 것이다.

한국인의 관념 속에 (미국의) state라고 하면 경기도, 충청도처럼 '도'와 같은 뉘앙스를 갖는다. 그러나 state의 사전적 의미는 국가이다. 당시에 colony를 state라고 칭했던 것은 영토와 여러 국가 기능에 있어서 state로서의 조건을 거의 갖춘 상태에서 명실상부하고 독립적인 state임을 주장하기 위한 선언이었던 것이다.

이 13개의 state들은 상호 간에 동등한 관계로서 각자 화폐도 따로 발행하고, 독자적 징세권과 외교권도 가지고 있었고 각자의 의회/정부도 따로 갖고 있었다. 영국이라는 적을 공통으로 갖고 있었다는 것뿐, 법적, 제도적, 지리적으로 서로 다른 나라들이었다. 영국제국의 식민통치에서만 벗어나면 그 자체로 독립적인 주권국들이었다.

그런 독자적 정부를 가진 colony-state들이 영국이라는 공통의 적을 물리치기 위한 단일한 목적으로 느슨하게 연대했던 체제, 그것이 바로 식민지 대표들이 모여서 합의한 연합헌장 Article of Confederation 체제하의 The United States of America였다. 독립과 건국 이전의 The United States of America는 수많은 국가들이 힘을 합해 만든 오늘날의 United Nations

처럼 영토도 징세권도 없었던, 그래서 회원국에 해당하는 13개의 state들이 갑의 위치에 있었던 것, 그런 정치결사였다.

초창기 미국사 번역의 어려움이 바로 여기서 나타난다. 1776년부터 1789년까지 13년간, 즉 state가 각각 주권을 가진 국가였을 때의 New Hampshire, New York, Connecticut, Massachusetts, New Jersey, Pennsylvania, Delaware, Virginia, Maryland, North Carolina, Rhode Island, South Carolina, Georgia를 지금처럼 주(州)라고 옮긴다면 주민대표를 총독이라고 번역하는 것과 같은 오류가 된다. 미국사에서 state란 헌법 제정 이전과 이후로 같은 단어로 사용되지만 그 의미와 위상은 크게 달라진 대표적인 용어로서, 그 변화된 차이가 반영될 수 있도록 번역해야 하는 것이다.

한국에서는 state를 주(州)라고 표기하며, 이때 사용된 주(州)의 원래 의미는 고을 또는 지방 행정구역의 하나이다. 아마도 이러한 맥락에서 펜실베이니아 주, 뉴욕주, 조지아주 등등으로 표기하고 있지만 독립전쟁 시기에는 그런 의미의 주가 아니기 때문에 미국사 전문학자들은 '나라'라는 표현을 쓰는 것을 보았다. 뉴욕나라, 조지아 나라 등등. 그런데 확실히 어색하다. 해서 나의 제안인데, 이 당시의 state는 국(國)으로 표기해 주는 것이 덜 어색하고 개념전달에 더 정확하다는 생각이 들었다. 버지니아 국 vs. 버지니아 주, 뉴욕 국 vs. 뉴욕 주, 매사추세츠 국 vs. 매사추세츠 주, etc. 이들 모두 아메리카(대륙)에 위치해 있으므로 필요에 따라서 전체를 통칭할 때는 "아메리카의 각국은 또는 아메리카의 각 나라들은…"이라고 사용하면 될 것 같다. 마치 UN의 회원국처럼 이들을 연합헌장 체제(1776-1787)하에서 연합confederation의 '회원국'으로 바라보는 관점이다.

1787년 헌법 제정을 통해 state의 위상이 국(國)에서 주(州)로 변경된 것처럼 The United States of America 역시 위상이 크게 달라진다. 이전에는 서류상의 체제였으나 이제는 아메리카 대륙 전체를 영토로 삼게 되었다는 점, 징세권과 외교권을 갖게 됨으로써, 아메리카의 각국으로부터 갹출을 받아야 유지가 가능했던 을의 위치에서 갑의 위치, 즉, 상위의 위치가 되었다는 점이다.

The United States of America는 통상 미합중국이라고 번역되어 사용되었기 때문에 이것을 고칠 수는 없지만, 연합헌장 체제의 미합중국인지, 헌법 체제의 미합중국인지를 표시할 수 있는 방법이 필요한 경우가 있었다. 해서, 이런 방식을 고안해 보았다. 바로 이것이다: **미합중국(연합) vs. 미합중국(연방)**

혼용되기도 하지만 구분이 필요한 용어들이 또 있다. 가령, America Vs. The United States of America이다. 지금은 이 두 단어를 같은 의미로 혼용하는 경우가 흔하지만 미국이 성립되기 이전의 America는 그냥 땅 이름에 불과했다. 땅과 나라를 혼동하면 안 된다. 미합중국 성립 이전의 America는 아메리카라는 대륙의 이름일 뿐, '미국'이 아니다. 그러므로 American, 다시 말해 그 당시 그곳에 살던 사람들도 미국인이라 표현하지 않고 아메리카인이라고 표기하는 것이 옳다고 생각했다. 지금은 American이라는 표현으로 미국인 그리고 아메리카 대륙에 사는 사람들 모두를 통칭할 수 있지만 America란 지명이 있을 뿐 나라가 존재하지 않았던 시절에는 그 둘은 구분되어야 했다.

이 책을 번역하며 자주 부대꼈던 용어들 몇 가지를 정리해 보았다. 기초적이지만 (제대로 하려니) 결코 쉽지 않았던 이 책을 번역하며 얻어진 최대의 성과이다. 해당 학계에서 내놓은 가이드라인이 없어서 이 글을 통해 제안해 본다. 미국사 초창기는 비교적 짧은 기간 동안 일어난 격변의 시기였기 때문에 그 시기를 묘사하던 용어들의 개념도 당연히 격변을 겪을 수밖에 없었다. 그것들을 정리하고 변별하는 일이 이 책을 번역하는 데 있어서 가장 어려운 일이었다. 물론 모든 정리가 여기서 끝난 것은 아니기 때문에 미국과 미국사를 좀 더 깊이 공부하고 싶으신 분들을 위하여 추후 정리가 필요한 용어와 명칭들의 리스트를 만들어 보았다. 함께 공부할 기회가 있기를 바란다.

1. America vs. The USA

2. United States of America 미합중국 (연합) vs. 미합중국 (연방)

3. Colony - State - Confederation - Union

4. United Colonies - United States

5. Article of Confederation - Constitution

6. The 1st Continental Congress - The 2nd Continental Congress

7. Continental Congress - Continental Army

8. Patriots - Royalists or Tories

9. The Declaration of Independence - The Constitution

10. Signers - Framers

11. Constitution - Bill of Rights

12. Congress before & after the Constitution

(2020/6/21)

※ 이 글은 2023년 출간된 저자의 편역서 『미합중국 건국의 아버지들』에 부록으로 수록한 바 있습니다.

한인사회 Community

2020년 7월 31일 금요일 한국일보 A4

"MD 왔다가 바로 이거야 했죠"

'건국의 아버지들'이란 한국적 개념으로 보면 항일 독립운동가들로 볼 수 있다. 미국 건국의 아버지들이 확립한 자유민주주의는 대한민국의 건국이념에도 반영됐다. 대한민국 헌법이 보장된 생명권, 자유권, 행복추구권은 토머스 제퍼슨의 독립선언서의 핵심이고, 헌법의 삼권분립과 추권제인, 언론과 신앙의 자유 등도 한법을 통해 인류의사상 처음으로 현실에서 구현된 가치들이다. 이처럼 중요한 가치들을 어떤 사람들이 어떻게 추구하고 성취하였는지 살펴 하면서 우리의 나아갈 길을 가늠해보면 좋겠다.

■미 '건국의 아버지들' 한글 번역본 발간한 이종권씨
토머스 제퍼슨 등 35명 조명… 8월부터 본보 연재

이종권 씨가 "The Book of the Founding Fathers"의 한국어 출판을 위하 한 American History Research Associates의 니콜라스 힐슨 발행인. 니 콜라스 힐슨 씨는 펜기린 프레스를 80 반년간 힐슨 씨의 아들이다.

뉴저지와 워싱턴 지역을 오가며 활동 중인 이종권 씨가 '건국의 아버지들(The Book of the Founding Fathers)' 번역을 완성했다. 책은 내년 여름 독립기념일에 맞춰 단행본으로 발간될 예정이다.

저서에는 미국의 핵심국과 건국에 가장 의미 깊게 공헌한 인물, 독립이라는 삶을 풍긴 위험 있는 지도자, 새로운 나라를 위한 독특한 정부체제를 창조해낸 리더, 세계 최초의 연방 민주주의 실현에 1년 사팀들 35명을 조명했다. 조지 워싱턴을 비롯 존 아담스, 벤자민 프랭클린, 토머스 제퍼슨, 알렉산더 해밀턴, 제임스 메디슨 등 조지 메이슨 등이다. 번역서를 집필하게 된 동기를 방문했다고 그로 서점에서 이 책을 발견하게 된 바로 이 거다 하는 느낌이 들었다고 설명했다.

그는 "미국의 독립과 건국에 대해 생각할 때 당대의 모든 사람들이 당면히 독립의 대의에 찬성하여 영국으로부터 무난하게 독립을 쟁취하고 나라를 만든 것이라고 생각하기 쉽다. 그러나 건국의 아버지들 35명의 행적을 보면 아메리카 혁명은 수많은 사람들의 희망으로 이룩구어낸 고난의 역사 라는 사실을 알게 된다"고 말했다. 다. 독립과 헌법 제정에 반대했던 건국의 아버지도, 총사령관에서 물러날 빈털 조지 워싱턴 등에 관한 흥미진진한 휴먼 스토리도 담겨 있다.

1996년 유학으로 도미, 이민 생활 22년차인 그는 '한국에서 영문학을 전공하다가 정착 영문학의 나라 자체에 대해서 너무 무지하다는 생각이 들어 유학을 결심, 미국 국어대학과 영어과와 동대학원 졸업 후 미국으로 건너와 연세 (American studies)를 전공했다"고 말했다.

그는 이번 '건국의 아버지들' 외에 'The Book of the Presidents', 'The Book of the States', 'The Book of Distinguished American Women', 'The Book of Great American Documents' 등 미국의 역사 관련 화, 지리 등 다른 책들을 순차적으로 번역할 생각이다.

앞으로의 계획에 대해 그는 "우선 이 책을 바탕으로 워싱턴 한국일보에 연재하면 지금은 용어들의 및 부록을 들어갈 다양한 내용들을 준비하고 있다. 또 청소년을 위한 애니매이션 이스트로 구상 중이다라고 말했다.

그는 서울 상문고와 한국외국어대학 영어과와 동대학원 졸업 후 미국으로 건너와 연세...

스 대학 대학원을 졸업했다. 한국외국어대학교와, 경인대에 영어 강사, 캔시스 대학에서 한국어 강사도도 활동했으며 '뉴욕본 교 편집장으로도 활동했다. 현재 프런티어 퍼블리케이션, 보... 임식훈, 뉴욕상상컴퍼니 등을 운영 중이다. 원서 책은 10달러(우송료 포함)로 판매 중. 문의는 (646)596-1898. dharma-borom@gmail.com으로 하면 된다.

(장명희 기자)

한국일보: 이 책을 번역하게 된 동기와 목적은?

이종권: 미국에 살면 미국에 대하여 알면 알수록 이익이 됩니다. 저는 한국에서 영문학을 전공하다가 정작 전공했던 문학이 생산된 나라 자체에 대해서 너무 무지하다는 생각이 들어 유학을 와서 미국학American studies을 다시 전공했습니다. 그리고 이곳에 정착하게 되면서 언젠가 제가 공부하고 배웠던 것들을 나누었으면 하는 생각을 계속 갖고 있다가 이 책을 조우하고 여기서부터 시작해야겠다고 결심하게 되었습니다.

한국일보: 이 책을 언제 접하게 됐으며 번역 기간은? 첫 번역서인지요?

이종권: 2017년 미국 성조가의 발상지인 볼티모어의 포트 매킨리를 방문했다가 그곳 서점에서 이 책을 발견하였습니다. 바로 이거다 하는 느낌이 들었습니다. 초벌 번역은 진작 마쳤고 수정은 계속 보고 있습니다. 번역일은 한국에서 대학 졸업 직후 미국 소설책을 번역 출간하여 프로 번역가로서 머리를 올렸고요, 2010년에는 한글 서적을 영역하여 출간한 적도 있습니다.

한국일보: 책 번역을 하면서 느낀 점은?

이종권: 우리가 미국의 독립과 건국을 생각하면 당대의 모든 사람들이 당연히 독립의 대의에 찬성하여 영국으로부터 무난하게 독립을 쟁취하고 나라를 만든 것이라고 생각하기가 쉽습니다. 그러나 이 책에서 소개하는 건국의 아버지 35명의 행적을 보면 아메리카 혁명은 수많은 사람들의 피와 땀과 기적이 어울어진 기적의 역사였구나 하는 사실을 알게 됩니다. 독립을 반대했던 건국의 아버지들, 헌법 제정을 반대했던 건국의 아버지들, 그리고 총사령관에서 쫓겨날 뻔한 조지 워싱턴 등등에 관한 흥미진진한 휴먼 스토리가 거기에 있습니다.

한국일보: 이 책을 한인들에게 권하는 까닭은?

이종권: 건국의 아버지들이란 한국적 개념으로 보면 항일 독립운동가들이라고 할 수 있습니다. 아메리칸 혁명의 역사는 일제 강점기의 독립투쟁으로부터 해방 이후 헌법 제정과 건국이 이루어

지는 격동의 역사와 일맥상통하는 점이 많습니다. 이 두 나라가 겪은 유사한 역사적 여정을 비교, 분석하면서 많은 깨우침을 얻었습니다. 미국의 건국의 아버지들이 확립한 자유민주주의는 그 자체로 대한민국의 건국이념입니다. 대한민국 헌법에 보장된 생명권, 자유권, 행복추구권은 미국독립선언문의 핵심이고요, 또한 우리 헌법의 삼권분립과 주권재민, 그리고 언론과 신앙의 자유 등도 미국헌법을 통해 인류 역사상 처음으로 현실에서 구현된 가치들입니다. 이처럼 중요한 가치들을 어떤 사람들이 어떻게 추구하고 성취하였는지 성찰하면서 오늘날 우리의 나아갈 길을 가늠했으면 좋겠습니다.

한국일보: 작업하면서 힘들었던 점은?

이종권: 굳이 따진다면, 판권도 없이 번역부터 했던 것이 제일 힘들었어요. 기약이 없잖아요. 이 책의 한국어 출판을 허락해 주신 American History Research Associates의 니콜라스 윌슨 발행인님께 감사를 드립니다. 이 책이 너무 마음에 들어서 번역부터 다 해놓고 판권을 허락해 주십사 출판사로 연락을 드렸습니다. 알고 봤더니 필자이신 빈센트 윌슨 박사님은 돌아가셨고요, 70대 초반 정도 되시는 아드님께서 아버님의 출판사를 이어받아 유작을 관리하고 계셨어요. 제가 보낸 편지를 보시고 이 책에 대한 저의 마음이 느껴졌다고 하시면서 흔쾌히 판권을 내어주셨습니다. 13년간 고인의 병수발을 드셨다는 효자이신데, 아버지도 하늘에서 좋아하실 거라

고 말씀하시면서 원저자의 저서 5권 모두를 허락해 주셨습니다. *The Book of the Presidents*, *The Book of the States*, *The Book of Distinguished American Women*, *The Book of Great American Documents* 등 미국의 역사, 문화, 지리를 개괄할 수 있는 필독서들입니다. 윌슨 발행인께서는 저에게 "넌 나한테 없는 열정이 있구나. 원하는 것은 뭐든지 밀어줄게" 하시면서 축복해 주셨답니다.

한국일보: 앞으로의 계획은?

이종권: 우선 이 책을 연재해 주시는 워싱턴 한국일보에 깊은 감사를 드립니다. 35회 연재가 끝나면 한글판 단행본으로 출간할 예정입니다. 지금은 용어정리 및 부록에 들어갈 다양한 내용들을 준비하고 있습니다. 니콜라스 윌슨 발행인께서 저에게 이 책에 수록된 35인 가운데 누가 제일 마음에 드는지, 그리고 그 이유가 뭔지를 물어보셨습니다. 저는 이것이 아주 좋은 에세이 주제가 된다고 봅니다. 청소년을 위한 에세이 콘테스트도 하려고 합니다. 나머지 네 권의 책도 순차적으로 발행할 것입니다. 이 책들을 간행하는 데 우리 한인 청소년들을 인턴 에디터와 번역자로 기용하여 견문을 넓혀주고 경력을 인정하여 미국사회에서 앞날을 개척하는 데 도움이 될 기회를 만들 것입니다. 그리고 아직 번역되지 않은 수많은 미국사의 고전들을 번역 출간하려고 합니다. (2020/7/31)

번역의 정석

2.

미국독립선언문

The Declaration of Independence

1776년 7월 4일 의회에서 고하는
아메리카 13개국 연합 만장일치의 선언문

인류사의 여정에 있어서 어느 집단이 그들과 연계된 다른 집단과의 정치적 고리를 파기하고 세상의 여러 정치권력들 사이에서 자연법과 자연신법이 부여한 독립적이고 동등한 위상을 정립할 필요성이 발생하였다면 그 불가피한 이유를 만방에 천명하여 의견을 구하는 것이 인류에 대한 도리일 것입니다. 우리는 다음을 자명한 진리라고 믿습니다. 모든 인간은 평등하게 태어났다. 그리고 그들은 창조주로부터 확고한 불가침의 권리를 부여받았다. 그 (권리의) 일부가 생명, 자유, 그리고 행복추구의 권리이다. 이러한 권리를 담보하기 위하여 인간 사회에 정부가 구성되었으며, 그 정부의 정당한 권력은 시민의 동의로부터 발생한다. 어떠한 정부라도 이러한 목표에 해악이 된다면 그것을 개혁하거나 타파하여 새로운 정부를 수립하고, 그러한 원칙에 기초하여, 그들의 안전과 행복을 가장 충실히 구현할 수 있는 권력을 조직하는 일은 바로 시민의 권리이다. 오랫동안 있었던 정부를 가볍고 일시적인 이유로 교체하는 것은 실로 신중하지 못한 일입니다. 그리고 인류는 몸에 배인 제도를 타파하여 폐악을 바로잡기보다는 인내할 수만 있다면 인내하는 경향이 있음을 역사는 말해 주고 있습니다. 그러나 기나긴 학대와 착취의 행렬이 요지부동으로 단일한 목표를 향해 움직이며 그들을 절대 전제정치의 치하에 예속시키려는 본색을 드러냈을 때, 그러한 정부를 타도하고 미래의 안녕을 위하여 새로운 정부를 출범시키는 것은 시민의 권리이자 의무입니다. 이것이 바로 식민지 체제하에서 (우리들이) 인내로써 견뎌 왔던 고통입니다. 그리고 이것이 바로 오늘날 (우리가) 작금의 통치 체제를 변경할 수밖에 없는 필연적 이유인 것입니다. 지금의 영국 왕은 끊임없는 위압과 침탈의 역사를 써 내려온 자로서, 그 목적은 오로지 이 땅에서 절대 전제 정권을 구축하는 것입니다. 이를 증명하기 위하여 공정한 세상에 (다음과 같은) 사실을 고하는 바입니다. 그는 공공의 이익에 가장 부합되고 필수적인 법률들을 승인하지 않았습니다. 그는 긴급하고 중요한 법안들이 그의 승인이 있을 때까지 (처리가) 유보되지 않았다면 (그 휘하의) 총독들에게 그 법안들의 통과를 금지시켰습니다. 그리고 그렇게 보류된 후에는 그것들을 거들떠보지도 않았습니다. 그는 지역민들이 입법부에서 대의권을 포기하지 않는다 하여 (인구가 많은) 대형 지역구 신설에 관한 법률제정을 거부하였습니다. 폭군에게나 두려울 뿐 시민들에게는 더없이 소중한 권리임에도 불구하고 말입니다. 그는 대의원들이 지쳐서 할 수 없이 그의 법령을 받아들이도록 만들고자 공공 기록 보관소에서 멀리 떨어진 생소하고 불편한 장소에서 의회를 소집하곤 했습니다. 그는 자신이 자행하는 시민권 침해를 (의회가) 용감하고 단호하게 반대하였다 하여 반복적으로 의회를 해산하였습니다. 해산 이후에도 그는 오랫동안 대의원 선출을 거부하였습니다. 그럼에도 입법권은 결코 소멸될 수 없는 것이기에 전 식민지의 대중들이 행사할 수 있도록 복원되곤 하였습니다. 그런 (무정부 상태의) 와중에 이 땅은 외부로부터의 침략과 내부로부터의 정변이라는 위험에 노출될 수밖에 없었습니다. 그는 이 땅에서 인구의 억제를 조장하였습니다. 그 목적을 위하여 외국인 귀화법 제정을 반대하는가 하면 이민자들이 이곳으로 이주하도록 장려하는 다른 법안들의 통과를 거부하였고 토지의 신규 전용 조건을 강화하였습니다. 그는 법원 설치에 관한 법률 승인을 거부함으로써 법무 집행을 방해했습니다. 그는 법관들에게 직위와 녹봉을 빌미로 자신의 뜻만을 따르도록 만들었습니다. 그는 다수의 관청을 신설하고 관리들을 이곳으로 파견하여 우리들을 괴롭히며 국록을 축냈습니다. 그는 평상시에도 우리 의회의 동의 없이 민간에 군대를 상주시켰습니다. 그는 군대를 민간 권력과 독립된 상급 기관으로 편성하였습니다. 그는 본국의 의원들과 야합하여 우리의 헌법과 이질적이고 우리의 법 체계로는 용납할 수 없는 사법 체계에 우리를 예속시켰습니다. 그들이 만든 터무니없는 법들을 승인했던 것입니다. (그것들을 열거하면) 대규모 무장 병력을 민간에 숙영시키는 법: 그들이 이 땅의 주민들을 살해해도 처벌받지 않도록 부당 재판으로 그들을 비호하는 법: 우리와 전 세계의 교역을 차단하는 법: 우리의 동의 없이 우리에게 세금을 부과하는 법: 많은 사건에서 우리의 배심재판 혜택을 박탈하는 법: 누명을 씌우고 재판에 회부하여 바다 건너로 이송시키는 법: 인접 지역에 괴뢰정부를 세우고 확장시켜, 우리들의 식민지에서도 절대 통치의 선례이자 도구로 이용하여 (이 땅에서) 영국식의 자유로운 법률 체계를 철폐하는 법: 우리의 특허장을 박탈하고 우리의 가장 소중한 법률들을 철폐하며 우리 정부의 형태를 근본적으로 변경하는 법: 우리 의회들의 기능을 정지시키고 우리에 관한 법 제정은 어떤 경우에도 자신들의 권한이라고 선언하는 법. 그는 이곳의 정부를 팽개치고, 우리가 그의 보호 대상이 아님을 천명하며 우리와의 전쟁에 돌입했습니다. 그는 우리에게 바다에서는 약탈을, 해안에서는 파괴를, 마을에서는 방화를 자행하며, 생명을 살상하였습니다. 그는 이 순간에도 살상과 파괴와 폭정이라는 과업을 완수하기 위하여 대규모의 외국인 용병을 파병하여 가장 야만스러운 시대에도 그 유례를 찾기 힘든, 그리고 문명국의 왕에게는 걸맞지 않는 잔인함과 거짓으로 무장한 채 그 행군을 시작하였습니다. 그는 우리 시민들을 공해상에서 나포하여 그들의 모국에 대적하여 무기를 들도록 강요함으로써 친구와 형제들을 죽이거나 또는 그들의 손에 쓰러지게 하였습니다. 그는 우리 내부의 자중지란을 부추겼으며, 나이와 성별과 상황에 개의치 않는 살육을 전쟁의 수칙으로 삼는 무자비한 인디언 야만족들을 변경의 우리 주민들에게 끌어들였습니다. 이러한 박해가 있을 때마다 우리는 가장 정중한 표현으로 시정해 줄 것을 탄원하였습니다. 우리의 거듭된 탄원은 그러나 거듭된 모욕으로 돌아올 뿐이었습니다. 모든 행실이 이렇게 폭군으로 규정될 수 있는 성격을 가진 군주는 자유 시민의 통치자로서 적합하지 않습니다. 우리는 영국에 있는 동포들에게도 부족함 없이 성의를 다하였습니다. 우리는 그들의 의회가 우리에게 부당한 통치권을 확대하려는 시도를 그들에게 수시로 알리곤 했습니다. 우리는 그들에게 이곳에서의 이주와 정착 상황을 하소연해 왔습니다. 우리는 그들의 인간적 정의감과 혜량에 호소하였으며, (그들과) 우리의 혈연적 유대에 의거하여, 우리의 결속과 교류를 필연적으로 파탄시킬 이와 같은 침탈은 그들과 무관하다고 주장해 줄 것을 간청하였습니다. 그들 역시 정의와 혈연의 목소리를 외면하였습니다. 그러므로 우리는 부득불 해야 할 일을 하지 않을 수 없습니다. 그것은 바로 그들과의 분리를 선포하고 여느 나라 사람들과 마찬가지로 그들을 전시에는 적으로 그리고 평시에는 친구로 대우하는 것입니다. 따라서 우리 아메리카 합중국 내 각국의 대의원들은 전체 회의를 갖고 우리의 의도가 의롭게 이행될 수 있도록 이 세상 최고의 심판자께 간청하오며, 선량한 식민지 연합 시민들의 이름과 권위로써 (아래와 같이) 엄숙히 발표하고 선언하는 바입니다. 우리 식민지 연합은 자유롭고 독립적인 국가들이며 그것은 우리들의 당연한 권리이다. 영국 왕실에 대한 우리의 모든 충성의 의무는 해지되었다. 그들과 우리의 모든 정치적 관계는 완전히 소멸되었으며, 또한 그렇게 되어야만 한다. 자유롭고 독립적인 국가로서 우리는 전쟁을 수행하고 평화를 조인하며 동맹을 체결하고 통상을 수립하는 등 독립국가로서의 권리에 입각하여 실행할 수 있는 모든 조치들에 대한 일체의 권한을 갖는다. 이 선언을 지지함에 있어서, 우리는 하나님의 섭리가 우리를 보호해 주실 것을 굳게 믿으며, 우리의 생명과 재산과 신성한 명예를 걸고 서로를 향하여 굳게 맹세하는 바입니다.

원문 // Thomas Jefferson · **번역** // Jong Kweon Yi

자유민주주의의 뿌리

버지니아 샬러츠빌에 있는 제퍼슨의 저택 몬티첼로에 가면 그의 묘가 있다. 그 묘비에는 제퍼슨이 손꼽은 필생의 세 가지 업적이 새겨져 있다. 임종을 앞두고 당신의 묘비에 들어갈 문안을 작성한 그 비문을 한 글자도 보태거나 빼지 말라고 신신당부했다고 한다. 그게 뭐냐면,

1. 독립선언문 저자 (1776)
2. 버지니아 종교자유령 저자 (1777)
3. 버지니아 대학 설립자 (1819)

초대 국무장관을 역임하고 대통령을 연임하신 분으로서 일생을 회고하며 꼽았던 가장 중요한 업적들이다. 제퍼슨이 독립선언문을 작성했을 때 나이가 만으로 33세. 그 나이 때 나는 머리 기르고 겉멋이나 부리고 다녔는데 이분은 인류사에 가장 중요한 문서를 집필했다. 나의 철없음과 무능력이 부끄럽다.

제퍼슨 덕분에 나 역시 살아생전 나의 세 가지 업적 가운데 하나로 꼽을 만한 업적을 만들었다. 그의 첫 번째 업적인 독립선언문의 한글 번역에 성공한 일이다. 짧은 글이지만 워낙에 중요한 작업이었고 또한 지속적인 영감을 주는 글이어서 이와 연관하여 해야 할 일들이 계속 이어지고 있다. 성경책 한 권이 기독교인들에게 끊임없는 영감의 원천이듯이 이 독립선언문 역시 자유민주주의를 살아가는 시민들에게는 영원한 횃불이다.

제퍼슨의 독립선언문은 세계를 바꾼 문서이다. 나의 삶도 바뀌었다. 작

년까지만 해도 나는 내가 가진 정치성향이 진보인 줄 알았다. 이 작업을 하면서 대한민국의 '진보'는 족보가 없는 진보라는 사실을 알게 되었다. 잘못된 프레임과 인물을 중심으로 "보수"와 "진보"가 나뉘어 패싸움을 하고 있다는 것을 알게 되었다. 참 한심한 일이다.

　대한민국은 8조법금이나 훈요십조 또는 경국대전의 토대위에 세워진 나라가 아니다. 나라의 뿌리는 헌법이고, 건국 시 대한민국의 헌법에 영감을 준 것이 바로 미국의 독립선언문이다. 이것이 팩트이다. 못 믿겠거든 직접 확인해 봐라. 대한민국 자유민주주의의 뿌리가 어디서 유래했는지.

　나는 묘하게도 뿌리와 깊은 연관을 갖고 있다. 언젠가부터 미국에서 생산되는 산삼을 취급하며 생계에 큰 도움을 받고 있다. 그런 와중에 건국의 아버지들과 독립선언문을 조우하였다. 자유민주주의의 뿌리이다. 최고의 뿌리를 영접할 수 있게 되어 반갑고 감사하다. (2020/11/27)

미국독립선언문-이승만-대한민국

대한민국 사람들 가운데 주권재민과 만민평등, 그리고 모든 국민의 생명과 자유, 그리고 행복추구권, 폭압적 정부에 대한 저항권 등에 대해서 반대하는 사람이 있을까? 한 명도 없을 것이다. 정권에 따라 이것이 잘 실천되었는지에 관한 견해와 평가는 다를 수 있지만 위와 같은 기본원칙 자체를 반대하는 사람을 나는 본 적이 없다. 그렇다면 대한민국은 토마스 제퍼슨의 독립선언문에서 제시된 정치이념을 지지하고 신봉한다는 뜻이 된다. 미국을 싫어하는 사람도 있을 수 있지만, 선언문의 내용을 반대하는 사람은 없다.

대한민국 사람들 가운데 삼권분립, 집회, 언론, 표현, 종교의 자유를 거부하는 사람이 한 사람이라도 있을까? 절대 없을 것이다. 독재라고 낙인찍혔던 군사정권에서도 이것들은 잘 가르쳤다. 자유민주주의의 원칙을 교과서로 가르치는 독재정권? 독재라면 좀 이상한 독재인데, 요즘은 문득 우리가 독재라는 표현을 엄격한 정의 없이 선동의 구호로 남용해 왔던 게 아닌가 하는 의구심이 든다. 아무튼 대한민국이 표방하는 자유민주주의적 원칙의 기원은 미국 건국의 아버지들이 만든 독립선언문과 합중국 헌법이다. 그러니까 대한민국의 헌법적 토대도 미국의 정치사상에서 유래하였다고 할 수 있다.

약간 생뚱맞은 이야기지만, 대한민국은 전 세계 태권도의 종주국이다. 태권도는 올림픽 종목으로서, 전 세계의 많은 나라에서 열심히 수련하며,

때로는 종주국으로 유학도 오고 연수도 하고 또한 종주국의 선수들과 겨루어서 이기기도 한다. 종주국이기 때문에 항상 이기기만 하는 것도 아니고 종주국이기 때문에 다른 국가의 선수들에게 횡포가 허용되는 것도 아니다. 다만 그 종목의 기원이 그 나라라는 뜻일 뿐, 서열과 종속의 의미가 아니라는 점을 혼동해서는 안 된다. 식민지나 속국이랑 완전히 다른 개념이다. 오해들 하실까 봐 종주국의 의미에 대해서 한참 썼다.

대한민국 정치체제의 종주국은 미국이다. 적어도 정치이념에 있어서 미국은 대한민국의 종주국이다. 이것이 한미관계의 정확하고 정직한 묘사이다.

해방 후 우리에겐 두 갈래의 길이 있었다. 독립선언문과 공산당선언이라는 두 문서에 기초한 정치체제들이다. 어찌 보면 이것들은 이 세상에 가장 중요한 두 개의 문서가 아닌가 싶다. 코리아는 전자를 선택했다.

대한민국에 독립선언문의 이념을 이식한 것은 이승만이었다. 나는 얼마 전까지만 해도 이승만 하면 사사오입개헌, 315부정선거로 망명 간 독재자 정도로만 알고 있었는데, 알고 보니 출중한 번역가였다.

독립선언문의 중요성에 비해서 한글로 제대로 된 번역을 찾아보기 힘들어 내가 한번 직접 해 봐야 하겠다고 학습하던 참이었다. 두어 군데의 소스가 있어서 자료를 검토해 보았으나 무슨 까닭인지 우리말이 영어보다 해독이 어려웠다.

244년 전, 그러니까 조선시대로 치면 영조 52년에 영어권의 학구파 엘리트가 심혈을 기울여 작성했고 거기에 당대의 석학들과 문장가들이 달라붙어 윤문까지 첨가한 글이 요즘 나오는 일간지처럼 술술 읽히지 않는 것은 어쩌면 당연한 일이지만, 심지어 주한미국대사관 홈페이지에 들어가 봐도 독립선언문을 중간에 왕창 빼먹고 맨 앞부분과 맨 뒷부분만 한글로 옮겨놓고 있는 실정이었다. 미대사관, 작년에는 대통령 사진을 바꿔쳐놓았다가 나한테 딱 걸렸는데, 이번엔 독립선언문까지…. 에효! 천조국의 일처리가 그리 엉성하다니, 깜놀했다.

독립선언문을 내 버전으로 멋지게 번역을 하려고 이것저것 리서치를 하던 도중 대한민국의 초대 대통령 이승만이라는 사람을 알게 되었다. 이분이 독립선언문을 해놓으셨더라. 잘했더라. 아. 프린스턴 박사, 고스톱 쳐서 딴 건 아니었구나!

1800년대에 태어나 감옥에서 영어공부를 했던 사람으로서, 구한말의 한국어를 사용하여 옮겼음에도 그 번역이 정확한 이해에 기초하고 있음을 알 수가 있었다. 내가 실력이 없어도 그 정돈 알 수 있다. 신분제 사회에서 백성의 절반이 노예였던 조선에 이 내용을 전파하여야 하겠다는 그 절절한 진심 역시 고스란히 느껴졌다. 많은 이들이 천한 신분이었고, 또한 대영제국 치하의 아메리카처럼 식민지 치하에서 살아야 했던 동포들에게 이것이야말로 가장 절실한 메시지였을 것이라고 생각했을 선각자 이승만이 느껴졌다. 그런 면에서 대한민국 초대 대통령 이승만에게 뒤늦게 미안함이….

오늘은 독립기념일. 불꽃놀이나 볼 게 아니라 그 참뜻이 무엇이었는지, 우리나라 초대 대통령의 한글 버전으로 한 번씩 음미하는 것도 뜻이 있을 듯하여 열공했다. (2020/7/4)

완역 소감

보수와 진보를 가를 때 보수란 뭔가를 지키려는 정치성향을 뜻한다. 그런데, 뭘 지키겠다는 것일까에 대한 답변이 바로 이 문서에 들어 있다. 자연법과 신의 섭리에 근거한 인간의 기본권. 생명, 자유, 행복의 추구가 바로 그것들이다. 이것을 획득하기 위하여 싸웠던 싸움이 아메리카 혁명이고, 그 목표를 설정해 주었던 이 문서가 바로 보수적 가치의 프로토타입이라는 사실을 많이들 망각하고 있다.

한국에서는 보수는 기득권세력, 진보는 기득권 타파세력이라는 기괴한 프레임이 횡횡하고 있다. 이게 어디서 비롯된 생각인가 따져봤더니 똥팔육 주사파의 세계관이다. 세상을 가진 자와 못 가진 자로 갈라쳐서 갈등을 부추기는 선동이다. 이 세계관에 함몰되면 세상이 부조리하고 정의롭지 못한 것처럼 여겨져 돈키호테가 되곤 한다. 그게 똥팔육이다.

나는 미국혁명을 공부하면서 내가 보수주의자라는 사실을 알게 되었다. 가진 것은 아무것도 없기에 똥팔육의 기준으로는 결코 기득권 세력이라고 할 수는 없지만, 그럼에도 인간이기 때문에 누구나 갖고 있는 근본적인 권리를 나도 갖고 있다는 믿음, 그리고 그 권리의 보편적 보장을 위하여 국가와 모든 시민은 함께 노력해야 한다는 원칙을 신봉한다는 점에서, 비록 꽤 오랜 세월을 더러운 똥팔육 바이러스에 걸려 역병을 앓았을지언정, 나의 근본은 보수이며, 이것이 바로 보수주의의 가치라는 사실을 인식하게 되었다.

대한민국은 이러한 보수주의의 원칙에 입각하여 세워진 나라로서, 그것이 우여곡절로 인하여 잘 지켜지지 않아 왔고 지금도 쉼 없이 훼손되고 있지만 이와 같은 기본 원칙에 대한 국민적 합의가 있다는 사실은 다행한 일이다. 그런 가치와 원칙이 어디에서 비롯되었는지, 그 근본과 이치에 대하여 이 번역을 통해서 조금이나마 공유가 되었으면 좋겠다.

처음에는 문체가 어려워서 이해하기 힘든 줄 알았다. 그런 점도 없지 않았지만 역사적 맥락에 대한 지식이 부족한 까닭이 가장 컸다. 기존 번역들은 그런 부분에 대한 리서치가 전혀 안 되어 있다는 사실을 알게 되었다. 나는 다행히 그것들을 상세히 설명한 소스를 발견하여 큰 도움이 되었다. 덕분에 이전의 버전들보다는 진보를 이루었다고 자부한다.

본의 아니게 어려서부터 영어를 배우게 되어 (되도 않는) 영어를 팔아서 밥도 조금 먹었던 적도 있는데 살다 보니 미국까지 오게 되어 건국의 아버지들과 독립선언문을 만나게 되었다. 제퍼슨이 필라델피아 하숙방에서 머리 싸매고 이 글을 쓸 때 느꼈을 고뇌의 만 분의 일 정도를 250년이 지나서 느껴 보았다. 신비한 체험이었다. (2020/9/4)

독립선언문 오역사 & 번역실습

이제 더 이상 안 고친다. 더 보면 또 나오겠지만 여기서 시마이. 나의 ultimate version을 여기에 내려놓고 마침표를 찍는다. 100점 만점에 이 정도면 70-80점 정도는 될 것이라 자신하며, F 학점에도 못 미치는 과거의 여러 버전들보다는 진일보한 성과라고 자부한다. 나머지 20-30점은 내 것을 토대로 미래의 번역자들이 채우라고 남겨놓는다. 와, 진짜 이거 때매 고생 엄청 했다.

기존의 버전들은 독립선언문의 공식적인 제목부터가 올바르게 번역이 되어 있지 않았다. 제목부터가 그런 형편이니 그 속의 내용은 더 말할 나위가 없었다. 한국어 구사의 미숙함, 역사적 배경에 대한 연구태만 그리고 영어 구문이해 능력의 부족 등의 문제를 적나라하게 드러내며 이 세상에서 가장 중요하고 위대한 문서의 의미를 수많은 오역과 비문으로 가리고 있었다. 번역이 열심히 반역을 하고 있었다.

현재 미국독립선언문 번역에 있어서 대표성을 갖는 것은 주한미대사관의 홈페이지에 게시되어 있는 버전과 한국미국사학회 버전이다.

어이없게도 주한미국대사관은 자기 나라의 국보에 해당하는 그 문서의 한글 버전을 중간에 왕창 뜯어먹고 서문과 결론 부문만 싣고 있었다. 그 나라가 무엇 때문에 일어났고 무엇 때문에 존재하는지를 명시한 문서를 누구보다 열심히 알려야 할 입장에서 이것은 일종의 업무태만이라고 볼 수밖에 없다. 물론 악의적으로 그랬을 리는 없고 나름 해 보려고 했으나 잘 안되었을 것이라고 추측한다. 그만큼 이 문서의 번역이 쉽지 않다는 반증이다.

한국미국사학회? 내가 알기로는 이 분야 최고의 전공자들의 집단인데…. 교수들의 모임일 텐데, 어쩜 그렇게 허접하니? 1992년에『미국역사의 기본사료』라는 책에 한 번 수록되었고 2006년 궁리출판사에서 출간된『사료로 읽는 미국사』라는 책에서 반복 게재되었으니까 무려 28년 동안이나 그렇게 민낯을 방치하고 있었던 것이다. 문제점을 인식이나 하고 있는지 모르겠다.

나는 하도 기가 차서 한국 미국사학회 번역 버전은 한 줄 한 줄 분석하며 오역을 지적하고 해설하는 책을 하나 만들었다. 다른 데는 몰라도 미국사학회라면 한국에서 미국사의 올바른 전달을 위한 책임과 대표성이 있는 단체이므로 부디 문제를 직시하고 향후의 저작물에 소명의식으로 정진하기를 바라는 마음에서 며칠간의 고통을 참고 나한테 아무 득도 되지 않는 일을 했다. 그래도 공부는 좀 되어서 좋았다. (이 파일을 날려먹고 다시 작성한 것이『이것이 미국독립선언문이다』이다.)

서울대학교 법과부 안경환 교수의 「미국 독립선언서 주석」이라는 문서도 참조했다. 여기서 참조란 도움을 받았다는 뜻이 아니다. 뭐, 타신지석도 도움이라면 도움이겠지만. 2001년 발표된 이 논문의 각주에서 안 교수는 "독립선언서 자체를 독립된 연구대상으로 한 국내 문헌은 거의 발견되지 않는다. 또한 대부분의 독립선언서 번역문은 구체적 사실의 열거 부분을 생략한 채 전문과 결론만을 담고 있다. (예: 주한미국대사관…) 드물게 독립선언서 전문을 번역한 시도는『미국역사의 기본사료』(미국사 연구회에서 옮기고 엮음, 1992)에 보인다. 이 글에서의 번역은 이 책에 실린 번역본을 기초로 하고 법적 용어와 함의를 전달하기 위해 필요한 범위 내에서 수정을 가했다."라고 밝힌다.

이렇게 긴 진술을 한마디로 정리하면, 그의 논문을 쓰는 데 (가뜩이나 개판인) 미국사학회 버전의 번역에 편승했다, 또는 무임승차했다는 뜻이 되겠다. 수정을 가했다고 하지만, 결정적인 오류들은 그대로 두고 있고 고쳤다는 부분도 그닥 신통치 않기 때문이다. 그 example은 뒤에서 다시 보여드리도록 하겠다.

끝으로 번역가 안효상의 『세계를 뒤흔든 독립선언서』에 수록된 버전. 이 책은 스테파니 슈워츠 드라이버라는 사람이 저술한 *The Declaration of Independence*의 번역서이다. 이분은 독립선언문의 의미를 "재산소유자의 민주주의," 즉 부르주아 민주주의의 정신에서 벗어나지 못하며 "미국의 패권과 오만함"으로 인해 "그 문서는 잘해 봐야 죽은 것"이라고 폭언을 하고 있다. 그런 소리 하려면 이 책은 왜 만들었을까? 내가 이런 번역가들의 속성을 아는데, 이런 분들이 생계형이다. 번역이라도 해서 먹고살라고 하기 싫은 일을 하는 유형. 먹고살라고 하기 싫은 번역이나 하면서 자기가 작업한 번역물에 저주나 퍼붓는 괴물. 이분의 버전은 논의할 가치도 별로 없는 게, 거의 토씨만 몇 개 빼고는 한국미국사학회 버전과 거의 똑같다. 베꼈다는 혐의가 굉장히 짙다. 양쪽 버전을 양양 출판사로 보내줘서 검토시키려고 한다. Adademic fraud 또는 academic misconduct는 허용되어서는 안 된다. 뭐 하는 사람인가 봤더니 진보신당과 사회당 대표를 역임했다나?

나는 지식인들끼리는 사정없이 물고 뜯어가며 싸워야 한다고 생각한다. 진리를 추구하며 먹고사는 지식 산업의 세계에서 서로 점잖게 덕담이

나 해 가면서는 대중들의 등대가 될 수 있는 지식을 생산할 수 없다. 그게 바로 야합이고 짬짜미다. 쓸모 있는 지식은 검투사의 자세로 서로가 서로를 감시하며 비판하는 가운데 생산된다. UFC 파이터가 또는 프로복서가 체면과 인정과 의리로 경기에 임하면 스포츠가 뭐가 되겠는가? 해서 나도 도발을 좀 해 봤다. (물론 일반인들에게는 얌전한 편이다.)

미국독립선언문은 전문의 양이 원고지로 20장 내외인데, 번역비를 돈으로 치면 하루 일당에 못 미치는 액수가 된다. 근데 이게 하루에 할 수 있는 일인가? 나 같은 경우 처음 마음먹고 2년, 붙잡고 달라붙어 한 열흘. 토마스 제퍼슨도 원문 쓰는데 골방에 갇혀서 2주가 걸렸단다. 이거 원고료만 생각하면 할 수 있는 일이 아니다. 그래서 여태껏 엉망인 채로 방치되어 있었던 게 아닐까 하는 생각이 든다.

그럼 맛보기로 한 문장만 예를 들어가면서 번역실습을 해 보겠다.

When in the Course of human events, it becomes necessary for one people to dissolve the political bands which have connected them with another, and to assume among the powers of the earth, the separate and equal station to which the Laws of Nature and of Nature's God entitle them, a decent respect to the opinions of mankind requires that they should declare the causes which impel them to the separation.

독립선언문을 읽어 보려고 작심하고 들여다보면, 웬만한 실력자가 아닌 이상 첫 줄에서 나가떨어지기 십상이다. 나도 그랬다. 그러나 난 이걸 해야 했기 때문에 읽고 또 읽고 동영상 틀어놓고 수도 없이 따라 읽고…

참고자료도 보고 하다 보니… 조금씩 의미의 문이 열리는 것 같았다. 자이제, 남들은 어떻게 했는지 하나씩 볼까?

〈미국대사관〉 인간사의 진행과정에서 한 국민이 자기들을 타자에게 얽매이게 하는 정치적 속박을 해체하고, 그리하여 스스로 지상의 열강들에 끼어 자연의 법칙과 신의 법칙에 따른 독립적이고 평등한 위치를 차지하는 것이 필요하게 될 때는 인류의 의견들을 예절 있게 존중하면서 자신들이 독립하지 않을 수 없는 이유를 선언해야만 한다.

〈미국사학회〉 인류역사에서 한 민족이 다른 민족과 정치적 결합을 해체하고 세계 여러 나라 사이에서 자연법과 신의 섭리가 부여한 독립·평등의 지위를 차지하는 것이 필요해졌을 때 우리는 인류의 신념에 대한 엄정한 고려를 하면서 독립을 요청하는 여러 원인을 선언하지 않을 수 없게 된다.

〈안경환〉 인류의 역사에서 한 민족이 다른 민족과 정치적 결합을 해체하고 세계 여러 나라 사이에서 자연법과 자연법의 신의 법이 부여한 독립, 평등의 지위를 차지하는 것이 필요하게 되었을 때 인류의 신념에 대한 엄정한 고려에서 독립을 요청하는 여러 원인을 선언하지 않을 수 없다.

〈안효상〉 인류역사에서 한 민족이 다른 민족과 정치적 결합을 해체하고 세계 여러 나라 사이에서 자연법과 신의 섭리가 부여한 독립·평등의 지위를 차지하는 것이 필요해졌을 때 우리는 인류의 신념에 대한 엄정한 고려를 하면서 독립을 요청하는 여러 원인을 선언하지 않을 수 없게 된다.

이렇게 한 번에 진열해 놓기도 어려운데, 상당히 비슷하다. 관심 있는 분들은 각자 비교해 보시고, 나는 포인트만 몇 개 언급하려고.

1. for people from another - 국민? 민족? 인민?

미국대사관에서는 "국민"이라고 옮겼는데, 독립선언 이전의 사람들을 지칭하는 표현으로, 아직 나라가 없는데, 어떻게 국민이라는 표현을 할 수가 있냐? 또 굳이 국민이라고 특정할 때는 nationals라는 단어를 쓴다. 따라서 미국대사관의 "국민"은 오역!

미국사학회, 안경환, 안효상은 "민족"이라고 옮겼는데, 민족은 핏줄을 전제로 한다. 영어로는 ethnic 또는 racial group에 가까운 말이다. 굳이 부연설명 하자면 ethnic group은 언어, 전통 등의 문화적 동질성을, 그리고 racial group은 피부 등과 같은 신체적 동질성을 기준으로 분류된 사람들의 집단이다.

이 문맥에서 people은 "한 무리의 사람들"이라는 뜻으로 혈연, 문화 또는 국적과 같은 함의가 포함되지 않은 표현임에도 불구하고 "민족"이라고 옮긴 것은 심각한 오역이다. 왜냐하면이 글을 발표한 제퍼슨과 아메리카 식민지인들 그리고 이 글을 쓰게 된 동기를 부여한 영국왕과 영국은 혈연적으로 문화적으로 같은 '민족'이기 때문이다. 다시 말해, 같은 민족임에도 불구하고 독립을 선언하는 것인데, 마치 다른 민족끼리의 독립선언인 것과 같은 착각을 주고 있다.

미국독립선언문은 민족해방과 같은 맥락에서의 선언문이 아니다. 그

뒤에 표명하는 가치에 기반하여, 동일한 영국계 민족 안에서의 분리이다. 피는 물보다 진하다고? 물보다는 진할지 몰라도 이상으로 추구하는 가치보다는 진하지 않다는 것을 천명한 것이 독립선언문이다. 가치는 피보다 진하다.

용서할 수 없는 것은, 텍스트의 말미에 분명히 제퍼슨이 "to our British brethren"이라는 표현으로 자신들은 영국인들과 혈연으로 이어진 형제임을 적시하고 있는데도 불구하고 "한 민족이 다른 민족과의 분리"를 선언하는 것이라는 번역을 거의 30년에 걸쳐서 여러 명의 번역자들이 반복적으로 재생산하고 있다는 사실이다. 정신을 어디다 빼놓고 작업을 한 거냐? 덕분에 토마스 제퍼슨을 앞뒤가 다른 소리를 하는 정신 나간 사람으로 만들어 버렸다.

people에 인민이란 뜻이 있다. 이승만 박사가 인민이란 표현을 사용했다. 하지만 "인민"은 한 인민이 다른 인민과 결별할 때… 등처럼 쓸 때 어색한 표현이 된다. 이승만 박사는 슬기롭게 "세계의 어떤 인민이든지"라고 옮겨 어색함을 피했지만 원문의 형태를 파괴하는 의역이라 분석대상에서 제외했다. 뜻을 정확히 전달하는 면에서는 다른 버전들에 비해서 독보적이다. 리스펙.

〈이승만〉 세계의 어떤 인민이든지 타국의 압제를 벗어나서 하나님께서 부여해 주신 평등한 지위를 찾아 지구상의 열강국과 같이 따로 서고자 할 때에는 마지못해 독립하고자 하는 이유를 천하에 반포하는 것이 인정상 마땅하게 여기는 바이다.

내가 생각한 people의 올바른 번역은 "집단"이다. 앞서 말한 듯이 people은 한 무리의 사람들이다. "집단"이란 표현 속에 사람이란 뜻은 암묵적으로 포함되어 있고, people에서 작가가 드러내고자 하는 핵심적인 의미는 한두 사람이 아닌 아메리카 대륙에 살고 있는 "집단"적인 사람들을 지칭하는 것이므로 people은 "집단"으로 옮기는 것이 가장 적절하다고 보았다. 더 좋은 게 있을는지 모르겠으나 민족이나 국민보단 백번 낫다는 판단이다. 더 좋은 아이디어가 있으면 제안해 주시기 바란다.

2. 이유를 천명한다 vs. 원인을 선언한다

이유와 원인은 뜻은 같지만, 쓰임새는 같을 때도 있고 다를 때도 있다. cause를 declare한다고 할 때는 원인을 선언한다고 말하지 않는다. awkward expression의 한 예이다. 원인은 분석하는 거지 선언하는 게 아니다. 이게 native Korean speaker의 언어감각이다. 미국사학회, 안경환, 안효상은 한국어 훈련이 덜되어 있는 것처럼 보인다. 한편 정상적이지 않은 감각이 세 버전에서 반복적으로 재생되는 것은 아마도 베꼈기 때문이 아닐까 추정된다. 정답은 아무리 베껴도 베꼈다고 의심할 수 없지만 오답이 여러 사람들에 의해 반복될 때는 플래저리즘을 의심할 수밖에 없다. 이렇게 싸놓은 똥이 신성한 독립선언문에 한가득이다.

3. a decent respect to the opinions of mankind

웬만한 번역자라도 넋을 나가게 만들어 버리는 제퍼슨의 회심의 문장, 바로 첫 문장의 주절이다. 의욕을 상실시킨다. 아마 다들 여기서 나가떨어졌을 것이다.

a decent respect to the opinions of mankind requires that they should declare the causes which impel them to the separation.

〈미국대사관〉 인류의 의견들을 예절 있게 존중하면서 자신들이 독립하지 않을 수 없는 이유를 선언해야만 한다.

〈미국사학회〉 우리는 인류의 신념에 대한 엄정한 고려를 하면서 독립을 요청하는 여러 원인을 선언하지 않을 수 없게 된다.

인류의 의견이 뭔데, 그리고 인류의 신념이 뭔데 하나는 예절 있게 존중한다고 하고 또 하나는 엄정한 고려를 한다고 하는 것일까? 그게 뭔지 알아야 존중도 하고 고려도 하지 않겠는가? 즉, 미국대사관과 미국사학회는 지금 뻘소리를 하고 있는 것이다.

그럼에도 대부분의 독자들은 이게 무슨 뻘소리인가?라고 캐치하지 못한다. 나도 그랬다. 그냥, 내가 이해력이 부족하여 이 말이 무슨 말인지 잘 모르겠다고 생각하거나 또는 모른다는 생각도 못 한 채 다음 문장으로 넘어간다. 이런 게 바로 악역의 해악이다. 즉, 읽긴 읽었는데, 뭔 소리인지를 모르고 지나가게 만드는 것. 가장 큰 이유는 번역자들도 뜻을 모르고 번역했기 때문이다. 아마도 모른다고 생각도 안 하면서 번역했을 것이다. 내 말이 틀린지, 당사자들의 반론을 듣고 싶다.

첫 문장 주절의 핵심은 거기에서도 주어에 해당되는 a decent respect 이다. 한국인들을 본문 첫 문장 주절의 주어부터 헤매게 만드는 제퍼슨의 가공할 펀치력. 그것을 더킹으로 살짝 피하며 "도리"라는 아름다운 우리

말을 찾아서 제퍼슨에게 헌정했다. 밥 먹는데 문득 그래, decent respect 는 "도리"가 딱이라는 영감이 떠올랐다. 번역하겠다고 마음먹은 지 몇 달 만의 일이었다. 그래서 나의 버전을 종합하면,

인류사의 여정에 있어서 어느 집단이 그들과 연계된 다른 집단과의 정치적 고리를 파기하고 세상의 여러 정치권력들 사이에서 자연법과 자연신법이 부여한 독립적이고 동등한 위상을 정립할 필요성이 발생하였다면 그 불가피한 이유들을 만방에 천명하여 의견을 구하는 것이 인류에 대한 도리일 것입니다.

이제야 조금은 제퍼슨의 목소리가 들리지 않는가? 제퍼슨이 한국인이라면, 미국대사관이나 미국사학회의 버전이 아닌, 바로 이 문장의 말투와 의미로 "연설" 또는 "낭독"하지 않았겠는가 말이다. 첫 번째 문장이 이렇게 개판인데 두 번째 문장은 올바로 되어 있을 리가 없다. 독립선언문 전체에서 가장 핵심적인 구절들 가운데 하나가 바로 이거다:

4. certain unalienable rights
certain과 unalienable을 한영사전을 찾아보았다.

certain: 확실한
unalienable: 빼앗을 수 없는

그런데 이것들을 이 사람들은 아래와 같이 번역해 놓았다.

〈미국대사관〉 양도할 수 없는 일정한 권리

〈미국사학회〉 몇 개의 양도할 수 없는 권리

〈안경환〉 양도할 수 없는 일정한 권리

cetain이 '일정한'으로 변했고 unalienable이 '양도할 수 없는'으로 바뀌었다. 안경환은 틀린 것만 골라서 합쳐놓았다. 이 사람이 서울대학교 법대 교수였다. 법무장관도 될 뻔하신 분이다. 아니, 사전만 찾아봐도 알 수 있는 것을…. 양도할 수 없는 것과 침해할 수 없는 것을 한국 최고의 석학들이 혼동하다니, 참담하다.

대한민국 헌법을 들춰보았다. 거기에 "불가침의 권리"라는 표현이 있다. 이게 바로 전문용어로 번역된 unalienable rights이다. 그래서 바로잡아 보았다.

〈이종권〉 확고한 불가침의 권리

이 밖에 중요한 콘셉트인 Creator, God 등은 "조물주" 그리고 "신" 등과 같이 ecumenical 한 용어로 옮긴 사례가 많았지만 "창조주" 그리고 "하나님"처럼 정통 기독교적 용어를 사용했다. 자타가 공인하는 크리스천인 토마스 제퍼슨이 한국인이라면 말했을 법한 표현이기 때문이다.

기존 버전들에서 오역과 악역이 첫 번째 한두 문장에서도 이 정도이다. 불량식품을 파는 업자는 감옥에 가는데, 불량 번역을 내놓는 번역자는 아무런 처벌을 받지 않는다. 불량식품은 일종의 쓰레기라 금방 폐기처분하는데 불량 번역은 잘 치워지지도 않는다. 이것이 번역산업의 병폐이다.

이렇게 건설적 비판이라도 하여 그 해악을 완화시키는 수밖에 없다.

내가 마지막 순간까지 고민하고 망설였던 것은, 〈독립선언문〉이라고 해야 하나 아니면 〈독립선언서〉라고 해야 하나 하는 것이었다. 거의 마지막 순간까지 〈선언서〉를 고수했었다. 의미와 맥락으로는 당연히 〈선언문〉이 맞지만 한국의 〈기미독립선언문〉과 차별을 주기 위해서. 내 입장에서 나름 코리아를 배려하기 위하여 고심했다.

헌데 최초 번역자인 이승만도 독립선언문이라고 옮겼고 주한미국대사관도 독립선언문이라고 옮긴 마당에 뒤늦게 나타난 듣보잡이 다른 표현으로 옮기는 것이 당랑거철에 비유될 수 있는 만용에 가깝고 The Declaration을 접하는 분들에게 또 다른 혼동을 줄 수 있어서 대세에 따라 〈미국독립선언문〉이라고 부르기로 했다. 번역이란 게 숱한 선택의 연속인데, 이 경우 제목서부터 끝까지 고민하고 망설였다. 이제 그만하고 다음 단계로 넘어가려고. 비록 완벽하다 할 수 없지만 부족한 실력으로 이만큼 해낸 데에 작은 만족. (사실은 그 이후로도 많은 부분을 더 고쳤다./필자주)

독립선언문 주요 한글 버전을 검토하며 잠깐 독립선언문 번역사에 관해 생각해 봤다. 최초의 번역자는 이승만. 그러나 완역이라기 보단 패러프레이징에 가깝고 구한말 문어체로서 공유가 극히 제한된다. 다음으로 주한미국대사관과 미국사학회. 무슨 영문인지 번역자의 실명이 없다. 안경환은 기존의 미국사학회 버전에 제한적 수정을 가한 것이라고 스스로 밝히고 있다. 안효상은 누가 봐도 미국사학회의 버전과 유사하여 도용의 혐의가 매우 짙은 상황이다. 사실관계를 짚어봐야 할 사안이다.

이 같은 정황을 되새기면 나의 버전이야말로 번역자의 이름을 걸고 현대한국어로서 내놓은 최초의 버전이 되는 셈이다. 뜻밖의 타이틀이다. 영어 잘하는 미국 연구자들, 다들 그동안 뭘 했는지 모르겠다.

고생 끝에 새로운 명함이 생겼다. 이제 난 제퍼슨의 독립선언문 한국어 번역자다. (2020/9/27)

3.
미합중국헌법

미합중국 헌법의 아버지 제임스 메디슨의 책상

미합중국 헌법 오리지널 7조

전문

우리 합중국 국민은 더욱 완벽한 연방을 결성하고 정의를 확립하여 국내의 안녕을 확보하고 공동의 방위를 제공하며 총체적 복지를 증진하고 우리와 우리 후손에게 자유의 축복을 담보하고자 이와 같이 미합중국 헌법을 제정하는 바이다.

제1조

제1절

본 헌법이 부여하는 모든 입법 권한은 합중국 의회에 귀속되며, 의회는 상원과 하원으로 구성된다.

제2절

1항 하원은 각 주의 주민이 2년마다 선출하는 의원으로 구성하며, 각 주의 선거인은 해당 주에서 의원수가 가장 많은 원의 의원을 선출하는 선거인에게 요구되는 자격 요건을 구비해야 한다.

2항 선거 당시 25세 미만이거나 합중국 시민으로서 7년이 지나지 않았거나, 또는 출마하려는 주의 주민이 아닌 자는 하원 의원이 될 수 없다.

3항 하원 의원의 수와 직접세는 연방에 가입하는 각 주의 인구에 비례하여 각 주에 배정한다. 각 주의 인구는 연기 계약 노무자를 포함한 자유인의 총수에, 세금 부과 대상이 아닌 인디언을 제외하고, 그밖의 인구(*혹 인 노예) 총수의 5분의 3을 가산하여 결정한다. (수정헌법 제13조, 제14조 로 폐기/역주) 인구의 산정은 최초의 합중국 의회 개최 후 3년 이내, 그리 고 그 후 매 10년마다 법률이 정하는 바에 따라 실시한다. 하원 의원의 수 는 인구 3만 명당 1명의 비율을 초과하지 못한다. 다만, 각 주는 적어도 1 명의 하원 의원을 갖는다. 그러한 인구의 산정이 실행되기 전까지 뉴햄프 셔주는 3명, 매사추세츠주는 8명, 로드아일랜드주 및 프로비던스 식민지 는 1명 코네티컷주는 5명, 뉴욕주는 6명, 뉴저지주는 4명, 펜실베이니아 주는 8명, 델라웨어주는 1명, 메릴랜드주는 6명, 버지니아주는 10명, 노스 캐롤라이나주는 5명, 사우스캐롤라이나주는 5명, 그리고 조지아주는 3명 의 의원이 배정된다.

4항 하원 의원의 결원이 발생한 주에서는 해당 주의 행정당국이 선거명 령을 발표하여 결원을 채운다.

5항 하원은 의장과 기타 임원들을 자체적으로 선출하며, 탄핵소추권을 독점한다.

제3절

1항 합중국 상원은 각 주의 입법부에서 선출한 (수정헌법 제1조로 개 정/역주) 6년 임기의 상원 의원 2명씩으로 구성하며 각 상원 의원은 한 표 의 투표권을 가진다.

2항 최초의 선거 결과로 선출된 상원 의원들은 소집 직후 가능한 한 동 수의 3개 그룹으로 분할된다. 첫 번째 그룹의 의원들은 2년 만기로, 두 번 째 그룹의 의원들은 4년 만기로, 그리고 세 번째 그룹의 의원들은 6년을 만기로 그 의석을 비워져야 한다. 이렇게 하여 (상원 의원의) 3분의 1이 2년마다 선출될 수 있도록 한다. 그리고 어떤 주에서든 주 의회의 휴회 중에 사직 또는 다른 이유로 상원 의원의 결원이 생길 때에 그 주의 행정부는 다음 회기의 주 의회가 결원을 보충할 때까지 잠정적으로 상원 의원을 임명할 수 있다. (수정헌법 제17조로 개정)

3항 선거 당시 30세 미만이거나, 합중국 시민으로서 9년이 지나지 않았거나, 또는 출마하는 주의 주민이 아닌 자는 상원 의원이 될 수 없다.

4항 상원 의장은 합중국 부통령이 겸임하며, 가부 동수일 경우를 제외하고는 투표권을 행사하지 않는다.

5항 상원은 (의장 이외의) 기타 임원들을 자체적으로 선출하며, 부통령이 결석 혹은 합중국 대통령의 직무를 집행중일 때는 임시 의장도 선출한다.

6항 모든 (종류의) 탄핵심판권은 상원에 귀속된다. 이 목적으로 회의를 개최할 때 의원들은 선서 또는 확약을 해야 한다. 합중국 대통령이 탄핵심판을 받을 경우 연방 대법원장이 의장직을 맡는다. 탄핵심판은 출석 의원 3분의 2 이상의 찬성으로 유죄가 선고된다.

7항 탄핵 심판은 합중국 하에서의 명예직, 위임직, 그리고 유급직으로부터의 면직과 자격박탈 이상의 판결을 내릴 수 없다. 그러나 (탄핵심판에서) 유죄 판결을 받았다 해도 법률에 따른 기소와 재판과 판결과 처벌의 대상이 될 수 있다.

제4절

1항 상원과 하원의 선거 일시와 장소 그리고 방법은 각 주의 주 의회가 정한다. 그러나 합중국 의회는 상원 의원의 선거 장소를 제외한 해당 규정을 언제든지 법률로써 제정 또는 개정할 수 있다.

2항 연방 의회는 적어도 1년에 1회 이상 회의를 해야 한다. 법률로 다른 ~~날짜를 지정하지 않는 한 12월 첫 번째 월요일로 한다.~~ (수정헌법 제20조로 개정/역주)

제5절

1항 각 원은 소속 의원의 당선과 개표 그리고 자격을 판정하며, (소속 의원의) 과반수로 의사 정족수를 구성한다. 정족수 미달 시 출석의원의 결의로 회의를 (즉석에서) 그날그날 연기할 수 있으며, 각 원에서 정하는 방법과 처벌 규정에 준하여 미출석 의원의 출석을 강제할 수 있다.

2항 각 원은 회의진행 규칙을 결정할 수 있고, 원내 질서를 어지럽힌 의원을 징계할 수 있으며, (재적)의원 3분의 2(이상)의 찬성으로 의원을 제명할 수 있다.

3항 각 원은 의사록을 작성하여야 하며, 각 원에서 보안이 요구된다고 판단하는 부분 이외에는 (의사록을) 수시로 공표해야 한다. 의사록에는, 출석의원 5분의 1의 요청이 있으면, 어떠한 문제에 있어서든 의원들의 찬반 여부를 기재해야 한다.

4항 양원은 회기 중, 다른 원의 동의 없이, 3일 이상 휴회할 수 없으며 각 원이 개최하게 될 장소 이외의 곳으로 회의장을 변경할 수 없다.

제6절

1항 상원 의원과 하원 의원은 법률에 의거하여 직무에 대한 보수를 받으며, (보수는) 합중국 국고에서 지급된다. 양원의 의원은 반역죄, 중죄 및 치안 방해죄를 제외하고는 어떠한 경우에도 회의 출석 중이나 의사당까지의 왕복 도중에 체포되지 않을 특권을 가진다. 또한, 양원의 의원은 원내에서의 발언과 내용에 대하여 원외에서 문책받지 않는다.

2항 상원 의원과 하원 의원은 재임기간 중 합중국 산하의 어떠한 공직에도 선출 또는 임명될 수 없으며, 그 기간 중 신설된 직책을 가질 수 없고 보수를 인상할 수 없다. 합중국 산하의 공직을 가진 자는 누구도 양원의 의원직을 겸임할 수 없다.

제7절

1항 세금징수에 관한 모든 법률안은 하원에서 발의되어야 한다. 상원은 다른 법안들과 마찬가지로 (하원에 세금징수 법안 발의를/역주) 제안하거나 수정안을 붙여 동의할 수 있다.

2항 하원과 상원을 통과한 모든 법안은 법률로 확정되기에 앞서 합중국 대통령에게 이송된다. 대통령은 (이 법률안에) 찬성하면 서명을 하고, 찬성하지 않으면 이의서를 첨부하여 이 법안을 발의했던 원으로 반송한다. 법안을 반송 받은 원에서는 대통령이 첨부한 이의서를 회의록에 상세히 기록한 후 재심의해야 한다. 재심의 후 소속 의원 3분의 2 이상 찬성으로 (이 법안을) 통과시키면 (대통령의) 이의서와 함께 다른 원으로 송부한다. 이송된 법안을 다른 원에서 재심하여 소속 의원 3분의 2 이상 찬성으로 가결되면 법률로 확정된다. 이 모든 경우에서 있어서 표결은 찬반에 의해 결정되며, 해당 법안에 찬성표와 반대표를 던졌던 의원들의 명단을 각 원의 의사록에 기록한다. 대통령에게 제출된 법안이 10일 (일요일 제외) 안에 (의회로) 반송되지 않으면 해당 법안은 대통령이 서명한 것과 마찬가지로 법률로 확정된다. 다만 의회의 휴회로 인하여 반송되지 않은 경우는 법률이 되지 못한다.

3항 상·하 양원의 동의를 필요로 하는 모든 명령, 결의 또는 표결(휴회에 관한 결의는 제외)은 합중국 대통령에게 이송해야 하며, 대통령의 승인으로, 또는 대통령이 승인하지 않을 경우, 법안과 동일한 규칙 및 제한에 따라서, 상원과 하원 소속 의원 3분의 2이상의 찬성으로 다시 통과되면, 효력이 발생한다.

제8절

1항 의회는 다음의 권한을 갖는다.

조세, 관세, 부과금 그리고 소비세를 부과하고 징수하며, (정부의) 채무를 변제하고 합중국 공동의 방위와 총체적 복지를 제공한다. 단, 모든 관세와 부과금 그리고 소비세는 합중국 전역에서 동일하게 적용한다.

2항 합중국의 신용으로 금전을 차입한다.

3항 외국과의 통상, 여러 주 사이의 통상, 그리고 인디언 부족들과의 통상을 규제한다.

4항 합중국 전역에서 동일하게 적용되는 귀화 규정과 파산법을 제정한다.

5항 화폐를 발행하고, 합중국 화폐와 외화의 가치를 조정하며, 도량형의 기준을 결정한다.

6항 연방정부의 유가증권 및 통화 위조에 대한 처벌규칙을 제정한다.

7항 우체국을 설립하고 우편 도로를 건설한다.

8항 저작자와 발명가에게 그들의 저술과 발명에 대하여 일정 기간 독점적인 권리를 확보해 줌으로써 과학과 유용한 기술의 발달을 촉진한다.

9항 연방 대법원 아래에 하급 법원을 설치한다.

10항 공해에서 일어나는 해적 행위 및 중죄 그리고 국제법에 위배되는 범죄를 정의하고 처벌한다.

11항 전쟁을 선포하고, 해상무장 및 나포 허가장을 수여하고, 지상 및 해상에서의 포획행위에 관한 규칙을 정한다.

12항 육군을 창설하고 지원한다. 다만, 이 용도의 지출 기간은 2년을 초과하지 못한다.

13항 해군을 창설하고 이를 유지한다.

14항 육군과 해군의 통수에 관한 규칙을 제정한다.

15항 연방 법률을 집행하고, 반란을 진압하며, 외침을 격퇴하기 위하여 민병 소집에 관한 규칙을 제정한다.

16항 민병대를 편성, 무장 및 훈련하며 그들 중 합중국에 복무하는 자들을 관리하는 규칙을 제정한다. 각 주는 민병대의 장교를 임명하고 의회가 규정한 훈령에 따라 민병대를 훈련시킬 권한을 가진다.

17항 특정 주가 연방정부에 양도하고, 연방 의회가 이를 수령함으로써 연방정부의 소재지가 될 예정인 (10평방마일을 초과하지 않는) 지역에 대하여는 어떠한 경우를 막론하고 (의회가) 독점적인 입법권을 행사한다. 마찬가지로 요새, 탄약고, 무기고, 군함기지 등의 필요한 건물을 세우기 위하여 주 의회의 승인을 얻어 (연방정부가) 구입한 모든 장소에 대해서도 (의회는) 동일한 권한을 가진다.

18항 이상의 권한들을 실행하는 데 있어서, 그리고 헌법이 합중국 정부 또는 각 부처 또는 담당자에게 부여한 권한을 행사하는 데 있어서, 필요하고 적절한 모든 법률을 제정한다.

번역의 정석

제9절

1항 현존하는 일부 주에서 받아들이는 것이 적절하다고 생각하는 사람들의 이주와 수입은 1808년까지는 의회에서 금지하지 못한다. 그러나 그러한 수입에 대한 세금 또는 관세는 1인당 10달러를 초과하지 않는 선에서 부과될 수 있다.

2항 인신 보호 영장에 관한 특권은 반란 또는 외침 시 공공안전을 위해 요구되는 경우를 제외하고는 유예될 수 없다.

3항 개인의 권리 박탈법 또는 소급 처벌법은 통과시키지 못한다.

4항 인두세나 그 외의 직접세는 앞서 ~~규정한 인구수 산정에 따르지 않~~는 한 부과하지 못한다. (수정헌법 제16조로 개정)

5항 타주에서 수출된 물품에 조세 또는 관세를 부과하지 못한다.

6항 어떠한 통상 또는 세입 규정으로도, 특정 주의 특정 항구를 다른 주의 어떤 항구보다 특혜를 줄 수 없다. 또한 특정 주에서 출항하였거나 입항하는 선박을 다른 주에서 입항, 하역 또는 관세 납부를 강요할 수 없다.

7항 국고의 재화는 법률에 의거한 예산만이 지출될 수 있다. 모든 공금의 수납과 지출에 대한 정식 명세서를 수시로 공표해야 한다.

8항 합중국은 어떠한 귀족의 칭호도 수여하지 아니한다. 합중국 산하의 유급 관직 또는 위임에 의한 관직을 가진 자는 누구든 의회의 승인 없이는 어떠한 국왕, 왕족 또는 국가로부터든지 일체의 선물, 보수, 관직 또는 칭호를 받을 수 없다.

제10절

1항 모든 주는 조약, 동맹 또는 연합을 체결하거나, 나포허가장을 발부하거나, 화폐를 주조하거나, 신용 증권을 발행하거나, 금화 및 은화 이외의 것으로써 채무 변제의 수단으로 사용하거나, 사권박탈법, 소급법 또는 계약의 의무를 해치는 법률을 제정하거나, 또는 귀족의 칭호를 수여할 수 없다.

2항 모든 주는 수입품 또는 수출품에 대하여 검사법의 시행에 절대적으로 필요한 금액을 제외하고는, (합중국) 의회의 동의 없이는, 세금 또는 관세를 부과하지 못한다. 수입품 또는 수출품에 부과된 모든 세수는 어떤 주에서 부과되었든 합중국 국고에 전액 귀속된다. 이와 관련된 모든 법률의 수정과 통제는 (합중국) 의회의 소관이다.

3항 어떠한 주도, (합중국) 의회의 동의 없이는, 선박세를 부과하거나 평화 시에 군대나 군함을 보유하거나, 다른 주나 외국과 협정이나 조약을 체결하거나, 침략을 당하여 지체할 수 없는 위험에 처하지 않았음에도 전쟁에 개입해서는 아니 된다.

제2조
제1절

1항 행정권은 미합중국 대통령에 귀속된다. 대통령의 임기는 4년이고, 부통령과 동일한 기간을 재직하며 다음과 같이 선출된다.

2항 각 주는 해당 주의 의회가 정하는 바에 따라 선거인을 임명하되, 그 숫자는 (합중국) 의회에서 해당 주에 부여한 상원 의원과 하원 의원을 합친 숫자와 동일하게 한다. 그러나 상원 의원이나 하원 의원, 또는 합중국 정부 산하에서 위임직이나 유급 관직을 가진 자는 선거인으로 임명될 수 없다.

3항 선거인들은 각기 자기 주에서 모임을 가지고 비밀 투표에 의하여 2인을 지지하는 투표권을 행사하되, 그중 적어도 1인은 자기와 동일한 주의 주민이 아니어야 한다. 선거인들은 모든 득표자들의 명부와 각 득표자의 득표수를 기재한 표를 작성하여 서명하고 증명을 받은 다음, 봉인하여 연방정부 소재지의 상원 의장 앞으로 보낸다. 상원 의장은 상원 의원 및 하원 의원들 앞에서 모든 증명서를 개봉하고 선거인들의 투표 내용을 공개한다. 최고 득표자의 득표수가 선거인단 총수의 과반수가 되면, 그 득표자가 대통령으로 당선된다. 과반수 득표자가 2인 이상이고 득표수가 같을 때는 하원이 즉시 비밀 투표로 그중 1인을 대통령으로 선출한다. 과반수 득표자가 없을 경우에는 하원이 동일한 방법으로 최다 득표자 5명 중에서 대통령을 선출한다. 다만, 이러한 방법으로 대통령을 선거할 때에는 선거를 주 단위로 하고, 각 의원은 1표의 투표권을 가지며, 이 선거에 필요한 정족수는 각 주의 하원 의원 3분의 2 이상인 1명 또는 그 이상의 의원이고, 전체 주의 과반수 찬성을 얻는 후보가 대통령이 된다. 어떤 경우에서나 대통령을 선출하고 난 뒤에 선거인단으로부터 최다수의 득표를 한 사람이 부통령이 된다. 다만, 최다 득표자가 2인 이상 있을 때에는 상원이 비밀 투표로 그중에서 부통령을 선출한다. (수정헌법 12조로 사문화)

4항 의회는 선거인들의 선출일과 이들의 (대통령) 투표일을 결정할 수 있으며, 이 투표일은 합중국 전역에서 같은 날로 한다.

5항 합중국에서 태어난 시민권자가 아니거나, 본 헌법이 채택되는 시점에 합중국 시민권자가 아닌 자는 대통령직의 자격이 되지 못한다. 나이 35세 미만이거나 또는 선거 당시 합중국 거주 기간이 14년에 미달되는 사람도 대통령이 될 자격에 미달한다.

6항 대통령이 면직되거나 사망하거나 사직하거나 또는 그 권한과 직무를 수행할 능력을 상실할 경우에 대통령의 직무는 부통령에게 귀속된다. 연방 의회는 대통령의 면직, 사망, 사직 또는 직무 수행 불능의 경우를 법률로 규정할 수 있으며, 그러한 경우에 누가 대통령의 직무를 수행할지 결정하고 선포한다. 이 대행자는 대통령이 권한과 직무를 수행할 능력을 회복하거나 새로운 대통령이 선출될 때까지 대통령의 직무를 대행한다. (수정헌법 25조로 개정)

7항 대통령은 직무 수행에 대한 대가로 정해진 시기에 보수를 받으며, 선출된 임기 중에 그 보수는 인상되거나 인하되지 않으며, 그 임기 중에는 합중국 또는 합중국 내 어떤 주로부터도 다른 어떤 보수도 받지 아니한다.

8항 대통령은 취임에 앞서 다음과 같이 선서 또는 확약해야 한다: "나는 합중국 대통령의 직무를 성실히 수행하며, 최선을 다하여 합중국 헌법을 보전하고 보호하며 수호할 것을 엄숙히 선서한다."

제2절

1항 대통령은 합중국 육군과 해군의 통수권자이며 각 주의 민병대가 소집되어 실제 복무 시 민병대의 총사령관이 된다. 대통령은 행정부 소속 부처의 수장에게 해당 부처의 직무에 관한 의견을 문서로 밝혀줄 것을 요구할 수 있다. 대통령은 합중국에 대한 범법행위에 대하여 형집행 정지 및 사면을 내릴 수 있는 권한을 가진다. 단, 탄핵된 자에게는 (이 혜택이) 해당되지 않는다.

2항 대통령은 상원의 자문과 동의를 얻어 조약을 체결할 권한을 가지

번역의 정석

며, 출석의원 3분의 2의 동의를 조건으로 한다. 또한 대통령은 상원의 자문과 동의를 얻어 합중국 대사와 공사, 영사, 대법원 판사 그리고 다른 정부 관리들을 지명 및 임명할 수 있다. 그 임명에 대해서는 본 헌법에서 규정하지 않고 추후 법률로 정한다. (합중국) 의회는 타당하다고 인정되면 법률에 의거하여 그 하급관리의 임명을 대통령, 법원 또는 부처의 수장의 고유 권한에 위임할 수 있다.

3항 대통령은 상원의 휴회 중에 발생한 모든 결원을 자신의 임명권을 행사하여 충원할 권한을 가진다. 이 권한은 다음 회기의 만료될 때 효력을 상실한다.

제3절

대통령은 연방정부의 상황에 관한 정보를 수시로 의회에 제공하며, 그가 필요하고 유용하다고 판단하는 법안을 (의회에서) 고려하도록 권고한다. 대통령은 특별한 경우 양원 또는 그들 가운데 하나의 원을 소집할 수 있다. 그들의 의견이 일치하지 않을 경우 대통령은 휴회의 시기에 관하여 그가 적절하다고 생각하는 때까지 회의를 연기할 수 있다. 대통령은 대사와 그밖의 공사를 영접하며, 법이 충실하게 집행되는지 관리하며 합중국의 모든 관리들에게 직무를 위임한다.

제4절

대통령, 부통령 그리고 합중국의 모든 정부의 공직자는 반역죄, 수뢰죄 또는 그 밖의 중범죄나 경범죄로 인해 탄핵과 유죄판결을 받으면 면직된다.

제3조

제1절

합중국의 사법권은 하나의 대법원 그리고 연방 의회가 수시로 명령하여 설치하는 하급 법원들에 귀속된다. 판사는, 대법원에 이든 하급법원이든 (소속에 관계없이), 훌륭한 품격을 유지하는 동안에는 직책이 유지되며, 정해진 시기에 근무에 대한 보수를 지급받으며, 이 보수는 재임 중에는 감액되지 않는다.

제2절

1항 사법권은 본 헌법을 비롯하여 합중국의 법률 및 합중국의 권한으로 체결되었거나 체결될 조약으로부터 모든 사건들, 대사와 그 밖의 외교 사절 그리고 영사에 영향을 미치는 사건들, 그리고 해상권과 해상재판에 관한 모든 사건, 합중국이 당사자가 되는 분쟁, 두 개 이상의 주 사이의 분쟁, ~~특정 주 정부와 다른 주의 시민 사이의 분쟁~~ (수정헌법 제11조에서 개정), 서로 다른 주의 시민들 간의 분쟁, 타주로부터 증여받은 토지의 권리에 관한 같은 주 시민들 간의 분쟁, 그리고 특정 주 또는 그 주의 시민과 외국 정부, 시민 또는 신민 간의 분쟁까지 관할한다.

2항 대사와 그 밖의 외교 사절 및 영사에 관계되는 사건과 주 정부가 당사자인 사건은 대법원이 원심 관할권을 갖는다. 앞서 언급된 그 밖의 모든 사건에서는 대법원은 법률문제와 사실관계에 대하여, 몇 가지 예외와 함께, 그리고 의회가 만든 법률에 의거하여 항소심을 관할한다.

3항 탄핵 사건을 제외한 모든 형사 재판은 배심제로 하며, 재판은 해당 범죄 행위가 발생한 주에서 개최된다. 다만 어느 주에도 속하지 않는 곳

번역의 정석

에서 일어난 범죄일 경우에는 의회가 법률로 정하는 장소에서 재판한다.

제3절

1항 합중국에 대한 반역죄는 합중국에 대항하여 전쟁을 일으키거나 그 적을 추종하거나 그들에게 도움과 편의를 제공한 행위로 제한된다. (피고가) 명백하게 이 같은 행동을 하였다는 증인 두 명의 증언 또는 공개법정에서의 자백이 없이는 누구도 반역죄로 유죄선고를 받지 않는다.

2항 의회는 반역죄 형벌 선고권을 갖는다. 그러나 반역죄로 인한 사권 박탈은 사권이 박탈된 자의 사후에 상속 금지와 재산몰수형을 실행할 수 없다.

제4조

제1절

각 주는 다른 주의 법령, 기록 및 사법 절차에 완전한 신뢰와 신용을 갖는다. 그리고 (합중국) 의회는 이러한 법령, 기록 및 사법 절차를 중빙하는 방법과 그로 인한 효력을 일반 법률로써 규정할 수 있다.

제2절

1항 각 주의 시민은 다른 주의 시민에게 부여된 모든 특권과 면책권을 갖는다.

2항 어느 주에서 반역죄, 중죄 또는 그 밖의 범죄로 인하여 고발된 자가 재판을 피해 도주했다가 다른 주에서 발견된 경우, 그가 도주한 주의 행정 당국의 요청에 의거하여 해당 범죄의 사법권을 가진 주로 인도되어야 한다.

3항 어떤 주에서 그 주의 법률에 의하여 사역 또는 노역을 하도록 명령을 받은 사람이 다른 주로 도피한 경우, 다른 주의 어떠한 법률 또는 규정도 그 사역 또는 노역의 의무를 해제할 수 없으며, 그 사람은 그 사역 또는 노역을 요구할 권리를 가진 해당 주 정부의 청구에 따라 그 주 정부로 인도되어야 한다. (수정헌법 13조로 개정)

제3절

1항 의회는 새로운 주를 연방에 가입시킬 수 있다. 그러나 새로운 주는 다른 주의 관할 구역 안에서 형성 또는 설립될 수 없다. 또한 두 개 또는 그 이상의 주는 각 주의 주 의회와 합중국 의회의 동의 없이는 전체 또는 그 일부를 합병할 수 없다.

2항 의회는 합중국에 귀속하는 영토 및 기타 재산의 처분권을 갖고 있으며, 또한 이에 필요한 법규와 규정을 제정할 권한을 갖는다. 다만 이 헌법의 어떠한 부분도 합중국과 특정 주의 권리를 침해하는 것으로 해석되어서는 안 된다.

제4절

합중국은 연방에 속해 있는 모든 주의 공화정 체제를 보장하고, 침략으로부터 보호하며, 주의회 또는 (주 의회가 소집될 수 없을 경우) 행정부의 요청에 따라 해당 주에서 발생한 폭동으로부터 각 주를 보호한다.

제5조

의회는 상원 의원과 하원 의원 3분의 2가 그 필요성을 인정할 때 본 헌법 수정을 발의할 수 있으며, 또한 전체 주 가운데 3분의 2 이상의 주 의회가 요청에 의하여 헌법수정 발의를 위한 회의를 소집할 수 있다. 어느 경우에나 전체 주 가운데 4분의 3에 해당하는 주의 (주)의회 비준을 받거나 4분의 3에 해당하는 주에서 헌법수정회의의 비준을 받으면 본 헌법의 일부로서 효력을 발생한다. 의회는 (수정헌법안이/역주) 어느 방법으로 비준을 받을지 제안할 수 있다. 다만 1808년에 이루어지는 수정은 어떠한 방법으로도 제1조 제9절 1항과 4항을 변경할 수 없다. 어느 주도 해당 주의 동의 없이는 상원에서 등가적 참정권을 박탈당하지 않는다.

제6조

제1절

본 헌법의 채택 이전에 발생되었던 모든 채무와 계약은 연합 규약 체제에서와 같이 본 헌법 체제하에서도 합중국에 대하여 효력을 갖는다.

제2절

본 헌법과 그에 준거하여 제정될 합중국 법률 그리고 합중국의 직권으로 체결되었거나 체결될 모든 조약은 이 땅의 최고의 법률이며, 따라서 모든 주의 판사들은 (자신이 재직하는) 주의 헌법이나 법률 가운데 배치되는 바가 있을지라도 이 (최고)법을 우선으로 한다.

제3절

앞에서 언급한 상원 의원 및 하원 의원, 각 주의 주 의회 의원, 합중국과 각 주의 행정부와 사법부의 관리들은 선서 또는 확약을 통해 헌법을 지지할 의무를 갖는다. 그러나 합중국 산하의 공직 또는 위임직의 자격요건을 위하여 어떠한 종교적 테스트도 요구되지 않는다.

제7조

9개 주 헌법 회의의 비준으로 이 헌법은 비준을 거친 주에서 헌법으로 성립된다.

인증 서기 윌리엄 잭슨

헌법제정회의에 참가한 모든 주로부터 만장일치의 동의에 의하여 서기 1787년, 미합중국 독립 12년, 9월 17일 작성되었음. 이를 증명하기 위하여 여기에 서명하는 바이다. (서명 생략)

헌법대로만 살면 된다

『미합중국 건국의 아버지들』의 부록으로 미국헌법 전문을 수록하기로 결정하고 뒤늦게 이를 위한 원고를 만드느라 여념이 없는 나날을 보내고 있다. 여념은 없는데 어렵고 따분하여 초저녁만 되면 잠이 와 버리는, 예기치 못한 현상으로 인해, 진도는 되게 안 나간다. 아직 반도 못 했는데 벌써 이게 며칠째냐.

독립선언문 때 그렇게 고생을 했는데, 헌법은 기존에 여러 번역본도 나와 있어서 수월할 줄 알았다. 그런데 웬걸. 헌법이란 것이 애매성을 최대한 줄이려고 작성한 문장들일 텐데, 경우에 따라 해독에 애를 먹고 있다. 법률문장이라 그런지 옛날 문장이라 그런지 형식이 매우 생소하다. 엄청난 만연체에 shall과 may가 많고 thereof, whereof 뭐 이런 게 많다. 성문종합영어체다. 거기다가 처음 보는 법률용어들이 튀어나오고 특정 시대의 역사적 배경이 깔려 있어서 문체, 용어, 역사, 이렇게 삼중고를 겪고 있다. 이걸 잘 소화해서 편안하게 읽히는 전문분야의 문장으로 만드는 게 관건이다.

기존 번역본은 미국대사관 버전이 있고 대한민국 외교부 버전이 있는데, 일단 미국대사관 버전이 대표성이 있으니까 이걸 기본으로 해서 한국미국사학회 버전, 그리고 단행본『미국헌법과 민주주의』의 부록에 수록된 버전, 이렇게 세 가지를 놓고 비교해 보았다. 독립선언문만큼은 아니어도 기존 한글본들도 손볼 게 많이 있었다. 그래서 여러 자료를 찾아 연구도

해가면서 비교도 해 가면서 한 줄 한 줄 다시 쓰고 있다.

덕분에 책도 몇 권 사고 인터넷도 많이 뒤져야 했다. 책은 Ray Raphael 의 *The US Constitution: Explained Clause by Clause*, *How to Read the Constitution and the Declaration of Independence*… 이런 것들을 참조했다. 웹사이트는 legal dictionary, constitution center 등등. 덕분에 원문만 갖고는 이해가 안 되는 의미를 파악할 수 있었고 기존의 번역에서 놓쳤던 오역들을 찾아낼 수 있었다.

작업하면서 내가 미국이랑 무슨 인연이길래 이런 일이 나한테 돌아왔나 싶었다. 돌이켜보면 고등학교 인문지리 시간에 미국의 도시 이름은 외우려고 하지 않아도 귀에 쏙쏙 들어왔던 것 같다. 뭐가 있긴 있나? 대학을 거치며 오랜 세월 어정쩡한 애증의 관계였는데, 이 책을 하면서 애정이 많이 생겼다. 요즘은 미국도 잘됐으면 좋겠다…. 그런 생각이 부쩍 많이 든다.

미국이 잘되는 방법은 참 쉽다. 국민과 정치인들이 헌법대로만 살면 된다. 교통수단도 없던 시절에 그 먼 거리들을 말 타고 달려와 제헌회의를 열었다. 국민의 기본권부터 정부의 조직, 공직자의 선출방법까지 에어컨도 없던 시절 한여름에 무려 네 달간을 매일매일 모여서 창문 닫고 찜통 난상토론을 거쳐 만든 것이 이 헌법이다.

미국이 역사가 짧다고 무시하는 경향들이 있는데, 헌법에 관한 한 세계에서 가장 오래된 성문헌법이 바로 이거다. 수많은 사람들이 공심으로 만든 헌법인 만큼 이것만 잘 따라가도 미국은 평타는 치게 되어 있는데, 이걸 다 까먹고 무시하고 있으니 부정선거나 저지르고 표현의 자유도 억압하고 정체성 정치가 판치는 사회가 되고 있어서 참 걱정이다. 내 작업이 조금이나마 도움이 되었으면 좋겠다.

미국헌법은 오리지널 헌법 7조 그리고 수정헌법 27조로 이루어져 있다. 오리지널 헌법은 1787년에 만들어졌고, 이게 다소 미진하다 하여 오리지널 헌법을 만든 사람들이 보충한 것이 수정헌법 1조부터 10조까지. 그리고 11조부터 27조까지는 남북전쟁도 겪고 금주령도 겪고 세계대전도 겪으면서 처음 헌법 만들 때 생각지 못했던 여러 사안들을 그때그때 반영해 넣은 것들이다.

헌법은 공무원의 종교다. 대만학자가 미국헌법을 해설한 책에서 하신 말씀이다. 종교는 내세를 위한 궁극의 가르침이지만 헌법은 현세에서 가장 높은 법률이다. 최고 또는 궁극이라는 점에서 종교와 헌법은 유사하다. 맹신과 맹종은 곤란하지만 가장 높은 권위의 법률이니까 (일단은) 따라야 한다. 헌법은 한 나라에서 (공무원뿐 아니라 모든 국민에게 있어서) 현세의 종교다. (내세의 종교는 각자 믿는 그것!)

이렇게 중요한 문서를 이제서야 처음으로 자세히 들여다본다. 대략은 알고 있었지만 깜짝 놀랄 새로운 사실도 발견한다. 한국에서 소달구지 타고 다니던 1930년대에 엠파이어스테이트빌딩이 지어졌다고 하여 깜짝 놀란 적이 있었는데, 작가와 발명가에 대한 저작권 개념이 1787년 오리지널 헌법에서 확립되어 있는 것을 보고 다시 한번 놀랐다. 도대체 이 사람들은 우주에서 왔나 싶다. 내가 기억하는 바로는 그로부터 200년이 지났던 나의 대학 시절에도 해적판 복사판 원서가 판을 쳤고 출판사도 무단번역으로 외국서적을 출판하곤 했었고 해외저작권 보호가 시행되자 제국주의의 침탈이라고 떼를 썼다. 고래로 어르신들은 책 도둑은 도둑질이 아니라고 가르치기도 했었다. 이거 작업하면서 비교와 성찰을 잘하고 있다.

1조부터 7조까지는 구조가 심플하다. 입법부, 행정부, 사법부, 주와 연방, 헌법수정 절차, 헌법의 위치, 헌법비준. 이제 간신히 여기까지 마쳤다. 중간정리 & 문서보관 & 머리도 식힐 겸 해놓은 데까지 일단 올려놓는다.

　미국헌법은 두 번 더 포스팅하려고 하는데, 다음번엔 그 유명한 권리장전 수정헌법 1조에서 10조까지, 그다음엔 나머지 11조에서 27조까지. 아, 빨리 끝내고 싶다. (2021/04/29)

수정헌법 제1조~10조 (권리장전)

전문

많은 주들은 (헌법비준) 의회에서 합중국 헌법을 채택하면서, 헌법이 잘못 해석되거나 헌법이 가지는 권력이 남용되는 것을 막기 위해서는 보다 선언적이고 제한적인 조항들이 추가되어야 한다는 의사를 표명했다. 이러한 조치는 정부에 대한 공적 신뢰의 기반을 넓힘으로써 이 제도의 유익한 목적을 최대한 보장할 것이다.

수정 제1조 [1791년 비준]

의회는 국교와 관련되었거나 자유로운 종교활동을 금지하는 법률을 제정할 수 없다. 또한 언론 또는 출판의 자유와 평화롭게 집회를 갖고 민원의 시정을 정부에 청원할 권리를 제약하는 법률을 제정할 수 없다.

수정 제2조 [1791년 비준]

잘 규율된 민병은 자유로운 주의 안보에 필수적이므로 시민이 무기를 소지하고 휴대할 권리를 침해받지 않는다.

수정 제3조 [1791년 비준]

평화 시에 군대는 주인의 승낙 없이는 민가에 숙영할 수 없고, 법령에 규정된 방법이 아니면 전시에도 할 수 없다.

수정 제4조 [1791년 비준]

부당한 수색과 압수로 인하여 국민의 권리인 신체, 가옥, 서류 및 재산의 안전이 침해되어서는 안 된다. 영장은 상당한 근거와 그것을 뒷받침하는 선서 또는 확약, 그리고 수색 장소와 대상자 또는 물품에 대한 특정 없이는 발행될 수 없다.

수정 제5조 [1791년 비준]

대배심의 고발이나 기소가 없는 한 누구도 구금된 상태에서 사형 또는 여타의 불명예스러운 범죄에 관한 취조를 받지 않는다. 단, 전시 또는 국가적 위기에 육군이나 해군 또는 민병대에서 복무 중에 일어난 사건들은 예외로 한다. 또한 그 누구도 동일한 범행에 대하여 재차에 걸쳐 생명과 신체의 위험을 받지 않으며, 또한 적절한 법적 절차 없이는 생명, 자유 또는 재산을 박탈당하지 않으며, 정당한 보상 없이 사유재산을 공적 용도로 취해질 수 없다.

수정 제6조 [1791년 비준]

모든 형사 소추에 있어서 피고는 범행이 일어난 주의 지역구에서 공정한 배심원에 의한 공개적이고 신속한 재판을 받을 권리를 갖는다. 그 지역구는 법률에 의해 사전에 정해져 있어야 하며, (피고는) 해당 기소의 성격과 이유를 통보받을 권리를 가지며, 본인에게 불리한 증인과 마주하여 반박할 권리, 본인에게 유리한 증인 확보를 위한 필수 절차를 밟을 권리, 그리고 자신의 변호를 위한 변호사의 조력을 받을 권리를 갖는다.

수정 제7조 [1791년 비준]

일반법에 관한 소송에 있어서 쟁의중인 가치가 20불을 초과하는 경우 배심원의 평결을 받을 권리가 있다. 배심원이 심리한 사실은 일반법의 규정들에 따라서 합중국의 어느 법원에서도 다르게 재심사를 받지 않는다.

수정 제8조 [1791년 비준]

과다한 보석금을 청구하거나, 과다한 벌금을 부과하거나, 무자비하고 비정상적인 형벌을 내릴 수 없다.

수정 제9조 [1791년 비준]

본 헌법에서 (시민의) 권리를 열거하였다고 하여 시민이 갖고 있는 다른 권리들을 부정하거나 무시하는 것으로 해석되어서는 안 된다.

수정 제10조 [1791년 비준]

본 헌법이 합중국에 위임하지 않았거나, 각 주에 금지하지 않은 권한은 각 주 또는 시민에게 귀속된다.

다른 건 몰라도 요것만은 알아야 한다-권리장전

미국에서 대통령을 어떻게 뽑고 국회의원을 어떻게 뽑는지, 출마할 것이 아니라면 알아도 그만 몰라도 그만이다. 그런데, 일반 시민으로서 내 개인의 신상과 신병에 관련된 법이라면, 다시 말해, 법이 나를 어떻게 대우하고 있는가에 관한 법이라면 얘기가 달라진다. 자세히 봐야 된다.

건국의 아버지들은 크게 두 부류로 나뉜다. 독립선언문에 서명했던 사람들, 그리고 헌법에 서명했던 사람들. 그러나 여기에 서명하지 않았다고 해서 건국의 아버지에 포함되지 않은 것도 아니다. 독립을 반대했지만 나중에 생각을 바꾸고 열심히 활동하여 공로를 세우고 명예의 전당에 들어간 사람들도 있다.

이 '건국의 아버지들'이라는 타이틀이란 게 유도리가 있다. 오피셜한 단 하나의 명단이 있는 게 아니고 명단을 만든 사람의 관점에 따라서 조금씩 다르다. 해서 내가 최근 조금 과격하게 건국의 아버지들의 정의를 만들어 보았다. - 그 시대에 건국을 위해 함께 뛰었던 모든 이들. 내친 김에 건국의 어머니들도 한번 만들자.

건국의 아버지들 가운데 제헌회의에 실컷 참가해 놓고 마지막에 서명을 거부했던 분들이 몇 명 있다. 이러려고 합중국을 만드는 거냐. 자괴감이 든다….라면서 심하게 반발을 했다. 우리가 이것 때문에 영국에 대항해서 목숨 걸고 싸웠는데, 이걸 빼먹다니 말이 되는가? 이것이 당시 강경파 헌법반대론자들의 주장이었다.

그들의 반발을 무마하기 위하여 헌법에 서명하신 분들이 (경황이 없어서) 오리지널 헌법에서 담지 못했던 내용들을 새로운 나라의 처음 열린 의회에서 부랴부랴 보충해 넣었다. 그게 바로 권리장전이다.

권리장전은 개인의 인권에 관련된 사항들을 집중적으로 다루었다. 우리가 오늘날 당연한 권리인 것처럼 여기는 언론과 출판과 종교와 집회의 자유. 그리고 국가의 인신구속에 대한 제약과 절차들. 국가로부터 사유재산의 보호에 관한 명시 등등, 대부분 대한민국 헌법에도 그대로 들어있는 내용들이다. 오늘날 인권보호의 법적 장치의 효시가 바로 합중국 수정헌법 1조부터 10조까지에 이르는 권리장전이다.

권리장전은 독립선언문에서 주창했던 창조주로부터 부여받은 인간의 확고부동한 불가침의 권리를 법제화한 내용이다. 그것도 헌법으로. 선언이 실현된 (realize) 것이다. 아메리칸 혁명의 가장 위대한 부분이고, 미국 헌법의 노른자다.

한국과 미국은 어떠한 관계일까? 바로 이 권리장전으로 맺어진 동맹의 관계이다. 그걸 흔한 표현으로 "자유진영"이라고 말하는 거다.

자유진영의 반대는? 공산진영. 세계는 이렇게 크게 나누어지는데, 공산진영이 표방하는 가치는 평등이다.

자유와 평등, 둘 중에 무엇이 좋은지 오랫동안 고민하고 갈등했다. 오렌지와 사과처럼 이것도 좋고 저것도 좋은데 둘 중 하나만 선택해야 한다니 부조리하다고도 생각되었다. 그러다가 어느 날 깨달았다. 평등이란 말속에 숨어 있는 2인치를.

사회주의, 전체주의, 공산주의에서 평등은 저절로 만들어지지 않는다. 평등을 인위적으로 만든다. 여기서 "인위적"이라 함은 굉장히 넓은 스펙

트럼인데, 그 방식은 국가권력의 개입과 통제이다. 세금 걷어 현금살포 및 배급과 각종 규제로부터 인권탄압과 대량학살에 이르기까지, 국가권력의 행사방법은 다양하다. 그렇다고 평등한가? 만일 평등하다 해도, 그게 부럽나? 그런 데서 살고 싶나? 취향은 자유지만 우리는 이 질문에 정직하게 대답해야 한다.

해서 우리의 진정한 선택지는 자유 vs. 평등이 아니고 개인의 자유 vs. 국가권력의 통제였다. 문제를 정확히 봐야 답을 정확히 쓸 수 있다.

건국의 아버지들은 이 점을 정확히 꿰뚫어보았다. 그래서 어떻게든 개인에 대한 국가의 개입을 최소화하려고 노력했다. 국가의 존재 이유를 개인의 자유와 권리를 보장하는 것이라고 명시했다.

나 역시 유사 전체주의 문화 속에서 어린 시절을 보낸 사람으로서, 대를 위해 소를 희생해야 한다는 소리 많이 들었다. 여기서 말하는 대는 국가이고 소는 나다. 나라를 위해서 목숨을 바치는 것이 얼마나 아름다운 일인지는 모르겠다. 각자의 가치관에 따라 행동하면 되겠지만 적어도 국가가 국민에게 그것을 요구해선 안 된다. 그것이 국가의 용도가 아니기 때문이다. 국민은 국가의 목적이지 수단이 아니거든. 가미가제 특공대가 아니거든.

지금은 한국이 대단한 인권국인 것처럼 여겨지는지 모르겠으나 불과 몇십 년 전만 해도 인권보다는 경제적 생산성이 중요했고 그것보다 조금 전에는 인권보다는 정권의 안정이 더욱 중요했고 그것보다 몇십 년 전에는 인권보다는 왕과 권력자들의 심기가 더욱 중요했다. 언론출판집회결사의 자유는 개뿔, 영장과 변호인도 개뿔, 죄인은 어명을 받들라, 네 죄를 네가 알렸다, 저놈을 매우 쳐라⋯. 능지처참하라⋯. 이런 정서가 수천 년 우리 유전자에 박힌 국가관의 근간이었다. 백여 년 전까지만 해도 노비가 전체 인구의 절반이 넘던 한반도에서 인권이 대중들에게서 회자되기 시작한 자체가 그리 오래되지 않았다. 21세기의 북한을 봐라. 인권이 있나 없나? 그들도 한민족인데 말이다. 같은 민족인데 남한과 북한은 왜 이렇게 다르지? 바로 권리장전 때문이다.

오천 년 역사 이래 처음으로 아쉽지만 한반도의 절반이라도 권리장전의 특혜를 보면서 살았다는 것은 그나마의 축복이다. 민족주의 관점에서 체제니 뭐니 알 바 아니고 통일이 최고라는 생각도 난무하지만 설령 통일이 되어 강성대국이 된다 한들 그 속에서 개인 없이 국가의 부속으로, 특권층의 가재 붕어 개구리로 사는 것이 행복할까? 넌 그러니?

통일도 통일 나름이다, 잘못된 통일은 안 하니만 못 하다. 오로지 자유가 보장된 통일만이 가치 있는 통일이다. 그걸 알게 해 준 미합중국 권리장전, 수정헌법 1조부터 10조까지. Thank you very much. (2021/5/1)

수정헌법 제11조~27조

수정 제11조 [1795년 2월 7일 비준]

합중국 내 특정 주를 상대로 다른 주의 시민 또는 다른 나라의 시민 또는 신민이 개시하거나 제기한 일반법이나 형평법 소송을 합중국의 사법권이 관장한다고 해석되어서는 아니된다.

수정 제12조 [1804년 9월 27일 비준]

선거인은 각각 자신들의 소속 주에서 회합하여, 투표용지를 통해 대통령과 부통령 선출을 위한 투표를 하며, 2인 중 적어도 1인은 선거인과 동일한 주의 주민이 아니어야 한다. 선거인은 투표용지에 대통령으로 표를 주고자 하는 사람의 이름을 기입하고, 별개의 투표용지에 부통령으로 표를 주고자 하는 사람의 이름을 기입해야 하며, 대통령으로 득표한 모든 사람과 부통령으로 득표한 모든 사람의 명단을 별도로 만들어 서명하고 인증하여 봉인된 상태로 합중국 정부 소재지의 상원의장에게 발송한다. 상원 의장은 상원과 하원이 출석한 가운데 모든 증명서를 개봉하고 개표한다. 선임된 총 선거인의 과반수 이상으로 가장 많은 표를 받은 자가 대통령이 된다. 과반수 득표자가 없을 경우 하원은 득표자 명단 가운데 3명을 넘지 않는 최다 득표자들을 대상으로 즉시 투표를 통해 대통령을 선출한다. 다만, 대통령을 선출하는 데 있어서 투표는 주 단위로 하며, 각 주는 한 표의 투표권을 갖는다. 이 목적을 위한 정족수는 전체 주의 2/3 이상의 주로부터 한 명 또는 그 이상의 의원으로 하며, (대통령을) 선택하는 데에는 이들 모든 주들의 과반수를 필요로 한다. 선임된 총 선거인의 과반수 이상으로 가장 많은 표를 받은 자가 부통령이 된다. 대통령 선정권이 하원에 귀속된 경우 하원이 다음 3월 4일까지 대통령을 선정하지 않을 때에는 대통령이 사망하거나 기타 이유로 헌법이 정한 권한과 직무를 수행할 수 없을 때와 마찬가지로 부통령이 대통령의 직무를 행한다. (수정 제20조 3절로 개정) 선임된 총 선거인의 과반수 이상으로 가장 많은 표를 받은 자가 부통령이 된다. 과반수 득표자가 없을 경우 상원은 득표자 명단 가운데 두 명의 최다 득표자들을 대상으로 부대통령을 선출한다. 이 목적을 위한 정족수는 전체 상원 의원의 2/3 이상이며, (부통령을) 선택하는 데에는 전체 의원수의 과반을 필요로 한다. 단, 헌법상 대통령직에 결격사유가 있는 자는 부통령직에도 결격이 된다.

수정 제13조 [1865년 12월 18일 비준]

제1절

노예 또는 비자발적 노역은 당사자가 적법하게 유죄선고를 받은 범죄에 대한 처벌이 아닌 한 합중국 또는 그 사법권이 미치는 어떠한 장소에서도 존재할 수 없다.

제2절

(합중국) 의회는 적절한 법률제정을 통하여 본 조를 실행할 권한을 갖는다.

수정 제14조 [1868년 7월 28일 비준]

제1절

합중국에서 태어났거나 귀화한 사람, 합중국의 관할권에 속하는 모든 사람은 합중국의 시민이고 그 사람이 거주하는 주의 시민이다. 주는 합중국 시민의 특권과 면책권을 제약하는 법률을 제정하거나 집행할 수 없다. 또한 주는 정당한 법 절차를 거치지 않고 시민의 생명, 자유, 또는 재산을 박탈할 수 없으며, 그 사법권 관할권 안에 있는 누구에게도 법의 평등한 보호를 거부할 수 없다.

제2절

각 주는 과세대상이 아닌 인디언을 제외하고 산정된 전체 인구수에 따라서 하원 의원을 할당받는다. 다만, 21세 이상의 남성 시민권자로서 반란이나 다른 범죄에 가담하지 않았음에도 합중국 대통령 및 부통령의 선거인, 의회의 의원들, 특정 주의 행정 및 사법 관료 또는 해당 주의 입법부 구성원에 대한 투표권이 거부되거나 제약을 받게 된다면 해당 주가 갖게 될 대표권의 토대는 해당 주 21세 이상 남성 시민권자 전체의 숫자에 대비하여 그러한 남성 시민권자의 숫자의 비율만큼 축소된다.

제3절

(합중국) 의회의 성원이나 관리로서, 또는 특정 주 입법부의 구성원 또는 행정부나 사법부의 관리로서 합중국 헌법을 지지할 것을 서약했던 바 있으나 후일 그에 반하여 폭동이나 반란에 가담하였거나 그 적들에게 원조와 편의를 제공하였던 바가 있는 사람은 합중국 산하에서 상원 또는 하

원 의원 또는 대통령과 부통령의 선거인 또는 군인 또는 관료로서 봉직할 수 없다. 다만, 의회는 각 원에서 3분의 2의 찬성에 의하여 (그러한 자격 박탈을) 복권시킬 수 있다.

제4절

폭동과 반란 진압을 위한 복무에 대하여 지급되는 연금과 보상금을 포함한 합중국의 공적 부채는 법률에 의거하여 그 유효성에 대한 의문을 가질 수 없다. 그러나 합중국에 대한 폭동 또는 반란을 원조함으로써 발생한 일체의 부채와 의무 또는 노예의 손실과 해방 대한 손해청구 등은 합중국 혹은 어떠한 주도 인수하거나 지불하지 않는다. 이와 같은 부채와 의무와 청구는 모두 불법이자 무효이다.

제5절

(합중국) 의회는 적절한 법률제정을 통하여 본 조의 조항들을 실행할 권한을 갖는다.

수정 제15조 [1870년 3월 30일 비준]

제1절

합중국 시민의 투표권은 인종, 피부색 또는 과거의 예속상태의 이유로 합중국 또는 주로부터 거부 또는 제약당할 수 없다.

제2절

(합중국) 의회는 적절한 법률제정을 통하여 본 조(수정 제15조/역주)를

실행할 권한을 갖는다.

수정 제16조 [1913년 2월 25일 비준]
의회는 (납세자의) 수입원에 관계없이, 각 주와의 배분 없이 그리고 인구통계와 관계없이 소득세를 부과하고 징수할 권한을 갖는다.

수정 제17조 [1913년 5월 31일 비준]
제1절

합중국 상원은 각 주에서 2명씩 선출된 의원으로 구성된다. (그들은) 해당 주의 주민이 선출하고 임기는 6년이다. 상원 의원은 각각 1개의 투표권을 가진다. 각 주의 선거인은 해당 주의 입법부에서 의원수가 가장 많은 원의 의원을 선출하는 선거인에게 요구되는 자격 요건을 구비해야 한다.

제2절

특정 주 (연방) 상원 의원의 결원이 발생하였을 때 해당 주의 행정당국은 보궐선거를 치러 결원을 충원한다. 해당 주의 입법부의 책임 하에 선거에 의해 그 결원이 채워질 때까지는 해당 주의 주 입법부는 해당 주의 행정부에 임시로 (결석된 자리를) 임명할 권한을 줄 수 있다.

제3절

본 조항은 헌법의 일부로서 효력을 발생하기 전까지는 선출된 상원 의원의 선거 또는 임기에 영향을 주는 것으로 해석될 수 없다.

수정 제18조 [1919년 1월 29일 비준, 수정 제21조로 폐기]

제1절

본 조의 수정 내용이 비준된 날로부터 1년을 경과한 후부터 연방정부 관할에 속하는 모든 지역에서 음용할 목적으로 주류를 양조, 판매 또는 운송하는 행위와 수입 및 수출하는 행위를 금지한다.

제2절

연방 의회와 주 정부는 적절한 법률을 제정하여 본 조의 규정을 시행할 권한을 가진다.

제3절

본 조는 연방의회가 이 수정 내용을 각 주에 회부한 날부터 7년 이내에 각 주의 의회가 헌법에 규정된 바와 같이 헌법 수정으로서 비준하지 않으면 그 효력을 발생하지 못한다.

수정 제19조 [1920년 8월 26일 비준]

제1절

합중국 시민의 투표권은 성별을 이유로 합중국 또는 각 주로부터 거부 또는 제약당할 수 없다.

제2절

(합중국) 의회는 적절한 법률제정을 통하여 본 조(수정 제19조/역주)를 실행할 권한을 갖는다.

수정 제20조 [1933년 2월 6일 비준]

제1절

대통령과 부통령의 임기는, 본 조항이 비준되지 않을 경우, 임기가 만료하는 해의 1월 20일 정오에 끝난다. 그리고 연방 의원의 임기 역시 본 조가 비준되지 않을 경우 임기가 만료되기로 하는 해의 1월 3일에 종료된다. 후임자의 임기는 그 시점부터 시작된다.

제2절

(합중국) 의회는 1년에 적어도 1회 소집되며, 그 회의는 법률에 의하여 다른 날로 정해지지 않는다면, 1월 3일 정오에 시작된다.

제3절

대통령의 임기가 개시되는 시각으로 정해놓은 시각에 대통령 당선인이 사망하면 부통령 당선자가 대통령직을 맡는다. 대통령 임기 개시 시각까지 대통령이 선출되지 못했거나 확정되지 않았거나 대통령 당선인이 (대통령의) 자격을 충족시키는 데 실패했다면, 대통령이 자격을 갖출 때까지 부통령 당선인이 대통령의 직무를 대행한다. 의회는 대통령 당선자와 부통령 당선자가 모두 자격을 갖추지 못하는 경우에 대비해서 법률에 의거하여 대통령 직무대행자를 선포하거나 대통령 직무대행자의 선출방식을 선포할 수 있으며, 이에 따라 그 사람은 대통령 혹은 부통령이 자격을 충족시킬 때까지 대통령의 직무를 대행한다.

번역의 정석

제4절

의회는 하원이 대통령 지명권을 보유하고 있는 동안 그 (지명) 대상자들 가운데 사망자가 발생한 경우, 그리고 상원이 부통령 지명권을 보유하고 있는 동안 그 (지명) 대상자들 가운데 사망자가 발생한 경우에 대비하여 법률을 제정할 수 있다.

제5절

제1절 및 제2절은 본 조가 비준된 다음으로 맞이하는 10월 15일부터 효력을 발생한다.

제6절

본 조항은 의회가 (본 조항을) 각 주에 회부한 날부터 7년 이내에 전체 주의 4분의 3에 해당하는 주 의회가 수정헌법으로 비준하지 않으면 효력을 발생하지 못한다.

수정 제21조 [1933년 12월 5일 비준]

제1절

합중국 헌법 수정 제18조는 이로써 폐기한다.

제2절

(주류의) 배달과 소비를 위하여 관련법규를 위반하여 합중국 내의 각 주, 영토 또는 소유지로 주류를 운송하고 수입하는 행위를 금지한다.

제3절

본 조는 (합중국) 의회가 헌법에 따라서 (이 조항을) 각 주에 회부한 날로부터 7년 이내에 각 주의 (헌법비준/역주) 회의에서 수정헌법으로 비준받지 못하면 효력을 발생하지 못한다.

수정 제22조 [1951년 2월 26일 비준]

제1절

누구도 2회보다 더 많이 대통령에 선출될 수 없으며, 다른 사람이 대통령으로 선출된 임기 중에 2년 이상을 대통령에 재직한 바 있었거나 대통령 직무대행을 했던 자는 1회만 더 선출될 수 있다. 그러나 본 조항은 의회가 본 조항을 발의하는 시점의 현직 대통령에게는 적용되지 않으며, 이 조항이 효력을 발생하는 시점에 대통령직에 있거나 대통령 직무를 대행하고 있는 사람이 남은 임기동안 대통령직을 유지하는 것을 저지하지 못한다.

제2절

본 조항은 의회가 (본 조항을) 각 주에 회부한 날부터 7년 이내에 전체 주의 4분의 3에 해당하는 주 의회가 수정헌법으로 비준하지 않으면 효력을 발생하지 못한다.

수정 제23조 [1961년 4월 3일 비준]

제1절

1항 합중국 정부의 소재지인 특별구는 의회가 지정하는 방식에 따라 (대통령 및 부통령의 선거인을) 임명한다.

2항 선거인의 수는 이 특별구가 주일 경우 (특별구가) 의회에서 할당받을 수 있는 상원 및 하원 의원 수와 같다. 그러나 어떤 경우에도 인구가 가장 적은 주보다 더 많은 의원을 배당받을 수 없다. 이들은 각 주에서 선출된 선거인들에 추가되며, 이들을 대통령 및 부통령의 선거를 위하여 주에서 선정한 선거인과 동일한 자격과 권한을 갖는다. 그들은 이 특별구에서 모임을 가지고 수정 헌법 제12조에서 규정하는 직무를 수행한다.

제2절

(합중국) 의회는 적절한 법률제정을 통하여 본 조(수정 제23조/역주)를 실행할 권한을 갖는다.

수정 제24조 [1964년 1월 23일 비준]

제1절

대통령 및 부통령 선출을 위한, 대통령 및 부통령 선출을 위한 선거인을 선출하기 위한, 또는 상원 의원이나 하원 의원을 선출하기 위한 모든 예비선거 또는 기타 선거에 있어서 합중국 시민의 투표권은 (투표권자가/역주) 주민세 또는 다른 세금을 미납했다는 이유로 합중국 또는 각 주로부터 거부 또는 제약당할 수 없다.

제2절

(합중국) 의회는 적절한 법률제정을 통하여 본 조(수정 제24조/역주)를 실행할 권한을 갖는다.

수정 제25조 [1967년 2월 10일 비준]

제1절

대통령이 면직·사망·사임 시 부통령이 대통령직을 승계한다.

제2절

부통령이 결석되었을 때 대통령은 부통령을 지명하고 양원 의회 양원 과반수의 인준에 따라 취임한다.

제3절

대통령이 상원의 임시 의장과 하원 의장에게, 대통령의 권한과 임무를 수행할 수 없다고 선언하는 문서를 송부할 경우, 대통령이 그것과 반대되는 내용의 문서를 송부하는 시점까지 그 권한과 임무는 부통령이 대통령 직무대행으로서 이행한다.

제4절

1항 부통령과 행정부처 수장 또는 의회와 같은 다른 기관의 과반수가 상원의 임시 의장과 하원 의장에게 대통령이 대통령으로서의 권한과 임무를 수행할 수 없다고 선언하는 문서를 법률에 의거하여 작성, 송부할 경우 부통령은 대통령 직무대행으로서 대통령의 권한과 의무를 즉각 대행한다.

2항 그 후 대통령이 상원의 임시의장과 하원의장에게 직무수행 불능 사유가 없음을 문서로 선언하면 대통령은 자신의 권한과 임무를 재개하되, 부통령과 행정부처 수장의 과반수 또는 의회와 같은 다른 기관의 과반수가 그로부터 4일 이내에 상원의 임시의장과 하원의장에게 대통령이 대통령으로서의 권한과 임무를 수행할 수 없다고 선언하는 문서를 법률에 의거하여 작성, 송부하지 않는 경우에 한한다. (만일 그러한 사태가 발생하였다면) 의회는 회기 중이 아닐 경우 그 문제를 결정하기 위한 목적으로 48시간 안에 소집해야 한다. 의회는 해당 편지의 접수 후 21일 안에 또는, 회기 중이 아닌 경우에는, 의회가 소집을 요구한 후 21일 이내에, 양원 3분의 2가 대통령은 그의 권한과 임무를 수행할 수 없다고 투표하면 부통령이 대통령 직무대행으로서 그 권한과 직무를 계속 수행한다. 그렇지 않은 경우는 대통령이 그의 권한과 임무를 재개한다.

수정 제26조 [1971년 7월 1일 비준]

제1절

나이가 18세 또는 그 이상인 합중국 시민의 투표권은 나이를 이유로 합중국 또는 각 주로부터 거부 또는 제약당할 수 없다.

제2절

(합중국) 의회는 적절한 법률제정을 통하여 본 조(수정 제 26조/역주)를 실행할 권한을 갖는다.

수정 제27조 [1992년 5월 7일 비준]

상원 의원과 하원 의원의 세비 변경에 관한 법률은 (제정된 후/역주) 한 번의 하원 선거를 거치기 전까지는 효력을 발생하지 않는다.

※ 이 번역의 원문은 Ray Raphael이 편찬한 합중국헌법 주해서 The US Constitution: Explained-Clause by Close-For Every American Today의 것을 사용하였습니다.

비운의 번역가 이야기

　미국헌법 번역 완료. 수정헌법 11조부터 27조까지 며칠 동안 열심히 달렸다. 미국헌법도 기존에 번역이 없었던 것은 아니지만 가만히 들여다보니까 문제가 많이 있었다. 어찌 보면 한 나라에 대해서 알아야 할 가장 중요한 관문과 같은 자료인데, 오역과 비문으로 얼룩져 이해가 가지 않는 법조항들이 파다했다. 이 분야에 선수들이 많은데, 이런 걸 수십 년씩 방치하고 있었다니 다들 해도해도 너무했다. 지난 한 달 동안 나의 버전을 만드는 데 성의를 다하였고 이번에 상당한 리노베이션이 이루어졌다고 자부한다.

　그간 두 차례에 걸쳐 헌법 번역전문을 올렸더니 섬뜩한 일도 있었다. 어떤 한 분이 영어버전과 기존의 한글번역본 그리고 나의 번역을 일일이 비교해 보면서 내 작업의 퀄리티를 검증하고 계신다는 것이었다. 모골이 송연한 일이다. 다행히 내 버전이 콤팩트하고 이해가 좀 더 잘 간다고 하셔서 다소 안도는 되었지만, 번역이란 것이 워낙에 번역자의 능력을 빤히 드러내는 작업이고, 강호에는 고수가 워낙 많다 보니 보통 두려운 일이 아니다. 그래도 이 정도면 어디다가 못 내놓을 정도는 아니다 싶어서 대략 이 정도 선에서 마무리하기로 결정했다. 이제 해방이다.

　이건 나의 흑역사인데, 내가 처음으로 출판사 번역을 맡았던 책이 『카마 수트라』라는 책이었다. 대학교 3학년 2학기를 마치고 겨울방학 내내 했다. 하느라 살도 많이 빠졌다. 아시는 분은 알겠지만 이게 인류의 고전이긴 했지만 어린 시절에 하기에는 너~무나 남사스러운 책이었다. 거의 망해가는 출판사였고, 당시의 출판계는 저작권 개념도 없고 그냥 돈이 될 만한 콘텐츠라면 품질 같은 것은 묻지도 따지지도 않고 밤새도록 코피 터지게 작업해 오면 속전속결로 인쇄하여 전국 서점에 뿌리는, 말하자면, 아사리판이었다. 번역에 대하여 고결한 뜻을 두었던 것도 아니었고, 출판사 사장님이 내 글이 좀 잘 읽어진다고 했고, 나는 당시 흙수저 대학생으로 군대 가려고 휴학하려던 입장이라 버스비라도 벌라면 뭐라도 해야 했는데, 어떤 악마 같은 지인이 나를 여기 끌어들인 바람에, 결국은 고생만 죽도록 하고 돈도 못 받고 얼마 안 가 출판사도 망하고, 심지어는 그로부터 몇 년 지나 나에게 일 시켰던 사장님도 돌아가셨다는 소식까지 듣게 되었다. 그분도 능력과 열정으로 봤을 땐 그렇게 가실 분은 아닌데, 필경 안 좋은 여건에 돈 안 되는 재주로 대박을 꿈꾸면서 살아보려고 몸부림치시다가 끝내 산화하셨던 게 아닌가 싶다.

그때 나한테 밀린 번역료가 그 저렴한 단가에도 불구하고 당시 돈 수백만 원은 됐었는데, 와서 몇만 원이라도 받아 가라고 하여 그 먼 공항동까지 찾아가면 사무실이 아닌 (반지하 월셋집 같아 보이는) 우중충한 살림집에서 방에 책이랑 원고가 가득하고 어린 딸들이 옆에서 울고불고하는데 안색도 안 좋고 머리도 허옇게 센 아저씨가 밥상 펴놓고 원고 작업을 하고 계셨던 광경이 지금도 눈에 선하다. 그 아내가 상당한 미인이셨는데, 이대 나온 재원이라고 자랑이 대단했다. 그럼 뭐하냐. 글쟁이한테 시집와서 신세 조졌는데. 그런 아내와 애들을 놔두고 돌아가실 때 그분의 심정이 어땠을까 생각하면 비극도 이런 비극이 없다. 그게 출판이다. 산업으로서 출판의 본질은 흥행이기 때문에 패자는 뼈도 못 추리게 되어 있다, 이 바닥이.

1987-1988에 겪었던 일이니까 35년이 다 되어 가는 옛날이다. 그때 작업했던 『카마 수트라』는 출판이 되었는지 아닌지도 모르겠으나 사장님이 나를 배려하여 책에서 내 이름은 빼주신다고 하셨고, 그로부터 3년 후인 1991년, 여기보단 조금 형편이 나은 출판사의 야심찬 프로젝트에 투입될 신예 번역가로 간택되어 또 한동안 출판사 밥 얻어먹으며 술자리까지 열심히 쫓아다녔던 기억이 난다. 그러니까 나의 번역가 데뷔는 만 25세. 돌이켜보면 그때부터 인생이 꼬이기 시작했다.

우여곡절 끝에 프로 번역가로서 나는 조기 은퇴했다. 문득 돈 받고 번역하는 일은 하지 말아야겠다고 결심했다. 누가 시키는 것 말고 내가 생각하기에 필요한 번역을 내가 골라서 해야겠다고 마음먹고 아주 오랜 세월동안 번역을 하지 않았다. 차라리 장사가 훨씬 나은 것 같았다. 그래서 돈 벌면 언젠가 하고 싶은 번역을 골라서 할 수 있을 것 같았다. 그게 말이 쉽지, 진짜로 실행하기란 현실적으로 쉽지 않은 일인데, 『미합중국 건국의 아버지들』이 나를 불러냈다. 그리고 미국독립선언문과 미합중국헌법, 이렇게 Trilogy의 번역작업이 드디어 끝났다. 인건비로 따지면 말도 안 되는 시간을 보내며 완성했다. 우야든동 먹고살면서 작업을 마쳤으니 내 계획은 완전히 맞아떨어졌다.

오늘부턴 가편집 들어간다. 번역이야 돈 생각 안 하고 그냥 혼자 하면 되지만 출판은 다르다. 돈을 써야 된다. 사람도 써야 된다. 그리고 무엇보다도 출판비를 마련하는 일, 그리고 책이 나온 후의 마케팅 등에 대하여 구체적인 작전을 짜야 한다.

나의 출판프로젝트는 기본적으로 미주한인들이 target audience이다.

보림식품처럼 미국에 사는 한국 사람들이 어떻게 하면 미국에서 더 잘 정착해서 더 잘 살 수 있는지를 모색하는 작업이다. 물론 한국어로 출판된다. 미국에서 한국어 출판으로 출판흥행에 뛰어드는 것은 미친 행동이다. 한국어 사용자가 가장 많은 코리아에서도 베테랑 출판인이 저렇게 비참한 최후를 맞이하는 게 이 바닥인데, 한국어 잘 모르는 2세, 3세까지 다 합하여 코리안 숫자 백만에서 이백만 사이의 커뮤니티를 대상으로 한국어 출판사를 돈 벌기 위한 목적으로 운영할 수는 없다. 따라서 이것은 흥행이 목적이 아니고 일종의 커뮤니티 서비스이자 가치지향적 취미이자 계몽운동이다. 돈으로 따지면 그냥 똔똔만 해도 땡큐고 이걸로 파산하지 않을 정도 선에서 손해를 봐도 괜찮다. (돈은 딴 걸로 벌면 된다.)

나의 작업으로 한국 사람들이 미국을 좀 알게 되었으면 좋겠다. 미국을 좋아해도 자유고 싫어해도 자유인데, 일단 알고 얘기하자는.

엊그제 스토니브룩 대학에서 오랫동안 한국학을 가르치셨던 교수님을 만났다. 이번에 리타이어를 하셔서 그동안 소장해왔던 많은 자료를-버리기는 너무 아깝고-나에게 그냥 줄 테니 받을 의향이 있냐고 해서 인수를 받았다. 외국 사람들이 대부분이었을 스토니브룩 대학생들에게 한국의 역사와 문화 등을 알리는 데 사용했던 각종 동영상 및 음성 자료들이었다. 한결같이 버리긴 아까운 좋은 자료들이었다. 받기를 잘했다. 내가 쓰게 될 일은 별로 없을 것 같지만 유용하게 사용할 수 있는 곳에 전달하려고. (보스턴 한인회에 기증했다/필자주.)

한국 사람들이 외국인들한테는 한국적인 거라면 뭐라도 가르쳐 주려고 무진 애를 쓴다. 좋은 일이다. 그게 일종의 문화전쟁으로, 코리아의 존재를 널리 알려 코리안의 위상과 자긍심을 높임으로써 각각의 개인들이 보다 당당한 국제사회의 일원으로 행동할 수 있게 만드는 데 도움이 된다.

그런데 실속 면에서 따진다면, 우리 것을 열심히 알리려고 노력하는 일과 저들의 것을 열심히 습득하는 것 중에서 어떤 것이 남는 장사일까? 특히나 이곳에서 수십 년씩 살아야 하는 입장에서 말이다. 하다못해 작은 법령, 법규부터 시작해서 역사, 지리, 문화 등등에 대하여 알면 알수록 여기서 살기가 편해지고 이익도 얻을 수 있는 길들이 열리는데, 이 분야의 작업을 체계적이고 전문적으로 실행하는 주체가 없어 보이길래…. 미국 사는 한국 사람들이 다들 프런티어니까…. 그런 일을 프런티어 출판사라는 이름을 걸고 한번 해 보자고 하다 보니 여기까지 오게 되었다.

영어만 잘해도 성공할 것 같지만 그렇지 않다. 같은 영어 실력이라도 누구는 영어권의 사람들에게 호구도 되고 파트너도 되고 고용주도 된다. 영어가 아닌 또 다른 무언가를 장착해야 영어가 나에게 이익으로 돌아올 수 있다는 얘기다. 미국에 관한 지식과 정보도 마찬가지다. 관점과 목표를 정확하게 설정하지 않으면 차라리 모르고 사는 게 나을 수 있는 지식도 많다. 실사구시에 입각하여 나에게 이익이 될 수 있는 미국에 대한 정확한 관점을 세우고 우리 독자들의 미국생활에 웰빙을 코디하는 번역가로 자리매김하고자 한다.

그런 차원에서 미국헌법은 입문 중의 입문으로서 누구라도 한 번쯤은 눈여겨 읽어 볼 만한 자료라고 여겨져 열심히 작업해 보았다. (2021/5/5)

4.
버지니아 종교자유령

캐피톨 힐 로툰다의 토마스 제퍼슨 동상

버지니아 종교자유령 (1786)

전능하신 하나님은 (인간의) 마음을 자유로운 것으로 창조하셨기에 현세적 처벌이나 의무의 부과, 또는 공민권 박탈과 같은 방법으로 인간의 마음에 영향을 미치려는 모든 시도는 위선과 비열함이라는 습성만을 생기게 하므로 우리 종교의 거룩한 창시자의 계획으로부터의 일탈이라 할 수 있기에, (인간의) 몸과 마음의 주인이신 그분은 전지전능한 권능으로 (인간의 몸과 마음에 대한) 강요를 통하여 그것을 전파하실 수 있음에도 그렇게 하지 아니하기로 하시었다. 성속을 막론하고 입법가와 통치자들은 오류가 있고 영감을 받지 못한 존재임에도 불경스러운 가정으로써 타인들의 신앙을 지배하며 자신들의 견해와 사유방식만이 유일하고 오류 없다 여기어 타인들에게 그것들을 강요하려 애쓰며 이 세상의 가장 많은 곳에서 그리고 모든 시간을 통해서 잘못된 종교들을 세우고 유지하여 왔다. 한 인간이 신봉하지 않는 의견을 전파하기 위하여 당사자에게 금전적 기부를 강요하는 것은 죄악이자 폭압이다. 심지어는 당사자가 신봉하는 종교라 할지라도 (권력자가) (그에게) 이 사제 또는 저 사제를 지원하도록 강요하는 것은 그가 도덕적 모범으로 삼고자 하는, 그리고 정의로움에 있어서 그가 가장 설득력 있다고 느끼는 힘을 가진 특정한 성직자에게 기부할 수 있는 편안한 자유를 박탈하는 일이며, 해당 성직자로부터 그러한 임의의 보상을 빼앗는 것으로써, 그들의 개인적 행위를 용납한 데서 발생한 이 조치는 인류의 계도를 위한 성실하고 끊임없는 노고에 대한 추가적 도발이다. 그리고 우리의 공민권은 우리의 견해가 물리학이나 기하학에 의존하는 것 이상으로 종교적 견해에 의존하지 않는다. 따라서 특정 시민이 이러한 또는 저러한 종교적 견해를 천명하거나 거부한다 하여 (그를) 신임과 보수가 따르는 공직에 임명될 수 없도록 조치함으로써 그의 공신력을 무가치한 것으로 판정하는 것은 그가 여느 시민들과 공통으로 갖고 있는 천부인권의 특권과 혜택을 (그에게서) 부당하게 박탈하는 일이다. 그것은 그 종교가 (애당초) 장려하고자 의도했던 원칙의 타락으로 귀착되는 것일 뿐이며, 세상의 명예와 금전을 독점하여 그 종교를 피상적으로 천명하거나 순응하게 될 자들에게 뇌물로 매수하는 일에 지나지 않는다. 그러한 유혹을 버티지 못하는 자들은 실로 범죄를 지은 것이지만 그러나 그들의 길목에 미끼를 깔아둔 자들도 죄가 없지 아니하다. 공직자의 권력을 견해의 분야에 개입시켜 그들의 잘못된 취지에서 비롯된 가정에 근거하여 원칙들을 천명하고 전파하기를 제한하는 일은 위험한 오류이며, 모든 종교적 자유를 단번에 파괴하는 일이니, 그 까닭은 그 스스로 당연히 그러한 취지의 판관으로서 자신의 견해를 판단의 기준으로 삼아 타인들의 감정을 승인하거나 비난하는 데 있어서 오로지 그 자신의 견해와 일치하는지 또는 불일치하는지 여부에만 따를 것이기 때문이다. 원칙이 파괴되어 평화와 질서에 반하는 명백한 행동으로 표출되는 그 시점은 시민정부의 올바른 목표를 (실현하기) 위하여 그리고 그 공직자들이 행동을 취해야 할 적절한 시간이다. 그리고 마지막으로, 진리는 위대하여 건드리지 않으면 승리할 것이며, 오류를 잡아줄 적절하고 충분한 묘약으로서, 인간이 개입하여 자유로운 토론과 논쟁이라는 그녀의 태생의 무기를 해제시키지만 않는다면 갈등이 있어도 두려워할 것이 없으며, 그것들(오류)을 자유롭게 반박할 수 있도록 허용된다면 오류로 인한 위험은 멈추게 될 것이다.

총회는 다음과 같이 규정한다. 누구도 일체의 종교 의례, 장소 또는 성직자를 위한 참석과 후원을 강요받지 않으며, 신체나 재물에 있어서 강제, 제약, 학대 또는 부담을 당하지 않으며, 자신의 종교적 견해와 신앙을 빌미로 이것 이외의 방식으로 고통을 겪지 않는다. 만인은 자유롭게 종교에 관하여 의견을 표명하며 토론을 통하여 (그들의 의견을) 견지할 수 있으며, 그와 같은 사정으로 인하여 그들의 공민권이 결코 축소되거나 확대되거나 영향을 받지 않는다.

그리고 주민들에 의해 일반적 입법 목적만을 위하여 선출된 이 의회는 우리의 의회와 동등한 권한을 가진 차기 의회에 대한 구속력이 없으며, 따라서 본 법령은 변경될 수 없다고 선언하는 것은 법적 효력이 없다는 사실을 우리는 잘 인식한다. 그러나 여기서 단언했던 권리들이 (바로) 인류의 자연권이며 또한 만일 향후에 본 법령을 취소하기 위한 어떠한 법안이 통과되거나 그 운용범위가 축소된다면, 그러한 조치는 자연권의 침해임을 선언할 자유가 있으며 또한 이를 선언하는 바이다.

원문: 토마스 제퍼슨 // 번역: 이종권 (토마스 제퍼슨 센터 대표) · 2023

간신히 성공!

To Thomas Jefferson Center menbers:

엊그제 말씀드린 대로 〈버지니아 종교자유령〉 한글번역을 올립니다. 검토 결과 약간 불완전한 부분이 두세 군데 있어서 official & final은 아직 아닙니다만 전체적인 뜻은 이만하면 통하지 않을까 기대합니다. 제퍼슨이 쓰기만 한 게 아니고 버지니아 의회를 통과한 법령이고 그것이 연방헌법 권리장전에 그대로 반영되었습니다. 독립선언문과 함께 헌법의 토대가 되었던 양대 축입니다. 토마스 제퍼슨은 그 점을 중히 여겼기에 이 둘의 저자임을 묘비에 명시토록 했던 것 같습니다. 제퍼슨을 Architect of America, 즉 미국의 설계자라고 부르는 까닭도 바로 그런 까닭입니다.

버지니아 종교자유령은 독립선언문에 비해서 상대적으로 덜 알려졌지만 1776년 독립선언문이 공포된 후 제퍼슨이 고향으로 내려가 즉시 작성을 시작한 문서입니다. 독립선언문의 천부인권을 뒷받침하기 위한 이론화 작업이었습니다.

작성 후 버지니아에서 법률로 통과되는데 10년이 걸렸습니다. 기존의 국교에 거스르는 사상이라 반발도 많았기 때문입니다. 지금은 당연시 여겨지는 종교의 자유가 세상에서 인정을 받기까지는 이렇게 마음 졸이는 오랜 세월이 있었음을 유념해야 합니다.

이 글은 독립선언문과 또 다른 차원에서 난해하고 복잡해서 처음 접했을 때 상당히 당황했습니다. 이년 전의 일이었는데…. 이번에 작심하고 달라붙었더니 간신히 (일단) 완역에 성공했습니다. 소리 내서 읽어 보시고 이해가 안 가거나 이상한 부분이 있으면 알려 주시기 바랍니다.

이 문서는 미국대사관 홈페이지 말고는 한글번역이 된 곳이 없었습니다. 역시 엉성한 데가 많이 눈에 띤다는 사실을 확인하고 아예 새로 번역했습니다. 단, 제목은 기존의 번역을 존중하여 제가 사용하던 것을 버리고 이것을 사용했습니다. 미대사관 버전을 올려드립니다.

https://kr.usembassy.gov/ko/virginia-act-establishing-religious-freedom-1786-ko/(현재 삭제되었음/필자주)

버지니아에 계시는 조효연 선생님께 특별한 감사의 말씀을 드립니다. 2020년 한국일보에 건국의 아버지들 시리즈를 연재할 때부터 관심을 가져 주셨습니다. 수차례에 걸쳐 저의 작업을 후원해 주셨습니다. 항상 감사드립니다. 더욱 열심히 노력해서 성원에 부응하겠습니다. (2023/2/9)

미국의 국교는 천부인권

To Thomas Jefferson Center members:

천부인권은 정치사상인데 종교랑 무슨 상관이냐는 질문이 있었는데 천부인권의 뿌리가 종교라고 옆의 회원님께서 말씀해 주셔서 너무 기분 좋았습니다.

인간의 권리는 하나님이 부여한 것이기에 아무리 권력이 센 인간이라도 다른 인간의 권리를 침해할 수 없다는 원리입니다. 쉬운 예로 미성년자에게 guardian이라는 제도가 있죠. 그 아이를 낳아준 부모가 가디언으로서 다른 어른들은 가디언의 권리를 침해할 수 없고 따라서 다른 어른들은 그 아이를 함부로 건드릴 수 없는 것입니다.

이러한 원칙을 청소년 미성년자가 아닌 모든 인간에게 적용한 것이 천부인권이고 모든 인간의 가디언은 바로 창조주 하나님이라는 뜻입니다.

바로 이러한 원리를 법제화하여 이 세상에서 적용하여 원칙으로 삼았으니 정치의 영역이 된 것이죠. 그래서 천부인권은 종교에 근거한 개념이고 천부인권을 핵심가치로 삼고 있는 자유민주주의는 종교적 세계관에서 비롯된 정치 시스템입니다.

포인트는, 인간은 누구나 피조물이라는 관점입니다. 후삼국시대에 자신이 미륵불이라 참칭한 궁예란 사람이 있었죠. 자기를 신의 반열에 올려놓으니 백성을 자기 맘대로 컨트롤할 수 있었죠. 심지어는 생명까지도. 북조선에는 신을 부정하고 자기가 그 자리를 차지한 통치자가 있죠? 그

밖의 종교에서도 스스로 신 또는 신의 대리인이라 참칭한 지도자들이 있었을 것입니다. 모두가 사이비이자 전체주의로 전락할 수밖에 없습니다.

조지 워싱턴부터 미국의 모든 정치지도자들은 모두가 종교인들이었으나 누구도 스스로 신이나 신의 대리인임을 참칭하지 않았습니다. 종교적이되 철저하게 신의 피조물로서의 입장에서 신에 대한 겸허한 마음으로 인간의 천부인권을 지켜왔습니다. 이것이 위대한 점이라 생각합니다. 종교를 신앙했지 이용하지 않았습니다.

거기에 종교의 자유가 추가되었죠. 그게 바로 버지니아 종교자유령입니다. 어느 종교를 믿어도 그것은 개인의 선택이니 강요하지 말고 종교를 구실로 공직의 이권을 독점하거나 소외시키지 말라는 것이 요점입니다. 당시에는 지배적 종교였던 영국성공회에 대한 항거였고 당시의 소수 신흥교단들과 성공회 간의 정치투쟁의 일환이었기에 당시의 종교의 자유란 개신교 안의 종교의 자유만을 의미하였습니다. 그러나 개신교와 오랜 세월 갈등을 겪었던 카톨릭 출신의 케네디가 대통령이 되면서, 그리고 수많은 비기독교 이민자들이 미국에서 정착하게 되면서 종교의 자유의 콘셉트는 기독교의 범주를 초월하여 지구상의 모든 종교에 적용되게 되었습니다. 모르긴 몰라도 건국의 아버지들과 토마스 제퍼슨이 당시에 불교나 이슬람교 또는 힌두교 같은 종교는 몰랐지만 종교의 자유가 이들 종교에는 적용되지 않는다고 못 박은 바가 없기에 유연하고 자유롭게 보편적 천부인권으로 자리 잡을 수 있었던 게 아닌가 싶습니다. 개인적으로 너무나 감사한 덕목이고 미국에 사는 모든 이들이 토마스 제퍼슨과 건국의 아버지들에게 은혜를 입었다 할 수 있는 대목입니다.

미국의 시민으로서 어떤 종교든지 마음껏 믿되 그 대신 종교를 빙자하여 현세적 이권에 대한 우대나 배타 또는 박해를 하지 말 것. 여기까지가 천부인권 종교의 자유입니다.

여기서 제가 약간의 대담한 주장을 하려고 합니다. 미국은 진짜로 국교가 없을까? 모든 종교를 자유롭게 믿어도 된다는데? 그게 아닙니다. 종교에는 금도가 있습니다. 절대로 해선 안 되는 일이 금도지요. 종교를 빙자하여 억압하지 말라. 남의 자유와 권리를 침해하지 말라. 어떤 경우에도 천부인권을 사수하라.

미국은 사람이 아니라 국가입니다. 국가이기 때문에 사람이 믿는 종교를 믿을 수 없습니다. 그 대신 미국이 존속하는 한 어떤 경우에도 수호해야 하는 원칙, 그것이 바로 미국의 종교, 즉 국교입니다.

미국의 종교, 미국의 국교는 바로 천부인권입니다. 미국은 천부인권을 믿는 나라입니다. 모든 종교가 힘을 합해 천부인권을 구현하고 수호하기로 다짐하고 만든 나라가 바로 미국입니다.

버지니아 종교자유령 번역 후 후유증을 겪고 있습니다. 좋은 후유증인 듯합니다. 감사합니다. (2023/2/10)

각자의 종교를 더욱 진실하게 믿자

To Thomas Jefferson Center members:

천부인권에 충실한 사회가 되려면 종교가 살아 있어야 한다는 결론에 도달하게 됩니다. 그래서 우리 토마스 제퍼슨 센터는 천부인권을 옹호하는 모든 종교가 잘되어 나갈 수 있도록 소망하고 성원하며 직간접적으로 협조하는 것이 우리의 취지에 부합한다고 생각됩니다.

여러 차례 말씀드린 바 있지만 저는 불교인입니다. 그냥 신자로서 절에 다니는 것이 아니라 불교계의 일꾼으로서 미국에서 한국불교가 잘될 수 있는 일이라면 뭐든지 하자는 일념으로 안 해 본 일도 없고 전대미문의 업적도 만든 적이 있습니다. 지금 생각하면 맹목적이었고 부질없는 일이었다고 생각합니다. 미국 와서 거의 20년을 그렇게 살았는데… 후회는 없지만 철은 없었다…. 하는 생각입니다.

개인적으로는 제퍼슨 덕분에 천부인권에 눈을 뜨는 바람에 철이 들었다면 들었고 기왕에 해왔던 일이 종교에 바탕을 두었던 것이기에 지금껏 해왔던 일들의 연장선상에서 진일보한 생각과 실천을 해나갈 수 있어서 그나마 다행이라 생각합니다.

각자의 종교에 더욱 충실하고 진실한 것이 중요한 것 같습니다. 그러면서 이웃종교에 열린 마음으로 존중하는 태도를 갖는 것이 필요합니다. 천부인권의 명확한 개념이 선다면 그것은 저절로 된다고 저는 느끼고 있습니다.

대다수의 종교인에게 있어서 자기 종교의 교리적 우월감과 확신은 그 종교를 자기 인생의 신조로 삼는 원동력이 됩니다. 그것이 좋게 표출이 되는 경우도 있지만 배타와 폭력 등의 방식으로 표현되는 경우도 무수히 많습니다.

종교적 신앙과 확신이 가장 바람직하게 표현되는 방식은 사랑과 천부인권이 아닐까 싶습니다. 사랑은 종교인이 추구해야 하는 최선의 덕목이고 천부인권은 어떤 경우에도 사수해야 하는 bottom line입니다. 적어도 이것만은 지키자 하는 뜻에서 법으로 정해 두었고 그래서 정치의 영역에 들어간 것입니다.

각자가 마음속에서 자기의 신앙에 최고의 가치를 부여하는 것은 당연한 일입니다. 단 그것을 자신의 마음속에만 간직할 것. 선의와 호의에서 권장할 수는 있으나 강요하지 말 것. 뭐 이런 사항들이 제퍼슨의 종교의 자유를 통해서 유추할 수 있는 실천강령이 아닐까 싶습니다.

제가 예전에는 어떻게 하면 불교가 잘될까 하는 것만 궁리했었는데 요즘은 불교가 아니라 (모든) 종교가 강해지고 바로 서는 데 도움이 되었으면 하는 방향으로 지향점을 수정했습니다. 그렇다고 뜬금없이 이웃종교에 드나들며 바람 잡으며 다닌다는 뜻이 아니라 그냥 마음이 그렇게 변했다는 뜻입니다.

그 생각이 어떻게 통했는지 뉴저지와 뉴욕의 교회에서 저에게 바자회에 필요한 품목을 도와달라는 요청이 들어왔습니다. 다름 아니라 제가 판매하는 땅콩을 교회에서 팔아서 선교자금으로 쓰겠다고 했습니다. 절대 제가 찾아다닌 거 아니고 순수하게 그쪽에서 어떻게 알고 찾아오셔서….

제가 취급하는 품목으로 모금하여 아프리카 선교에 사용한다고 했습니다. 제 입장에선 신기하고 감사해서 제가 해드릴 수 있는 최선의 지원을 해드리고 있습니다. 이것으로 아프리카에서도 천부인권의 씨앗이 뿌려지기를 기원합니다.

종교가 잘된다는 것은 두 가지 측면인 것 같습니다. 첫째는 올바르게 바로 서는 것. 둘째는 널리 퍼지는 것입니다. 첫째가 충족되지 않은 채 둘째가 성취된다면 해악일 것입니다. 헌데 그런 사례가 너무너무 많습니다.

요즘 불교가 많이 그렇습니다. 얼마 전 해인사 주지스님이 성추문에 휘말려 사퇴하고 후임자 선정을 두고 싸움판이 벌어지고 있지요. 뉴스에 크게 보도되었던 사안이라 제가 특별히 험담하는 것도 아닙니다. 그리고 저는 나름 이 분야에서 일을 해왔던 사람으로서 이것이 단순히 개인의 일탈이 아니라는 사실을 충분히 알고 있습니다. 구조적인 문제이고 풍토의 문제입니다.

앞서 말씀드렸듯이 모든 종교가 잘되는 것이 천부인권의 토대입니다. 그리고 모든 종교가 잘되기를 바라는 입장에서 제가 할 수 있는 일이 무엇일까 생각해 보았습니다.

저는 불교인으로서, 불교가 바로 서는 일에 포커스를 맞추려고 합니다. 유튜브를 보니까 수많은 기독교인들이 교회를 바로 세우기 위해서 처절하고 적나라한 성찰과 비판을 하는 것을 보았습니다. 저주가 아닌 사랑의 마음에서 행해지는 일들이었습니다. 그런 풍토가 불교계에서는 없다 보니 작금의 추태와 추문들이 끊임없이 터지며 교세도 약화되고 있습니다.

타 종교인들이 그런 문제로 불교를 비판한다면 싸움이 될 수가 있겠지만 자기 종교를 바로잡으려는 마음으로 자기 종교를 성찰하고 비판하는 일은 항상 열려 있어야 한다고 생각합니다. 또 다른 차원의 종교의 자유가 아닌가 싶습니다. 기독교도 기존의 구교를 비판하여 프로테스탄트가 태어났고 불교 역시 기존의 구태를 극복고자 노력하고 일신우일신하는 과정에서 수많은 종파가 생겨난 것처럼 말입니다.

해서 저는 불교인으로서는 호교론적 비판적 관점에서 불교가 불교답게 바로 설 수 있는 일들을 해나가는 동시에 천부인권의 일꾼의 입장에서는 (인연과 요청이 있을 때에 한하여) 이웃종교에 도움이 되는 일들에 대하여 기쁜 마음으로 팔 벌려 도와드리며 교류하는 것이 제가 처한 입장에서 그리고 오늘날 종교의 자유에 입각한 천부인권의 원칙을 실천하는 방식이라고 생각하게 되었습니다.

이제부터 그렇게 하려고요.

우리의 공부가 지적 유희가 아니라 생활의 가이드로 실제로 적용 및 활용되기를 바라며 각자의 입장에서 무엇이 최선일지 찾아서 행하시기를 기원합니다. 좋은 아이디어는 share 해 주시고요. 감사합니다. (2023/2/11)

천부인권은 모든 종교의 공통분모

To Thomas Jefferson Center members:

인식이 바로 서면 실천에 옮기는 것이 순리입니다. 버지니아 종교자유령은 적어도 종교에 관한 한 올바른 실천의 가이드라인을 주고 있습니다. 이 문서가 오래전에 쓰여진 우리랑 상관없는 역사문서가 아니라 오늘날 바로 우리 모두에게 해당되는 현실과 실천의 지침인 것입니다. 마치 성경이 단순히 수천 년 전 타민족의 역사책이 아닌 것과 마찬가지인 것입니다.

특히 우리 토마스 제퍼슨 센터는 여러 독실한 신앙인들로 구성된 미주 한인들의 그룹으로서, 우리가 몸담고 있는 나라의 건국의 초석이 되었던 이 문서의 가르침을 새기고 실천하는 것이 바로 우리 단체의 정체성에 부합되는 일이라 생각됩니다.

제일 먼저 종교 간의 화합이 중요하겠습니다. 종종 종교지도자들 간에 종교 간의 화합을 명분으로 회합하며 뉴스거리가 되는 적이 있습니다. 한국에서도 법정스님과 김수환 추기경께서도 그런 장면을 연출하신 적이 있고… 또한 "평화"를 외치며 종교 간의 화합을 강조하는 경우들이 종종 있습니다.

종교 간의 화합의 목표는 평화가 아니고 천부인권입니다. 이 평화라는 허울 좋은 구호 때문에 종교가 전체주의 좌파세력의 프레임에 이용당하는 사례가 너무 많습니다. 아무하고나 사이좋게 지내고, 싸우지만 않으면 그게 최고의 덕목이라는 허구적 평화에 종교인들이 이용당하는 사례가 너무 많습니다. 종교 간에 화합하되 확실하게 공통된 목표를 추구하는 동지적 결합…. 그것이 진정한 종교 간의 화합이 아닐까 싶습니다.

모든 종교를 엮어 주는 화합과 연대의 끈은 (맹목적이고 허구적인) 평화가 아니고 천부인권입니다. 종교가 다른 개인과 개인은 물론이고 서로 다른 종교 지도자들 간에도 억압하지 않고 차별하지 않으며 이 세상에 만연한 천부인권의 적들과 함께 싸워나가는 종교 간의 화합이 진정한 종교 간의 화합이자 대화가 아닌가 싶습니다.

두 번째 실천은 각자의 종교가 천부인권에 보다 의식화된 모습으로 변모할 수 있도록 각자의 종교 안에서 노력하는 것입니다. 제가 보아온 제 종교의 모습만 말씀드린다면, 개인의 안녕과 구복에 매몰되어 사회적 역할과 기여가 없다는 점입니다. 불교 쪽에서 사회적 기여라고 스스로 생각하며 나름의 활동을 하는 단체가 있긴 한데…. (기회 되면 적시하겠지만) 천부인권과 반대되는 활동을 하면서 사회에 기여한다고 자부하는 듯합니다. 이 역시 평화 패러다임에 매몰된 사례일 것입니다.

천부인권은 개인에 대한 배려와 존중을 표현한 정치사상으로서, 사회적 정치적 현실적으로는 독재와 공산주의에 대한 하나님의 입장입니다. 종교의 이름으로 그런 세력을 도와서는 안 되는데 무지와 자기최면에 의한 나르시시즘으로 그런 행위를 하고 있습니다. 모두 천부인권이 뭔지 모른 채 가볍고 얄팍한 선행을 세상문제의 해법이라 생각하는 안일함 때문입니다. 각자의 종교가 천부인권을 인식하고 실천하도록 하는 일…. 이것이 두 번째 실천입니다.

세 번째는…. 각자의 종교가 올바르게 설 수 있도록 노력하는 것입니다. 올바르게 선다면 넓게 퍼질 수도 있습니다. 그렇게 하여 각자의 종교가 모두 잘될 때 화합된 천부인권의 세상이 됩니다. 그렇게 얻어진 평화가 진짜 평화일 것입니다.

버지니아 종교자유령의 포인트는 평화가 아니라 자유…. 이 점을 주목해야 합니다. 자유를 위해 싸워서 평화를 얻어야지 평화를 위해 자유를 양보해선 안 된다는 메시지로 해석됩니다. 생명과 재산과 명예를 걸고 싸웠던 독립전쟁, 아메리카 혁명이 바로 그 증거입니다.

해서 저도 제 종교 안에서의 노력과 실천을 하려고 합니다. 꽤 오래전부터 모색해 왔는데 제퍼슨의 버지니아 종교자유령으로 힘을 받는 것 같습니다. 참 이상하게 영감을 주시는 분입니다.

아래 그림은 제가 나름 불교에 천부인권을 소개하며 견인하기 위해 작성한 소고의 표지입니다. 관심 있으신 분들께는 전문을 보내드리겠습니다. 저부터 솔선하여 저의 종교에 들어가 개혁하겠습니다. 모두들 각자의 자리에서 실천하시며 화이팅하시기 바랍니다. (2023/2/15)

The Day God Blessed America · 천부인권도 (天賦人權圖) · 2022
Painted by Min Chong Kim ‖ Produced by Jong Kweon Yi
Acrylic on Canvas 4 × 7 Feet ‖ koreanbuddhistnews@gmail.com

5.
에이브러햄 링컨의 게티즈버그 연설

링컨 대통령이 연설했던 바로 그 자리:

Soldiers' National Monument in Gettysburg, PA

게티즈버그 연설

팔십하고도 일곱 해 전 우리의 선조들은 이 대륙에서 자유 속에 잉태하여 만인은 평등하게 태어났다는 신념에 바쳐진 새로운 나라를 탄생시켰습니다.

지금 우리는 그 나라, 혹은 그렇게 잉태되어 그렇게 헌정된 나라가 오래도록 지속될 수 있는지를 시험하는 거대한 내전을 치르고 있습니다. 우리는 그 전쟁의 거대한 격전지에 모여 있습니다. 우리는 이 땅의 일부를 이 나라의 존속을 위하여 바로 이곳에서 목숨을 바쳤던 분들의 영원한 안식처로 헌정하고자 합니다. 우리가 이렇게 해야만 하는 것은 전적으로 옳고 타당한 일입니다.

그러나 더 큰 의미에 있어서 이 땅을 헌정하거나 봉헌하거나 성역화하는 것은 우리가 할 수 있는 일이 아닙니다. 산 자와 죽은 자 할 것 없이 이곳에서 싸웠던 그 용감한 전사들은 보잘 것 없는 우리의 힘으로는 더할 것도 뺄 것도 없이 훨씬 드높게 (이 땅을) 성역화하였습니다. 세상은 여기서 우리가 (오늘) 하는 말을 깊이 새기거나 오래 기억하지 않을 것입니다. 그러나 그들이 여기서 행했던 일은 결코 잊혀지지 않을 것입니다. 살아있는 우리들은 이곳에서 싸웠던 그들이 지금까지 그토록 고귀하게 매진해왔던 그 미완의 유업을 이어가야 할 소명을 갖고 있습니다. 우리는 이곳에서 우리 앞에 놓여 있는 위대한 임무에 헌신해야 할 것입니다. 우리는 이들 영예로운 고인들의 뜻을 이어 그들이 최후까지 헌신했던 그 대의를 위하여 더욱 큰 헌신을 실천할 것입니다. 이들 전사들의 죽음이 헛되지 않았음을 굳건히 결의할 것입니다. 이 나라가 하나님의 뜻으로 자유를 새롭게 탄생시킬 수 있도록 경주할 것입니다. 국민의, 국민에 의한, 국민을 위한 정부가 지구상에서 사라지지 않도록 전진할 것입니다.

Abraham Lincoln

November 19, 1863.

Translated by Jong Kweon Yi

AI 번역의 한계

다음 책 준비를 위해 에이브러햄 링컨의 게티즈버그 연설을 들여다볼 수밖에 없었다. 번역가는 일종의 무당이다. 원저자를 빙의해서 말한다. 나 말고 출중한 번역가들이 그렇다고. 말투와 숨소리 등등에 있어서 죽었든 살았든 그 원저자랑 접신이 된 것처럼 작업해야 된다. 특히 이런 연설문은 더 그렇다. 나 같은 경우는 하면 할수록 왜케 모르는 게 많이 나오냐? 짜증나면서도 보람 있다. 그래도 배우는 게 있으니까. 확실히 그냥 읽고 지나가는 것보다 내용에 대하여 고뇌하게 되고 더 깊이 이해하게 되는 경향은 있는 것 같다. 웬만한 원어민도 나처럼 뜻을 새겨보진 않았을 것이다. 그 재미로 번역한다. 어렸을 때 성문종합영어 지문 해석하던 재미.

기존에 되어 있는 것도 있는데 (오역을 포함) 간신히 뜻만 해석한 느낌. 이해는 했어도 표현이 덜된 것도 있고…. 그래서 완전 새로 해 봤다. 잘된 건지 아닌지는 소리 내어 읽었을 때 뜻이 명확히 이해가 되고 리듬이 맞아야 한다.

해놓고 AI 번역기는 어떻게 하는지 돌려봤다. AI가 바둑으로 이세돌은 이겼는데 번역은 아직 사람한테 안 되나 보다. 다행이다. 당분간은 밥줄이 완전히 끊어지진 않을 듯. AI한테 다 뺏기기 전에 얼른 얼른 해 먹어야지.

Google Translator
407년 전 우리의 조상들은 이 대륙에 자유 안에서 잉태되고 모든 사람이 평등하게 창조되었다는 명제에 전념하는 새로운 국가를 탄생시켰습니다.

지금 우리는 위대한 내전을 벌이고 있으며, 그 나라 또는 그렇게 생각되고 헌신된 어떤 나라가 오래 지속될 수 있는지 시험하고 있습니다. 우리는 그 전쟁의 큰 전쟁터에서 만났습니다. 우리는 그 나라를 살리기 위해 이곳에서 목숨을 바친 이들의 마지막 안식처로 그 밭의 일부를 헌납하러 왔습니다. 우리가 이렇게 하는 것은 전적으로 합당하고 적절합니다.

그러나 더 큰 의미에서 우리는 이 땅을 봉헌할 수 없습니다-우리는 봉헌할 수 없습니다-우리는 거룩하게 할 수 없습니다-이 땅. 이곳에서 투쟁한 산 자와 죽은 용감한 사람들은 우리의 보잘것없는 힘으로 더하거나 뺄 수 없는 곳에서 이곳을 봉헌했습니다. 세상은 우리가 여기서 말한 것을 거의 주목하지도 않고 오래 기억하지도 못하겠지만 그들이 이곳에서 한 일은 결코 잊을 수 없습니다. 여기에서 싸운 그들이 지금까지 그토록 숭고하게 발전시킨 미완성 작업에 헌신하는 것은 오히려 우리 산 자들을 위한 것입니다. 오히려 우리 앞에 남아 있는 위대한 과업에 우리가 헌신하는 것이 우리를 위한 것입니다. 이 명예롭게 죽은 자들로부터 우리는 그들이 마지막으로 온전한 헌신을 바친 대의에 더 큰 헌신을 하는 것입니다. 하나님 아래서 이 나라가 자유의 새로운 탄생을 갖게 될 것이며 국민의, 국민에 의한, 국민을 위한 정부가 지상에서 멸망하지 않을 것입니다.

DeepL Translator

4년 7개월 전 우리 선조들은 자유를 바탕으로 모든 인간은 평등하게 창조되었다는 명제에 헌신한 새로운 국가를 이 대륙에 탄생시켰습니다.

이제 우리는 그 국가, 또는 그렇게 잉태되고 헌신된 국가가 오래 지속될 수 있는지 시험하는 큰 내전을 벌이고 있습니다. 우리는 그 전쟁의 거대한 전장에서 만났습니다. 우리는 그 전장의 일부를 그 나라가 살 수 있도록 목숨을 바친 사람들을 위한 마지막 안식처로 헌납하기 위해 이곳에 왔습니다. 우리가 이렇게 하는 것은 전적으로 적절하고 적절한 일입니다.

그러나 더 큰 의미에서 우리는 이 땅을 헌납할 수도, 봉헌할 수도, 거룩하게 할 수도 없습니다. 이곳에서 투쟁한 용감한 생사불명의 사람들이 이곳을 봉헌했으며, 이는 우리의 부족한 힘으로 더하거나 뺄 수 있는 것보다 훨씬 뛰어납니다. 세상은 우리가 여기서 말하는 것을 거의 주목하지 않고 오래 기억하지 않을 것이지만, 그들이 여기서 한 일은 결코 잊을 수 없습니다. 오히려 이곳에서 싸웠던 이들이 지금까지 고귀하게 진전시킨 미완의 과업을 위해 이곳에서 헌신하는 것이 살아있는 우리들을 위한 것입니다. 오히려 우리 앞에 남아 있는 위대한 과업에 헌신하는 것, 즉 이 명예로운 고인들로부터 그들이 마지막으로 온 힘을 다해 헌신했던 대의에 더욱 헌신하는 것, 이 고인들이 헛되이 죽지 않도록, 이 나라가 하나님 아래서 자유의 새로운 탄생을 이루도록, 국민의, 국민에 의한, 국민을 위한 정부가 이 땅에서 사라지지 않도록 이 자리에서 굳게 결의하는 것이 우리 모두를 위한 것입니다.

Naver Translator

47년 전 우리 조상들은 이 대륙에 자유를 잉태하고 모든 사람이 평등하게 태어났다는 명제를 위해 헌신했습니다.

지금 우리는 위대한 내전에 참여하고 있습니다. 그 나라, 혹은 그렇게 생각되고 헌신적인 어떤 나라도 오래 지속될 수 있는지를 시험하고 있습니다. 우리는 그 전쟁의 위대한 전장에서 만났습니다. 우리는 그 나라가 살 수 있도록 목숨을 바친 사람들을 위한 마지막 안식처로 그 분야의 일부를 바치기 위해 왔습니다. 우리가 이것을 하는 것은 전적으로 적절하고 적절합니다.

그러나 더 큰 의미에서, 우리는 이 땅을 바칠 수 없습니다. 우리는 이 땅을 바칠 수 없습니다. 이곳에서 분투한 생사를 막론하고 용감한 사람들이 성을 지었습니다. 우리의 빈약한 힘을 보태거나 깎아내릴 수 있는 것보다 훨씬 위입니다. 세상은 우리가 여기서 한 말을 거의 기억하지 못할 것입니다. 하지만 그들이 여기서 한 일을 결코 잊을 수 없습니다. 오히려 여기서 싸운 사람들이 지금까지 훌륭하게 발전한 미완성의 일에 산 사람들이 여기에 전념하는 것이 우리를 위한 것입니다. 오히려 우리는 우리 앞에 남아 있는 위대한 임무에 전념해야 합니다. 이 영광스러운 죽은 자들로부터 우리는 그들이 마지막으로 헌신한 대의를 위해 더욱 헌신합니다. 우리는 이 죽은 자들이 헛되이 죽지 않을 것이라고 여기서 굳게 결심합니다. 하나님 아래 이 나라가, 자유의 새로운 탄생을 이룩할 것이며, 국민에 의한, 국민을 위한 정부는 땅에서 멸망하지 않을 것입니다. (2023/6/23)

6.

마틴 루터 킹 Jr.의
'I have a dream' 연설

마틴 루터 킹 목사가 연설했던 바로 그 자리
Lincoln Memoral Reflecting Pool, Washington DC

나에게는 꿈이 있습니다

100년 전 한 위대한 미국인이 노예해방 선언에 서명을 하였습니다. 우리는 오늘날 그의 상징적 그림자 위에 서 있습니다. 이 중요한 포고는 애태우는 불의의 화염에 시들어가던 수백만 흑인 노예들에게 위대한 희망의 횃불이 되었습니다. 그것은 기나긴 속박의 밤을 끝내는 환희의 새벽으로 찾아왔습니다.

그러나 그로부터 100년이 지났으나 흑인들에게는 여전히 자유가 없습니다. 100년이 지났지만 흑인들의 삶은 여전히 슬프게도 분리의 수갑과 차별의 사슬로 인하여 불구로 살고 있습니다. 100년이 지났지만 흑인들은 물질적 번영의 거대한 바다 한 가운데 (떠 있는) 고독한 빈곤의 섬에서 살고 있습니다. 100년이 지났지만 흑인들은 여전히 미국 사회의 귀퉁이에 팽개쳐져 자기의 나라에서 망명객으로 살고 있습니다. 그리하여 우리는 오늘 여기서 부끄러운 조건을 극화하기 위하여 여기에 왔습니다. 어떤 의미에서 우리는 우리나라의 수도에 수표를 현금화하러 이 자리에 왔다 할 수 있습니다.

우리 공화국의 건축가들이 헌법과 독립선언문에 장엄한 문구를 썼을 때 그들은 모든 미국인들이 피상속인이 되는 약속 어음에 서명을 했던 것입니다. 이 어음은 만인, 그렇습니다, 백인은 물론 흑인들도 불가침의 생명, 자유, 행복추구의 권리를 보장받았음을 약속하는 것이었습니다.

오늘날 미국은 유색 시민들에 관한 한 이 약속어음은 채무불이행에 빠져들은 것이 분명합니다. 미국은 이 신성한 의무를 존중하지 않고 흑인들에게 불량 수표를 주었습니다. 잔고부족이라고 표시되어 돌아온 수표 말입니다.

그러나 우리는 정의의 은행이 파산했다고 믿기를 거부합니다.

우리는 이 나라의 거대한 기회의 금고는 잔고가 부족하다고 믿기를 거부합니다.

우리는 또한 미국에 작금의 강한 절박함을 환기시키기 위하여 이 신성한 곳에 왔습니다. 지금은 점진주의라는 냉각제나 진정제의 사치에 빠져 있을 때가 아닙니다.

지금은 민주주의의 약속을 실현시킬 시간입니다. 지금은 어둡고 쓸쓸한 차별의 계곡에서 떨치고 나와 인종적 정의라는 밝은 길로 나아갈 시간입니다. 지금은 우리의 나라를 인종적 불의라는 모래무덤으로부터 형제애라는 굳건한 반석으로 올려야 할 시간입니다. 지금은 하나님의 모든 자녀들을 위하여 정의를 현실로 만들 시간입니다.

이 순간의 긴급함을 간과한다면 이 나라는 치명적일 것입니다. 흑인들의 정당한 불만으로 가득한 무더운 여름은 자유와 평등으로 용솟음치는 가을이 도래해야 지나갈 것입니다. 1963년은 끝이 아니며, 시작일 뿐입니다. 흑인들은 힘을 발산할 필요가 있었고 이제 만족할 것이라고 희망하는 사람들은 만일 나라가 여느 때처럼 일상으로 돌아간다면 뒤늦은 후회를 하게 될 것입니다.

흑인들에게 시민의 권리가 부여되지 않는다면 안식도 평화도 없을 것입니다. 정의의 밝은 날이 올 때까지 폭동의 회오리가 끊임없이 우리나라의 근간을 흔들 것입니다.

그러나 정의의 궁전으로 들어가는 따뜻한 입구에 서 있는 나의 형제들에게 꼭 드려야 할 말씀이 있습니다. 우리의 올바른 자리를 얻어가는 과정에서 우리는 잘못된 행동으로 죄악을 저질러서는 안 됩니다. 자유에 대한 우리의 목마름을 분노와 증오를 담은 컵으로 만족시키려고 해서는 안 됩니다.

우리는 영원히 우리의 투쟁을 품격과 절제라는 높은 차원에서 실천해야 합니다. 우리는 우리의 창조적 저항을 물리적 폭력으로 타락시켜서는 안 됩니다. 다시 그리고 또다시, 우리는 물리적 폭력을 영혼의 힘으로 응대하는 위엄으로 높이 선양해야 합니다. 흑인 커뮤니티를 삼켜 버린 불가사의한 새로운 호전성으로 인하여 모든 백인들이 우리를 불신하게 만들지 말아야 합니다. 왜냐하면 우리의 많은 백인 형제들은 오늘 이 자리에 참석하여 증명하듯 그들의 운명도 우리의 운명과 하나라는 사실을 인식하고 있기 때문입니다.

번역의 정석

그리고 그들은 그들의 자유가 우리의 자유와 빼도 박도 못 하게 얽혀 있다는 사실을 깨닫고 있습니다. 우리는 홀로 걸어갈 수 없습니다. 그리고 우리가 걸을 때 우리는 항상 앞장설 것이라고 다짐해야 합니다. 우리는 돌아갈 수 없습니다.

헌신적인 시민권 운동가에게 이런 질문을 하는 사람들이 있습니다. 당신은 언제 만족할 것입니까? 흑인들이 경찰 폭력의 말할 수 없는 공포의 희생자인 이상 우리는 결코 만족할 수 없습니다. 여행의 피로로 무거운 우리의 몸이 고속도로 옆 모텔과 도시의 호텔에서 잠자리를 얻지 못하는 한 우리는 결코 만족할 수 없습니다.

우리는 흑인들의 동선이 작은 빈민가에서 큰 빈민가를 오갈 뿐인 한 만족할 수 없습니다. 우리는 "백인 전용"이라는 표지판에 의해서 우리 아이들의 자아가 발가벗겨지고 존엄이 박탈되는 한 결코 만족할 수 없습니다.

우리는 미시시피의 흑인들이 투표할 수 없고 뉴욕의 흑인들이 투표할 수 없다고 믿는 한 만족할 수 없습니다. 아니요, 아닙니다. 우리는 만족하지 않습니다. 우리는 정의가 물처럼 흐르고 올바름이 철철 넘칠 때까지 만족하지 않을 것입니다.

여기 오신 여러분들 가운데 일부는 엄청난 고난과 시련을 겪으셨던 것을 모르지 않습니다. 여러분들 가운데 일부는 좁은 감방에서 방금 나오셨습니다. 여러분들 가운데 일부는 자유를 추구하는 여러분을 박해의 폭풍으로 두들겨 패고 경찰 폭력의 회오리에 휘청이게 하는 지역에서 오셨습니다. 여러분들은 창조적 고통의 베테랑입니다. 잘못 없이 겪은 고통은 속죄라는 믿음으로 그 위업을 지속하시기 바랍니다. 이러한 상황은 어떻게든 변화될 수 있고 변화될 것이라는 사실을 인식하고, 미시시피로, 앨라배마로, 사우스캐롤라이나로, 조지아로, 루이지애나로, 우리 북부 도시의 빈민가와 게토로 돌아가십시오.

동지 여러분께 오늘 말씀드립니다. 절망의 질곡에서 허우적거리지 맙시다.

그리하여 비록 오늘과 내일의 어려움을 맞이하고 있지만 나에게는 여전히 꿈이 있습니다. 그것은 아메리칸 드림에 깊이 뿌리박은 꿈입니다. 우리는 다음을 자명한 진리라고 믿습니다. 모든 인간은 평등하게 태어났다. 나에게는 이 나라가 언젠가는 (이와 같은) 이 나라의 신념의 참뜻에 걸맞는 나라로 일어설 것이라는 꿈이 있습니다.

나에게는 언젠가 조지아의 붉은 언덕 위에서 오래전 노예의 자손들과 노예 소유주의 자손들이 형제애의 테이블에 함께 앉을 수 있을 것이라는 꿈이 있습니다.

나에게는 언젠가 불의의 열기로 지쳐 있는, 억압의 열기로 지쳐 있는 미시시피까지도 자유와 정의의 오아시스로 변모될 것이라는 꿈이 있습니다.

나에게는 나의 네 아이들이 언젠가 그들의 피부색이 아닌 그들의 인품으로 판단되는 나라에서 살게 될 것이라는 꿈이 있습니다. 오늘 나에게는 꿈이 있습니다.

나에게는 어느 날 사악한 인종주의자들과 간섭과 폐기의 말들을 쏟아내는 주지사가 있는 저 아래 앨라배마에서, 바로 그 앨라배마에서 어느 날 흑인 소년 소녀들이 백인 소년 소녀들과 형제자매처럼 손에 손 잡고 함께할 수 있을 것이라는 꿈이 있습니다. 오늘 나에게는 꿈이 있습니다.

나에게는 언젠가 모든 계곡이 높아지고 모든 언덕과 산이 낮아지고 거친 장소들이 평탄해지고 굽이친 장소들이 반듯해지고 주님의 영광이 계시되며 모든 육신들이 그것을 함께 볼 것이라는 꿈이 있습니다.

이것이 우리의 희망입니다. 이것이 내가 돌아갈 남부로 함께 가져갈 믿음입니다. 이러한 믿음으로 우리는 절망의 산을 희망의 바윗돌로 깎아낼 수 있을 것입니다. 이러한 믿음으로 우리는 우리나라의 삐걱이는 불협화음을 형제애의 아름다운 교향악으로 변모시킬 수 있을 것입니다. 이러한 믿음으로 언젠가는 우리가 자유로워질 것을 알아 함께 일하고 함께 기도하며 함께 투쟁하고 함께 투옥되며 자유를 위하여 함께 일어날 수 있을 것입니다.

이것이 바로 하나님의 모든 자녀들이 새로운 의미로 노래를 부르는 날입니다. 나의 조국, 당신에게, 자유의 달콤한 땅, 당신에게 나는 노래 부릅니다. 선조들이 돌아가신 땅, 필그림의 자부심이 깃든 땅, 방방곡곡 산골마다 자유가 울려퍼지도록.

그리고 미국이 위대한 나라가 되려 한다면 이것은 실현되어야 합니다. 그러므로 뉴햄프셔의 거대한 산꼭대기로부터 자유가 울려 퍼지도록 합시다. 뉴욕의 광활한 산맥으로부터 자유가 울려 퍼지도록 합시다. 펜실베이니아 치솟은 엘리거니로부터 자유가 울려 퍼지도록 합시다. 콜로라도의 눈 덮인 록키산맥으로부터 자유가 울려 퍼지도록 합시다. 캘리포니아의 굴곡진 산비탈로부터 자유가 울려 퍼지도록 합시다. 뿐만 아니라 조지아의 스톤 마운틴에서도 자유가 울려 퍼지도록 합시다. 테네시의 룩아웃 마운틴에서도 자유가 울려 퍼지도록 합시다. 미시시피의 언덕과 구릉마다 자유가 울려 퍼지도록 합시다. 모든 산으로부터 자유가 울려 퍼지도록.

그리고 이것이 실현됐을 때 그리고 우리가 자유를 울려 퍼지게 했을 때, 우리가 모든 주와 도시의 모든 마을과 부락에서 자유가 울려 퍼지도록 하였을 때 우리는 하나님의 모든 자녀들, 흑인 남성, 백인 남성, 유태인과 이교도, 프로테스탄트와 가톨릭 모두 함께 손에 손 잡고 오래된 흑인 영가를 함께 부를 날이 도래할 것입니다. 마침내 자유, 마침내 자유가 (도래하였습니다). 주여, 감사합니다. 우리는 마침내 자유입니다.

Martin Luther King, Jr. on Aug. 28, 1963

Translated by Jong Kweon Yi on July 4th, 2023

그는 (흑인들에게) 여전히 유효한가?

For Thomas Jefferson Center Members:

어제 마틴 루터 킹의 '나에게는 꿈이 있습니다' 연설의 완역을 올렸습니다. 이로써 제퍼슨-링컨-마틴 루터 킹으로 이어지는 천부인권의 맥을 살펴보았습니다. 뿌리에서 뻗어나가는 가지처럼 천부인권의 대의는 오리지널 식민지인에서 흑인으로 전개되며 불평등 불공정한 사회를 보다 나은 사회로 개선해 가고 있습니다. 그 과정에서 많은 희생이 있었던 것도 사실이지만 링컨이 말한 것처럼 그 희생이 헛되지 않도록 살아 있는 우리들은 더 큰 소명을 유업으로 이어받아 오늘에 이르고 있습니다.

헌데 마틴 루터 킹의 메시지는 아프리카계 미국인들에게 여전히 유효한 것인가? 이 점을 살펴봐야 합니다. 마틴 루터가 연설문 속에서 말하는 많은 불의와 차별은 오늘날 해소되었습니다. 이제 그들은 더 이상 노예도 아니고 백인전용식당이 있는 것도 아니고 당시 200만에 불과하던 인구가 지금은 미국 전체 인구의 13퍼센트, 즉 4천만 명에 이르고 있습니다. 또한 법률적 제도적 차별은 사라지고 대통령까지 배출한 인종 그룹이 되었습니다.

흑인의 사회적 역할과 지위에 대하여 아직도 문제제기를 하는 목소리도 있지만 도대체 사회는 어디까지, 그리고 언제까지 책임져야 하는가 하는 문제 역시 함께 다뤄져야 합니다. 당사자인 그들은 건국이념에 걸맞게 Free & Independent individual로서 최선을 다하고 있는가? 만인은 평등하게 태어났다 했을 때 평등하게 살아갈 수 있는 각종 법적 제도적 조건을 갖춰야 하는 것은 국가가 해야 할 일이지만 그 조건을 활용하고 노력하여 이 사회의 당당한 일원으로 대접받으며 그 과실을 따먹는 것은 개인의 노력에 달려 있는 것인데…… 그러한 차원에서 아프리칸 아메리칸은 그들의 문제제기에 걸맞는 노력을 하고 있는가에 대하여 성찰할 필요가 있다는 것입니다.

더욱 중요한 이슈가 있습니다. 마틴 루터 킹의 시대만 하더라도 독립선언문과 천부인권의 맥락에서 평등과 개선을 요구했습니다. 보편타당한 주장이자 요구였기 때문에 전 세계가 공감하였습니다. 링컨의 노예해방 역시 천부인권을 신봉하는 백인들의 역할이 절대적이었습니다. 왜냐하면 노예해방은 인종적 경제적 이해를 초월할 수 있게 해 주는 보편적 진리로부터의 요구였기 때문입니다.

지금의 흑인운동은 독립선언문과 천부인권에 기반한 것인가? 마틴 루터킹은 비폭력으로 품격을 지켜야 한다고 역설하였습니다. 천부인권은 국가 입장에서 모두가 평등하게 누릴 수 있도록 실행해야 하므로 법을 통해서 집행하고 있습니다. 다시 말하면 천부인권은 법과 질서, 즉 법치를 통해 실행되는 것입니다.

최근의 Black Lives Matter운동은 법치에 따르는 운동이었나요? 이성에 근거한 운동이었나요? 이 나라에 유구히 이어져 내려온 천부인권의 투쟁이었나요?

최근 흑인사회에 1619 프로젝트라는 것이 있습니다. 뉴욕타임즈에서 펌프질하는 신종 흑인운동인데 어느 흑인작가가 미국의 건국연도는 흑인 노예가 처음 미국으로 끌려온 1619년이라고 주장하며 그것을 관철시키기 위해서 노력 중입니다. 매년 6월 19일 공휴일도 거기서 유래된 것입니다. 바이든이 승인했죠.

한 나라의 건국일이 두 개가 될 수가 있나요? 양력 음력도 아니고 뭡니까? 이것은 천부인권이 아닌 인종 베이스의 새로운 나라를 만들자는 움직임이 아닌가 걱정이 됩니다. (만인이 아니라) 흑인이 주인인 나라. 흑인을 위한 흑인에 의한 흑인의 나라. 그것을 원하는 것인가? 그런 나라를 마틴 루터 킹이 꿈꾸었을까? 하는 점에서 우리는 마틴 루터 킹이 고통을 호소했던 그 인종을 바라봐야 할 것입니다.

일단 아프리칸 아메리칸에게 물어봐야 합니다. 당신들이 살고 있는 이 나라의 건국 연도는 몇 년인가? 1776? Or 1619?

마틴 루터 킹 Jr.은 아직도 여전히, 유효한가? (2023/7/8)

7.

1776 보고서

The President's Advisory 1776 Commission

January 2021

The 1776 Report란?

미국도 전교조 같은 역사파괴 교육이 상당히 성행하여 심지어는 미국의 건국을 1619년으로 봐야 한다는 주장까지 나올 정도로 심화되었다. 그해가 흑인이 노예로 미국 땅에 처음 끌려왔기 때문이라나. 한국에서 이승만과 김구로 다투는 국부논쟁과 비슷한 맥락인데, 어떻게 채택되느냐에 따라 나라가 바뀌는 일종의 내전과도 같은 양상이다.

해서 트럼프 대통령은 재임 시 대통령 직속으로 The 1776 Commission을 설립하여 미국의 교육현장에서 거의 잊혀지고 냉대받다시피 하는 정통 역사관을 정립하고 오늘날 미국사회의 제반 문제를 개괄하며 해결책을 제시하고자 하였다.

그리고 퇴임 이틀 전 이 대통령 직속기구는 *The 1776 Report*라는 소책자를 발간하였는데 이게 정부 간행물이라서 제목을 구글링하면 pdf 파일까지 뜨고 다운도 공짜로 받을 수 있다. 검색해 보니 이게 책으로도 나왔나 본데 아마존에서도 판매는 하지만 다운도 된다. 그니까 돈이 너무 많으신 분들은 꼭 사서 보시기 바란다.

트럼프가 백악관에서 물러나고 바이든 대통령님께서 취임을 하셨는데, 취임 첫날 취임식 마치고 백악관에 와서 처음으로 했던 일이 17개의 행정명령을 내린 것이었고, 그 행정명령 가운데 하나가 The 1776 Commission의 해산이었다.

뭐, 맘에 안 들어도 사안의 상징성을 감안하여 며칠 있다 할 수도 있었을 텐데 그렇게까지 해야 했나 하는 생각. 백악관에 조지 워싱턴부터 시작해서 1776 영웅들의 초상화도 쭉 걸려 있을 것이고 자기도 퇴임하면 그 반열에 들어갈 텐데…. 이건 무슨 셀프 디스도 아니고, 뭐지? 하는 생각.

그래서 요즘은 대통령이라 해서 반드시 애국자라고 할 수는 없구나… 라는 생각이 많이 든다. 코리아에선 문재인 대통령이 선례를 보이셨고, 해서 이런 걸 볼 때마다 한국과 미국은 천상 닮은꼴이라는 걸 많이 느낀다. 좋을 땐 어벤져스 형제 같은데 또 요런 걸 보면 덤앤더머 브라더스 같고… 해서 역시 동맹은 동맹이다.

나도 공짜로 National Archive에서 다운을 받았다. 표지와 로고가 근사했다. 특별히 멋을 부린 것도 아닌데 있을 거 다 있고 불필요한 건 하나 없고 별 열세 개를 동그라미로 만든 것하며 파랑 바탕에 빨강, 하양 그리고 펜으로 쓴 필기체. 이런 게… 역시 짬이 있구나… 하고 느끼게 만든다.

40페이지짜리 소책자인데 독립선언문과 헌법의 메시지와 연계성에 관해서… 국뽕 마인드나 기독교적 편향성 같은 거 내가 보기엔 과하다 싶을 정도로 쏙 빼고 제3자 세속인의 언어와 시각으로 기술해 놓았다. 보니까 학자들이 주축이 되어서 작성한 듯한데 그래선지 글이 좀 따분하다. 흥미진진하다기보단 조곤조곤. 빨갱이들처럼 검증 없이 억지 논리로 우겨다짐하는 게 아니라 차근차근. 그렇게 써 내려가고 있는 것을 내가 요즘 번역하고 있다.

누누이 말하지만 내가 미국에 온 까닭은 미국이 어떤 나라인지 알기 위해서였다. 왜냐하면 아무도 제대로 알지 못하면서 친미와 반미로 나뉘어서 광적으로 옹호하거나 비판을 하는 사람들이 워낙 많으니까. 다 좋은데 이 정도는 알고서 비판이든 찬양이든 해 보라는, 말하자면 미국에 관한 핵심 지식을 찾다가 독립선언문과 건국정신에 천착하게 되었는데… 자타가 공인하듯 내가 미국 사람도 아니고 석학도 아닌데 내 해설이 얼마나 정수를 담아낼 수 있을까 하는 의문과 자괴감이 있었던 것도 사실이지만 관련 문서와 담론들을 접하면 접할수록 내가 헛소리는 안 했구나 하는 생각도 들던 차에 The 1776 Report를 만난 거야.

이 책은 대부분 이 분야 유명 석학들의 집단지성으로 집필된 것으로 비록 정권은 바뀌었으나 미합중국 현직 대통령이 설치하여 백악관 명의로 출간된 공식 자료다. 그냥 국뽕 마인드로 미국을 홍보하려는 책이 아니라 정통사관의 관점에서 미국의 건국정신을 설명하고 현 단계에서 미국이 겪고 있는 내부의 문제들을 하나씩 적시하며 향후 이 문제들을 해결하기 위한 의견을 제시하고 있는, 말하자면 겸손한 책자이다.

해서, 미국을 알라면 바로 요것, 이 정도는 알고 미국에 대해 의견을 생성할 수 있는 게 아닐까 하는 생각이 들어서 나의 다음 프로젝트로 이 책을 작업 중.

미국 대학에도 미국식 빨갱이 학자들이 드글드글한데 국적을 불문하고 빨갱이 수법은 다 똑같잖냐? 일단 들이박고 흠집 내고 보는 거. 징글징글하게 당해 왔잖어. 식민지설, 북침설, 독재자설, 광우병설, 침몰설, 기획침몰설 등등 각종 괴담. 미국에서도 이거 나오니까…. 이 반대파들이 대뜸 "오류가 많다" 하는데…. 역시 빨갱이답게 뭐가 오류인지 말이 없어. 그냥 자기 맘에 안 들면 "극우" "독재" "무식" 이렇게 낙인찍고 이유와 근거 없이 억지소리만 똑같이 무한반복하는 코리안 좀비 좌빨 파이터들이랑 똑같다니까.

해서 내가 어서 빨리 이 책을 번역출간하여 대중들의 심판을 받아 볼라고…. 도대체 오류가 뭔지, 있기나 한 건지. 내가 요즘 정주행하고 있다만, 내가 보기엔 없던데…. 혹시 팩트가 아니라 니들 관점에 안 맞다고 "에러"라며 침 뱉는 거 아냐? 그거 빨갱이수법 맞긴 한데 학문적 상식적 인간적 태도는 아니지.

해서 나는 나대로 이걸 토대로 계몽도 하고 토론도 하고 또한 나 역시 배우기도 하기 위한 도구로 활용하려고 이거 책 만드는 데 또다시 몇백만 원 쓰기로 했다. 종이값만 그렇고…. 작업에 소요되는 시간과 노력 등은 안치기로 했다. 그건 봉사. 내가 미국 와서 영세민으로 세금도 별로 안 내는데 이 정도는 해야지. 미운 정 고운 정 다 들었는데.

해서 오늘이 7월 4일 독립기념일인데…. 거기에 걸맞는 다짐과 세리머니를 해 본다. 번역이 쎙글 쓰는 것보다 훨씬 어렵고 시간 많이 걸린다. 잘하면 본전 못하면 쪼다 되는 일이 번역인데…. 오늘 일과도 번역. 돈 안 벌고 번역. 행복이란 이런 건가? (2023/7/4)

한미동맹, 어벤저스인가, 덤앤더머 브라더스인가?

"연방 정부가 아닌 주 정부와 지방 정부는 모든 미국인을 통합하고, 영감을 주고, 고귀하게 만드는 원칙들을 아이들에게 가르치는 커리큘럼을 채택할 책임이 있습니다. 여기에는 독립전쟁, 독립선언문, 제헌회의에 대한 수업이 포함됩니다. 교육자들은 1776년 이후 미국 건국의 영구적인 원칙이 어떻게 도전받고 보존되어 왔는지에 대한 정확한 역사를 가르쳐야 합니다. 미국의 진정한 유산을 공부함으로써 학생들은 선조들의 승리를 포용하고 보존하는 동시에 그들의 실수를 인정하고 재발을 막는 방법을 배웁니다.

주와 학군은 미국의 유산을 비하하거나 영웅을 폄하하거나 미국의 원칙을 부정하는 일방적인 당파적 의견, 운동가 선전, 파벌 이데올로기를 조장하는 커리큘럼을 거부해야 합니다. 교사나 관리자가 교실에서 정치적 안건을 선전한다는 것은 자신들의 입지를 남용하는 것이며, 자신들에게 자녀교육과 도덕적 발달을 맡긴 모든 가족들을 욕보이는 일입니다."
- *The 1776 Report* by The President's Advisory 1776 Commission

요즘 열심히 번역하는 텍스트의 일부. 미국에도 아메리칸 스타일의 전 교조가 심하게 국가교육을 좀먹고 있다는 인식에서 교육정상화의 필요와 목적 그리고 방향성을 서술한 자료인데…. 정상적 미국인의 입장에서 볼 때 틀린 말 있나? 이런 텍스트를 만들라고 트럼프가 집현전 같은 기관을 만들었고 퇴임 이틀 전에 이 기관의 연구보고서를 제출했는데 신임 조 바이든 대통령께서 취임 첫날 이 위원회를 해산시키셨다는.

대통령 자문기관이 후임에 의해 해산되었고 보고서 역시 정권이 바뀌어 힘을 잃었으나, 옳은 얘기들이 정권이 바뀌었다고 틀린 소리가 되는 건 아닐 것이고…. 단지 반정부적 목소리가 되는 것인데…. 어쩌다 미국도 옳은 소리가 반정부적 입장이 되는 세상이 되었는지 모르겠으나 나까지도 덩달아 본의 아니게 반정부인사처럼 되어 버렸네? 미국에서 건국의 원칙을 부정하면 이건 반정부가 아니라 반체제가 되는 것이고…. 난 단지 건국의 원칙에 공감하여 책도 내고 번역도 하는 것뿐인데…. 바이든의 행정명령과 반대되는 일이 되어 버렸다. 그래선가? 주한미국 대사관도 나의 고언을 계속 씹네? 참내, 미국하고 잘 좀 해 보려고 하는데 이젠 얘들이 삐딱선을 타고 있다. 뭐, 각자 갈 길 가는 거지. 근데 난 당당하고 떳떳하다. 내가 FM이니까.

미국이랑 한국이랑 어떨 땐 어벤저스 같고 어떨 땐 덤앤더머 브라더스 같다고 했지? 같은 형제라도 좋은 일을 솜씨 있게 협업할 때도 있고 쌍으로 뻘짓해서 팀킬할 때도 있잖아. 우야든동 동맹의 끈으로 묶인 나라들이라 그런지 잘 나갈 때나 못나갈 때나 양상이 비슷하다. 그 증거들 가운데 하나가 위의 인용문.

대한민국 최고의 위험세력 중 하나가 전교조지. 이것들이 첨에 참교육 어쩌구 하면서 교사들 돈봉투 비판하고 행복은 성적순이 아니라는 등 할 때만 해도 다들 홀딱 넘어갔다. 근데 요즘은 얘네들한테서 "참교육"이란 소리가 쏙 들어갔다. 아닌 거 인정하나? 본색을 많이 드러냈지? 요놈들은 화장실 들어가기 전과 후가 다르다니까. 아조 공식이야.

　요즘 참교육이란 표현은 전교조와 영 다른 맥락에서 사용된다. 마동석이 진실의 방에서 범죄자들을 참교육했다…라든지…. 주로 주먹이나 폭력을 이용하여 상대를 복종 또는 종속시키는 수단을 참교육이라 많이 하데. 즉, 참교육은 이제 더 이상 전교조의 언어가 아니라는 것. 참교육의 주체로서 자격은 박탈되었고 이제 참교육의 대상이 되었다는.

　참고로 위 인용문 두 단락에서 미국을 대한민국으로 대체해서 한 번씩 읽어볼 것. *The 1776 Report*의 메시지가 한국에서도 적용이 되는지 테스트해 보라고. 뭐? 된다고? 딱이야?

　미국을 보면 대한민국이 보인다. 왜냐고? 동맹이니까. 동맹이니까 그 체제를 좀먹고 파괴하려는 세력들의 속성도 유사할 수밖에. 자유민주주의 체제의 적, 반국가세력이 하는 짓은 어디나 똑같다고. 그러니 처방도 비슷할 수밖에 없는데…. 그 처방전의 하나로 소개해 보려고 요즘 열심히 번역하고 있다. 빨리 끝내고 싶은데 실력이 잘 안 따라주네. 에효.
(2023/7/18)

역사를 관통하는 법칙

It is wrong to think of history by itself as the standard for judgement. The standard is set by unchanging principles that transcend history.

역사 하나만을 판단의 기준으로 삼는 것은 잘못입니다. 그 기준은 역사를 초월하는 변하지 않는 원칙에 의해 설정되는 것입니다.

이렇게 해놓고 보니 "역사를 초월하는 변하지 않는 원칙"이라는 말이 나는 알겠는데 독자들은 모를 것 같다는 생각도 들고…. 그러고 보니 나도 뭔 소린지 긴가민가해졌다. 뭔가 딱 떨어지는 게 있긴 있을 낀데 그게 뭘까 궁리를 시작했다.

대책 없이 궁리할 땐 타이젬에 들어가 바둑 두는 게 최고다. 한량 같아 보이지만 그래도 생각이 안 나서 기약 없이 먼 산이나 쳐다보고 있는 것보단 덜 한심해 보이기 때문이다. 요런 요령이 베테랑 번역가의 짬이다. 오늘은 운이 좋아 서너 판 만에 생각이 났다.

관통!

약간 부연하면, 관통이라 하니까 penetrate를 연상할 수도 있겠다. 헌데 원글에서 역사를 "transcend"하는 원칙이란…. 과거에도 현재에도 미래에도 모두 적용되는 원칙이란 뜻인데 반해 우리가 한국어로 "초월"이라 하면 어감상 해탈 또는 탈피와 같은 의미로 받아들여지기가 십상이다. 즉, 사전에 나오는 대로 초월로 옮기면 '역사랑 상관없이 변화하지 않는 원칙'이라고 이해가 되는데…. 이건 이해가 아니라 오해를 불러들이는 번역이 되어 버린다.

조금 깊이 생각하면, 역사란 요동치는 것이고 그래서 역사를 구성하는 과거와 현재가 많은 상황을 만들어 내는데… 여기서 '역사를 초월한 원칙' 또는 역사랑 상관없는 원칙이란 상황에 따라서 역사가 아무리 요동친다 하더라도 그 흐름에서 초연한 만고불변의 원칙을 의미한다. 해서 엄밀히 말하면 "역사를 초월한 불변의 원칙"이라고만 옮겨도 틀린 건 아니고 초짜 번역자들에게는 제일 안전한 번역인데… 생각해 봐라. 어떤 독자들이 여기까지 생각하고 "역사를 초월한 원칙"이란 말을 이해를 하겠는가? 십중팔구는… 뭔가 근사한 말이긴 한데…. 읽긴 읽었지만 그 뜻이 머리엔 남지 않는, 겉만 번지르르한 번역이 되어 버릴 가능성이 농후하다.

역사는 물건이 아니고 개념이니까…. 그리고 아무리 오락가락 굽이친다 하더라도 timeline이라는, 하나의 tube와 같은 물건으로 시각적·공간적으로 비유될 수 있는 개념이니까…. 그걸 꿰뚫는다고 한다면 그게 바로 timeline의 이쪽과 저쪽, 즉, 과거와 현재와 미래에 모두 적용된다, 또는 연관된다라는 의미로 한 방에 이해가 될 것이라는 사실을 바로 알게 되었다. 어떻게? 내가 코리안이니까. 이 경우 내가 항상 이렇게 표현하니까.

해서 여기서 transcend의 정확한 한국어적 표현은 관통. 주의할 점은, 이게 의역이 아니라 진짜 직역이라는 점. "역사를 초월한 원칙"은 피상적 직역. "역사를 관통하는 원칙"은 전문용어로 뭐라 부르는지 모르겠으나 아무튼 진짜 직역.

Ah C. 두 글자 번역한 것 갖고 주책스러울 정도로 미주알고주알 썰을 풀고 있는데, 중요한 건, 번역가의 머릿속에서 이런 복잡한 연산과정을 거쳐서 초월이 관통으로 바뀌는 게 아니라니까. 그냥 망연자실 멍때리다가 아니면 운전하다가 아니면 밥 먹다가 전구불처럼 반짝 떠오르며 이거다 싶은 순간이 바로 이 순간이다. 무당으로 치면 접신. 낚시로 치면 월척. 야구로 치면 홈런. 복싱으로 치면 KO. 내 생각엔 글 갖고 노는 이들 가운데 번역가들만 맛볼 수 있는 쾌감이 아닐까 싶네.

암튼, 참내, 별것도 아닌 걸로 엄청 길게 써 버렸네. 실은 내가 원고 분량이 좀 부족해서. 전에 말했던 〈번역의 정석〉에 원고가 좀 필요했는데…. 오늘 떡 본 김에 제사 잘 지냈다. 그럼 초월 빼고 관통을 넣으니 어떻게 바뀌나 볼까?

역사 하나만을 판단의 기준으로 삼는 것은 잘못입니다. 그 기준은 역사를 관통하는 변하지 않는 원칙에 의해 설정되는 것입니다. Approved!

대마가 몇 마리 사망하였지만 이렇게 바꿔놓으니까 흡족하다. 그래, 이 맛이야. 오늘 일 엄청 많이 했으니까 씻고 영화나 한 편 보러 가자. 뭔 영화? 뭔 영화긴, 역사를 관통하는 영화지. (feat: 영화 『신세계』)

이게 번역가의 일상이다. (2023/8/10)

적반하장의 세상에서 당랑거철의 견마지로

Ah C. 우여곡절 끝에 다 끝냈다. 만나는 텍스트마다 느끼는 점이지만 번역자를 배려해서 글을 쓰는 원저자는 없다. 창작의 고통도 있겠으나 쌩글도 쓰고 번역도 하는 입장에서 판단컨대 번역이 백 배는 힘들다. 다행인 건, 옛날엔 창작이든 번역이든 두뇌활동이니까 병행이 안 된다고 생각을 했었는데…. 요즘은 한꺼번에 둘 다가 실행이 되네? 번역하다 질리면 휴식을 겸하여 페북에 쌩글 한편 올리고…. 그리고 원대복귀하여 영어랑 씨름 좀 하다가 또 싫증 나서 몇 페이지 남았나 (망연자실) 쳐다보곤 타이젬 가서 스트레스 푼다고 깡패바둑으로 대마 쫓아다니다가 막판에 몰살을 당하는, 그런 명랑한 번역 생활이 일단은 일단락되었다.

원고지로 450장은 되던데…. 단행본 만들기는 분량이 조금 부족하고 한글로 옮겼다지만 여전히 미국음식이라 날것으로 서빙하면 소화가 안 될 것 같으니까 보강도 하고 양념도 쳐서 맛깔나게 한번 물건을 만들어봐야겠다는 전의가 솟구친다. 일 년에 천만 원씩 들어가는 나의 럭셔리 취미생활이다.

이 보고서의 내용을 한마디로 요약하면 건국 정신을 회복하자는 것이다. 가령 교회가 타락하여 개혁가가 나타나면 백이면 백 주장하는 것이… 성경으로 돌아가자는 것이다. 최고의 개혁은 항상 초심으로 돌아가는 것이다. *The 1776 Report*의 내용 역시 독립선언문과 헌법에 명시되어 있는 미국의 초심으로 돌아가자는 것이다. 재밌는 것은 이 보고서가 나오자 수

많은 역사학자란 사람들이 엄청난 비판을 쏟아부었다는 점이다. 보수적이고 당파적이란다.

미국이 언제부터 독립선언문의 정신을 강조하는 것이 "당파적"이란 비난을 받는 나라가 되었을까? 대한민국은 자유민주주의 공화국이라고 헌법에 명시되어 있는데 태극기 들고 광화문에서 자유민주주의를 외치면 그걸 "극우"세력의 준동이라고 쌍욕을 들이박는 세력이 메인스트림이 되었다. 적반하장도 유분수지, 교회에서 성경 말씀을 잘 따르자고 얘기하면 광신도로 몰아붙이고 미국에서 독립선언문을 주창하면 당파적이라고 낙인찍고 대한민국에서 자유민주주의를 얘기하면 수구에 극우라고 저주하는 세력들이 판을 치는 세상이다. 다시 말하지만 적반하장의 세상이다. 이걸 이념을 둘러싼 내전적 상황이라고도 하던데… 어쩌다가 이런 어이없는 상황이 되었는지 모르겠으나 싸워서 얻을 게 있는 입장에선 내전이라 하겠지만 나는 그냥 내가 좋아하고 지키고 싶은 진리를 좀 더 드러내고 싶은 입장이라…. 내전이라고 말하기 보단 혼란이라 말하고 싶고 승리를 원한다기 보다는 정상화를 원할 뿐이다.

애초에 싸움의 대상도 상대도 안 되던 것들이었는데 누리던 것을 경시하고 당연시 여기다가 큰 혼란을 자초하고 말았다. 가장 큰 잘못은 공부를 안 했다는 것. 공산당혁명 수십 권이 번역출간 될 동안 자유민주주의자들은 이승만 박정희 외치며 인물 숭배나 할 줄 알았지 자유민주주의의 철학과 이론을 공부하지 않았다는 거. 그러니 허접한 마귀새끼들한테 틀딱이니 수꼴이니 하는 소리나 쳐들으며 판판히 깨지지.

이번에 김은경 노인비하발언도 이와 같은 맥락에서 자유민주주의를 개무시하는 마인드가 여과 없이 노출된 것. 이제 조심도 안 하고 눈치도 안

보고…. 그러니까 적반하장이지. 이게 처음도 아니잖아. 이놈들 레퍼토리잖아?

이와 같은 상황이 한국이나 미국이나 도찐개찐이라 이 보고서가 나온 것도 이 같은 상황을 (돌파?까진 언감생심이고) 완화라도 시켜보자는 뜻에서 내놓은 것 같은데…. 미국 학계에 쫙 깔린 좌파 사학자들이 몰려나와 "거짓말, 에러, 당파적" 등등 온갖 저주의 인해전술을 펼치는 바람에 출간의 의도가 버프를 못 받고 수렁에 빠져 있는 것을 건져내서 이제 인공호흡으로 간신히 숨만 살려놨다. 당랑거철의 견마지로랄까?

오늘이 미국 온 지 딱 25년째 되는 날인데 비즈니스도 slow하여 하루 종일 editing만 열심히 했네. 원래 바닷가 해수욕장 갈라캤는데 ㅠㅠ 뜻깊은 날 뜻깊은 일했다고 생각할라고. 아직 저녁도 못 먹었는데 자축과 보상의 뜻에서 오늘은 특별히 감사의 기도와 함께 라면 2개. (2023/8/8)

HILLSDALE COLLEGE
PURSUING TRUTH · DEFENDING LIBERTY SINCE 1844

FOUR PILLARS CAMPAIGN
175 Years of Learning,
Character, Faith & Freedom

OFFICE OF THE PRESIDENT
LARRY P. ARNN

October 11, 2023

Mr. Jong Kweon Yi
472 11th Street Number 8
Palisades Park, NJ 07650-2312

Dear Mr. Yi:

Thank you for your letter and translation. The work you do is unique and noble. Your commitment to defending what is true and worthy of free men commends you.

You might be interested in these two books: David McCullough's *1776* and Richard Brookhiser's *Founding Father: Rediscovering George Washington*. The latter is a book we ask all freshman students to read before coming here. It teaches of a great man and of the virtue needed for such greatness. Both books tell the story of our founding with honesty.

I wish you all the best in your endeavors.

Best regards,

LPA:lgb

*The 1776 Report*의 주요 저자들 중 한명인 Larry P. Arnn 힐스데일 대학 총장이
필자에게 보낸 편지

8.

펭귄 출판사 Who HQ 시리즈

아동도서가 아니면 알 수 없는 역사적 사실들

펭귄 출판사에서 어린이용으로 출간되는 시리즈가 있다. WhoHQ Books라는 것들인데 뉴욕 타임즈 Best-selling series라고 하고, 초등 3-4학년을 타깃 독자로 하여 쉽고 재미있게 기술된 역사물 시리즈다. 지금까지 나온 것만 약 250권 정도 되고 책 제목들은 한결같이 Who is…? What is…? Where is…?로서 관련 주제에 관한 기초적인 내용들을 약간 큰 글씨 + 엄청 많은 삽화와 함께 책마다 약 100여 페이지 정도로 정리하고 있다.

우한폐렴 때문에 지난 두세 달 평소보다 바깥에 돌아다닐 일도 적으니 들어앉아 취미생활이나 실컷 하자 하는 생각으로 하나씩 하나씩 작업을 했는데 드디어 첫 번째 목표인 12권을 마쳤다. 시리즈에서 아메리칸 혁명 관련 타이틀만 골랐다. 한 권에 레터 용지 열댓 장은 되는 분량이니까 프린트 뽑으면 레터용지 180장. 작업을 하면서 어른들 책에선 얘기 안 해 주는 재밌는 팩트를 알게 됐다.

초대 대통령 조지 워싱턴은 얼굴이 곰보였다. 열 몇 살 때 천연두를 앓고 죽다 살아났는데 덕분에 얼굴이 곰보가 되었다. 내가 어렸을 때도 곰보들이 많았는데 그도 그러한 외모상의 콤플렉스가 있었다. 또 하나. 그의 초상화를 보면 웃는 표정이 하나 없고 근엄한 합죽이 상이다. 왜냐하면 어렸을 때부터 이가 거의 없어 틀니를 끼고 살았기 때문이다. 개인적으론 고충이 많았던 삶이다.

2대 대통령 존 애덤스는 대머리. 여자들한테 극혐 가운데 하나가 대머리인데 이분은 그럼에도 결혼생활 대부분을 집안일 팽개치고 바깥으로만 나돌아다녔는데도 아내로부터 My Dear Friend라고 시작되는 편지를 받으며 평생 사랑받고 살았다. 대머리지만 능력자였다. 그 능력의 실체에 대하여 생각해 봤는데 답장을 잘해서 그런 것 같다. 부부의 티키타카 서간집도 있다니까.

3대 대통령 토마스 제퍼슨은 혀짤배기소리를 내는 사람이었다. 성인용 책에는 그가 천성이 수줍고 내성적이라고 묘사되어 있고 그래서 대중연설을 거의 하지 않았다고 하는데…. 말도 안 되는 게…. 수줍고 내성적인데 대선에 출마했다고? 사실은 끼와 열정이 가득한 사람인데 이분 역시 선천적 신체조건의 한계를 갖고 있었단 걸 애들 보는 책을 보고 알았다. 그의 사진 보면 인상 좋고 온화해 보이더니만 언어장애가 있을 줄은 꿈에도 몰랐다. 그렇게 글 잘 쓰는 사람이 말은 잘 못했다니.

4대 대통령이자 헌법의 아버지로 추앙받는 제임스 메디슨은 키 161센티의 범생이 스타일. 우리 어렸을 때 여학생들이 남학생을 평가하는 기준 가운데 최하 등급이 "키도 작아"였다. 미합중국 4대 대통령이자 헌법의 아버지로 칭송받는 영웅도 등급이 "키도 작아." 한국 홍대녀 기준으론 철저한 루저loser가 아닐 수 없다. 헌데 그는 키만 작은 게 아니었다. 목소리도 가늘고 여자 같아서 제헌회의 때 발표하려고 준비해 온 The Virginia Plan이란 것도 비주얼이 좋은 다른 대표에게 낭독을 맡겼다는….

여기까지 거론된 네 명은 오늘날의 관점에서 업적이나 공헌만 보면 대통령직에 올랐던 게 당연한 것으로 여겨지지만 막상 당대의 정치판에선 이들 역시 심한 견제와 치열한 경쟁을 뚫고 정상에 오른 분들이다. 이런 콤플렉스를 가진 사람들이 요즘 같은 시대에 출마하면 대통령이 될 수 있을까?

최근 대통령들…. 케네디, 레이건, 클린턴, 오바마, 트럼프…. 대체로 비주얼과 연설 실력에서 먹고 들어온 분들이거나 부시처럼 금수저를 물고 태어난 경우인데…. 해서 단언컨대 저 건국의 아버지들이 환생하여 정계에 입문해도 당선은커녕 출마조차 못 할 것이라는 데 내 돈 500원 건다. 높은 확률로 입구컷 아닐까?

그러고 보면 아메리카 혁명이란 것이 지도자들만 뛰어나서 성공한 게 아니고 저들을 뒷받침하고 함께 싸웠던 동시대인들의 혜안과 민도의 수준이 가장 근본적인 성공 요인이 아니었을까 싶다. 예나 지금이나 피어보지 못하고 사라지는 인재와 호걸들이 얼마나 많냐고. 시대가 알아봐 주질 못해서 말이다. 열두 권 하면서 느꼈던 소감이다.

이 취미가 중독성이 있어서 앞으로도 계속 하기로 작심했다. 며칠 안 하고 놀았더니 허전해서 못 살겠더라. 인이 박혔나? 다음 주제는 인물 중심으로 알아보는 아프리칸 아메리칸 시리즈. 네이티브 아메리칸 시리즈. 미국의 대통령 시리즈. 로큰롤과 대중문화 시리즈 등등 앞으로도 백 권은 더 남았다.

한국에서도 이 책이 번역 출간되어 있나 알아봤더니 조지 워싱턴 꼴랑 한 권 나왔는데 절판. 이런 책은 될 것 같은 거 한두 권 찔끔찔끔 내는 책이 아니다. 할라면 다 하든가, 아님 말든가. 헌데 한국에선 언젠가 내가 밝혔듯이 반미나 미국을 까는 내용이 아니면 출간도 안 되고 많이 팔리지도 않는다. 해서 내가 하는 일은 그냥 내 공부다 하고 한다. 하고 있으면 시간도 잘 가고.

아동도서라도 작업이 쉽진 않다. 쉽게 쓴다고 쓰긴 했는데 워낙에 동떨

번역의 정석

어진 시대와 문화권이라 리서치할 것도 많고 원작자와의 궁합이란 것도 있는 것 같다. 게다가 내가 생각보다 영어와 한국어 실력이 별로더라. 딱 잡으면 앉은 자리에서 하루 이틀이면 될 것 같은데 생각지도 못 한 데서 암초도 자주 만나고 또 이것 말고도 해야 될 다른 일도 많고 하여 진도가 생각보다 쫙쫙 빠지지 않는다. 그래도 좌절하지 않고 아침마다 번역을 조금씩이라도 해 줘야 그날 일을 조금 한 거 같다. 세상엔 가만 놔둬도 저절로 되는 일도 많은데 이 일은 안 하면 절대로 저절로 되지 않는다. 그게 번역일의 장점이자 단점이다. 정직하다. (2020/5/31)

'Boston Tea Party'의 속뜻

1773년에 있었던 Boston Tea Party는 한국에서 발간된 미국사 책에서는 '보스턴 차 사건'이라고 옮긴다. 무난한 번역이라고 생각하고 답습해서 써먹었는데, 그게 잘 안되는 상황이 발생했다. 어른들 책에서는 문제가 없었는데 애들 책을 작업하다가 그것이 왜 안 되는지를 알았다.

아래는 Who HQ book series에 나오는 *What Was the Boston Tea Party?*의 텍스트이다. '보스턴 차 사건'이라고 번역된 이 사건이 왜 본토에서는 Boston Tea Party라고 명명되었는지를 알 수 있는 대목이다.

The harbor was one giant, salty teapot, brimming with what would have made about 18.5 million cups of tea. What a tea party!

항구는 약 1850만 잔만큼의 (양에 해당되는) 차가 되었을 법한 것으로 찰랑이는, 거대하고 짠맛 나는 찻주전자였다. 대단한 차 파티였다!

Boston Tea Party (1773)는 보스턴 시민들이 영국에서 부과한 차세에 저항하기 위하여 저지른 일종의 테러사건이었다. 이에 대한 영국의 강경대처가 오히려 역풍을 일으켜 결국은 아메리카를 통째로 잃어버리게 된 단초가 된 사건이다. 간략하게 설명하면, 영국의 차세에 반대하는 아메리카인들이 한밤중에 수백 명이 단체로 차를 싣고 입항해 있는 배에 잠입해 모두 바다에 던져 버린 사건이다. 당시 수천의 시민들은 바닷가에 나와 그 장면을 지켜봤다.

아, 이 사람들은 이것을 (실제로는 실패하면 감옥도 갈 수 있다는 각오로 했겠지만 성공을 거둔 시점에서는) 흥겨운 파티를 연상하며 그렇게 이름을 지었겠구나!라는 것을 이 텍스트를 보고 알았다. 그래서 거기에는 유머와 메타포가 있구나. 이런 것들을 모르고 이 사건을 무미건조하게 옮긴 번역이 기존의 '보스턴 차 사건'이다. 따라서 Boston Tea Party를 〈보스턴 차 사건〉이라고 옮긴 것은 해당 이벤트에서 유머와 메타포의 뉘앙스를 빼먹은, 그 용어가 왜 만들어졌는지의 유래를 알 수 없게 만든 불완전한 번역인 것이다.

그래서 무슨 문제가 생기는가? 이 책의 다른 부분에서 Boston Tea Party를 보스턴 차 사건이라고 번역을 했는데, 이 사건을 보스턴 티 파티라고 이름붙인 경위를 설명하는 부분에 와서는 〈보스턴 차 사건〉이라는 번역으로는 커버가 되지 않더라. 여기서 갑자기 본문을 통해서 〈사건〉이 아닌 〈파티〉로 묘사가 되니까 그 이전에 〈사건〉이라고 이름 붙였던 것이 모두 무색해져 버리더라. 사건이라 이름 붙이고 파티를 묘사하고 있으니 당연히 앞뒤가 안 맞지.

결론적으로 'Boston Tea Party'에서 'Party'는 번역을 핑계로 삭제될 수 없는 부분이라는 사실을 깨닫게 되었다. 그렇다고 원 용어를 그대로 쓰자니 메타포의 맥락을 모르는 독자들은 문자 그대로 일반 파티처럼 오해하게 되어 혼선을 가져올 수도 있을 것이고···. 음··· 그래서 양쪽 모두 살려서 '보스턴 티파티 사건'이라고 해 주는 것이 가장 좋겠다는 생각이 들었다.

1773년 보스턴에서 항구에 차를 갖다 버린 사건을 미국인들은 왜

Boston Tea (Dumping) Incident라고 하지 않았을까? 미국인들이 Boston Tea Party라고 이름 붙인 역사 이벤트를 한국의 학자들과 번역자들은 왜 여태껏 보스턴 차 사건이라고 옮겼을까? 이 용어의 생성 과정과 숨은 의미는 어디 가고 사건만 남은 것일까? 이런 고민 없이 이전의 용어 번역을 답습했던 나의 practice부터 반성이 되었다. 아마도 이 책을 하지 않았으면 계속 그러고 있었을 것이다. 역시 공부는 기초부터 해야 된다.

식민지 보스턴의 수천 시민들이 12월 동지 무렵의 겨울날 항구에 나와 바닷물로 차를 갖다 버리는 장면을 멀리서 바라보며, 바닷물로 차를 타는구나…. 마치 거대한 Tea Party 같구나….라는 그들의 느낌과 상상력을 옮기지 못한 것은 일종의 직무태만이다. 지금까지 한국에 나와 있는 미국역사서가 다 이렇게 되어 있다. 지금이라도 알아서 다행이다.

Boston Tea Party, 이제부턴 〈보스턴 티 파티 사건〉이다. (예전에 잘못해 놓은 거 다 찾아서 바꿔야겠네.)

이런 게 뭐 그리 중요하냐고? 뭐 별로 안 중요하다. 근데 번역이란 일에서는 굉장히 중요하다. 이런 별로 안 중요해 보이는 걸 잡아내야 하는 게 이 일이다. (2020/6/13)

Trick or Treat?

미국에서 10월 말일 핼러윈 데이에 아이들이 귀신 복장을 하고 동네 집 집마다 돌아다니며 사탕 구걸 행각을 벌일 때 사용하는 일종의 판에 박힌 표현(idiomatic expression)이다. 판에 박힌 표현은 짧지만 의미가 함축되어 있고, 따라서 비문법적일 수 있지만 입에 착착 감긴다는 특징이 있다. 그것을 내용뿐 아니라 형식까지 옮길 수 있어야 좋은 번역이 된다. 다른 문화권에서 만들어진 함축된 표현을 배경 지식이 없는 한국인에게도 확 와 닿는, 입에 착 감기는 표현을 찾기. 그게 Trick or Treat? 번역의 미션이다.

번역을 논할 때 직역이냐 의역이냐를 구분하는 경향이 있다. 글쎄. 해 보면서 느끼는 것인데, 직역이냐 의역이냐가 아니라 익은 번역이냐 덜 익은 번역이냐가 좀 더 중요한 기준이 아닌가 싶다. 숙성도! 즉, 의미가 정확히 전달되면서 기존의 한국어에서 관용적으로 사용되는 표현을 찾아나가는 과정, 그게 숙성의 과정이 아닌가 싶다. 특히 대화체는 그게 더 중요하다.

Trick or Treat?가 어떻게 번역되고 있는지 알아보기 위해 일단 사전을 찾아보았다. 관용적으로 사용되는 표현이라 사전에도 등재되어 있다.

- 과자를 안 주면 장난칠 거예요. (핼러윈(Halloween) 때 아이들이 집 집마다 다니며 하는 말)
- 과자 안 주면 장난칠 테야. (Halloween날 어린이들이 이웃집들 앞에 서 외치는 소리) 〈네이버 영한사전〉

다른 데도 찾아보니 대체로 기존의 번역이 아래와 같다.

- 사탕 안 주면 장난칠 거야!
- 사탕을 주지 않으면 장난을 칠 거야!
- 사탕을 주지 않으면 괴롭힐 거예요!

이런 번역은 의미는 나름 충실히 전달하고 있지만 상당히 덜 익은 번역이다. 뜻은 알겠는데, (정상적인 언어 감각을 가진 한국인이라면) 저런 상황에서 저렇게 말할 리가 없다. 너무 길고 어색하다. 그래서 비현실적이다. 그게 덜 익은 번역이다. 역자의 입장에서 하면서도 이게 아닌데 싶었을 것이다. 그 맴 내도 안데이.

동네에서 집집마다 아이들이 돌아다니면서 무언가를 얻으러 다니는 풍습이 우리나라에는 없을까? 거기서 사용되는 관용적 표현을 차용할 수 있다면 그것도 하나의 방법이다. 예를 들면, Happy New Year!는 한국어로 어떻게 옮겨야 할까? 행복한 새해? No. 새해 복 많이 받으세요. Good Morning! 좋은 아침? 뭐, 요즘은 언어습관도 미국화되어 이것도 통용이 된다만, 아무래도 Good Morning!의 FM 번역은 잘 잤니?/안녕히 주무셨어요? 이런 거 아니겠는가. 그래서 양쪽 문화를 비교하여 문화적 카운터파트 찾기를 통한 시도가 제일 먼저 할 일이다. 조금만 더 예를 들어볼까?

가령… 맨해튼 같은 데서 홈리스들이 접근하여 "Got some change?" 하면 "거스름돈 있어요?"가 절대 아니고 "동전 좀 주세요!" 도 아니고, 문화적 카운터 파트인 코리안 거지들의 jargon인 "한 푼 줍쇼!"를 찾아내는 방법이 문화적 counterpart를 통한 번역법이다.

이와 같은 맥락에서 Trick? or Treat?의 문화적 Counterpart를 한국 전통에서 찾아보았다. 요즘은 남의 집에 다니는 일이 거의 없지만 예전에는 오줌만 싸도 키를 씌워서 소금을 얻어오라고 동네 한 바퀴를 다 돌고 오게 했었다. 또 다른 풍속은 설날에 동네 어른들한테 세배 다니기인데, 두 가지 모두 아이들이 동네를 집집마다 돌아다니는 것은 맞지만 맥락도 완전히 다르고 이런 풍습들에 수반되는 틀에 박힌 표현도 없다. 즉, 한국에는 Trick or Treat?의 풍속이 없다. 따라서 문화적 카운터파트를 통한 표현 찾기는 실패!

부언하면, 오줌 싼 것도 치욕인데 그것을 스스로 광고하고 다니라니, 예전 풍습은 아이들에게 가혹했던 것 같다. 또 설날 세배 다니는 것은 세배를 마치면 복주머니에 세뱃돈을 주는 풍습이 있지만 불문율에 의한 이심전심으로 주고받는 것이지 Trick or Treat?처럼 아이가 어른에게 감히 대놓고 요구하는 문화가 아니었다는 점을 보면, 두 문화는 상당히 이질적이며, 두 언어 간에는 높은 번역 장벽이 있다는 사실을 통감하게 된다.

이번엔 구문론적 접근을 시도해 본다. Trick or Treat? 은 선택의 형식을 띤 강요다-Trick 해 줄까? 아니면 Treat 할래? 실제 의미는, '사탕 내놔'이다. 선택의 형식을 띤 강요의 구문은 한국어에도 많이 있다. 몇 가지 예를 들어볼까? 왼쪽은 실제로 utter 되는 표현이고, 오른 쪽은 상황과 의미이다.

- Trick or Treat?/(핼러윈 때 아그들이)/아탕 좀 주세염.
- 맞고 줄래, 그냥 줄래?/(일진들이 삥 뜯을 때)/가진 거 내놔!
- 안 나오면 쳐들어간다 홀라홀라./(회식 또는 노래방에서 미쓰 고에게)/나와 노래해!

- 떡 하나 주면 안 잡아 먹지./(호랑이가 두 남매 엄마에게)/떡 내놔.
- 사과할까요? 고백할까요?/(송중기가 송혜교에게)/사귀자!

등등의 예가 많이 있겠지만, 대략 이런 정도의 한국어 관용구를 갖다 놓고 그것들 가운데 적당한 것을 적절히 변용하여 Trick or Treat?을 어색하지 않게 한국어로 옮기는 전략이다. 이것을 하려고 했더니 한 가지 걸리는 게 있었다. Treat은 알겠는데, Trick이 뭐지? 정확하게?

Treat은 대접한다는 뜻으로 핼러윈에서 아이들이 이 표현을 사용하면 그 목적어는 candy라는 것은 사회적으로 합의되어 있으므로 생략되어 있는 상황이다. 그래서 Treat us candies. 라고 말하지 않고 심플하게 Treat만 사용한 거다.

그럼 Trick은? 위에서는 '장난' '괴롭힘' 정도로 옮기고 말았지만, 2% 부족하다. 정확한 번역을 위해 알아봐야 할 것은, 캔디를 주지 않을 경우 아이들이 자행하게 될 보복이 무엇일까 하는 점이다. 그 보복의 내용이 바로 Trick이다. I will trick on you. 에서 다 빼고 Just "Trick." 바로 그 trick의 실질적 내용이 무엇인지 알아내기 위해서 구글에게 물어봤다.

핼러윈에 아이들에게 캔디를 주지 않으면 무슨 일이 일어날까? 열심히 찾아봤다. 저 세 단어짜리 문장에 불과하지만 제대로 해 보려니 일이 참 많다. 정리가 잘된 대답이 이거였다.

What would happen if I chose to be tricked rather than give a treat? The little boogers would usually turn over my garbage cans, spread garbage all over the front lawn, throw toilet paper up in my trees, write with soap or shaving cream on my front windows, egg my house and cars, and play other "tricks" on me. That is why I prefer to just give them enough candy that they will go away happy and leave me in peace. That is the way it works. And that is the way it has always worked.

쓰레기통을 뒤엎는다든지 잔디밭에 쓰레기를 쏟아버린다든지, 나무에 두루마리 화장지로 둘둘 말아 뒤덮는다든지, 비누나 면도크림으로 창문에 글씨를 쓴다든지, 집과 차에 계란을 던진다든지 또는 상상할 수 있는 다른 짓궂은 일을 한다든지, 아니면 이 모두를 한다든지…. 한마디로 난장판을 만들겠다는 거다. 근데 '난장판'은 아이답지 않은 표현일뿐더러 너무 직설적이어서 함축과 축약의 끝판왕인 trick의 번역으로는 너무 거칠다. 이건 아닌 것 같아 '난장판'이라는 의미가 연상되는 어휘들을 생각나는 대로 모두 꺼내어본다. 이런 것들이 있더라.

개판 친다/난리 피운다/난장판을 만든다/아수라장을 만든다/땡깡 부린다/꼬장부린다/혼내준다/가만 안 놔둔다/박살낸다/아작낸다/행패 부린다 (더 좋은 게 있을 것 같기도 한데 내 어휘력으로는 이 정도다. 답답하다.)

자, 이제 종합하면, Trick or Treat?는 Should I(we) trick on you? Or will you treat me (us) candies?가 반복적인 문화적 practice의 과정에서 관용적으로 함축된 표현으로서 날것인 상태로 옮기면 "짓궂은 짓? 또는 접대?"가 된다. 원문에서 candy 대신에 treat가 남은 것은 여러 분석이 가능하겠지만, 문화적 배경지식이 없는 우리말 독자들에게 옮길 때는 treat 대신 원문에서 함축된 candy를 복원해 주는 것이 합당해 보인다. 그렇게 함으로써 따로 각주를 달지 않아도 되기 때문에. 그래서 핵심 의미를 정리하면, 난장판과 사탕으로 압축된다. 자, 이걸 갖고 앞서 확보한 구문에 적응해 본다.

호랑이스럽게: 사탕 주면 난장판 안 만들지!
송중기스럽게: 사탕 줄래요? 난장판 만들까요?
노래방스타일로: 사탕 안 주면 난장판이다, 홀라홀라!

휴. 힘들다. 그런데 아직 안 끝났다. 앞서 말했던 것처럼 난장판을 해결해야 한다. Trick or Treat?는 어린이들이 사용하는 표현이다. 거기서 난장판? 일진도 아니고 어른이 동화도 아닌데?… 해서 난장판은 out!

여기서의 Trick의 tone은 귀여운 협박이다. 송중기 버전은 닭살. 노래방 스타일은 퇴폐. 나머지 호랑이 버전에서 '난장판'을 순화한 귀여운 협박의 표현, 핼로윈 코스튬 해골바가지 옷을 입고 온 대여섯 살 꼬맹이들의 무서우면서도 귀여운 표현… 그러면서 한국어로도 관용적이면서 입에 달라붙는 표현. 그러면서도 응징의 의지가 확실히 함축된 표현. 뭐 그런 거 없을까? 해서 생각해낸 것이:

"사탕 주면 안 잡아먹지!"

뭐, 잡아먹는다는 표현이 19금부터 어린이 동화까지 광범위하게 사용될 수 있지만, 여기서는 핼러윈 귀신 코스튬으로 돌아다니며 사탕 달라고

귀엽고 천진하게 윽박지르는 상황의 우리말 표현으로는 이 정도가 최선
이더라…내 실력으로는. 이제 비교해 보자. 고생한 보람이 있는지.

  1) 기존 번역: "사탕을 주지 않으면 괴롭힐 거예요!"
  2) My version: "사탕 주면 안 잡아먹지!"

  앞서 말했듯이 번역은 숙성이다. 한두 단어를 옮기더라도 이것저것 연
구할 게 많다. 이 정도면… 약 80% 정도 숙성? 분명 좀 더 완벽한 것이 있
을 것이다. 작업하면서 나도 모르게 내 속에서 그런 것들이 튀어나올 때
살짝 기분이 좋다. 월척에 손맛 오듯. (2020/6/18)

9.
워싱턴 크로싱 국립역사공원
브로슈어

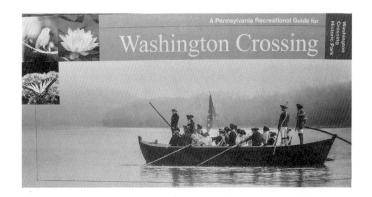

Washington Crossing, 독립혁명의 극적인 기사회생

크리스마스가 되면 조지 워싱턴이 생각난다. 엄동설한에 눈보라 속에서 밤 열한 시에 강을 건너 10시간을 행군, 영국군을 기습공격하여 물리쳤다. 전설의 워싱턴 크로싱 전투이다.

1776년 7월 4일 독립을 선언하였으나 대륙군 사령관 조지 워싱턴은 민병대 오합지졸을 이끌고 연전연패, 남으로 남으로 델라웨어 강 건너 펜실베이니아까지 후퇴했다. 병사들도 이달 말로 계약기간이 끝나 고향으로 돌아갈 판이었다. 이판사판. 크리스마스에 승부를 걸었다. 적들이 방심한 야음을 틈타 진격하여 기습을 펼치기로 작전을 짰다. 말이 쉽지, 눈보라 속의 강행군은 장난이 아니었다. 머스켓 총과 대포로 중무장하고 걸어가다가 쓰러지는 병사들도 부지기수였다. 그렇게 적진에 접근하여 아침 8시부터 교전, 다행히 대승했다.

아메리칸 혁명전쟁에 있어서 1776년 12월 25일부터 10일간을 Ten Crucial Days라고 부른다. 이때 처음으로 세계최강의 영국군에게 제대로 승리했다. 거창하게 독립선언은 했지만 거듭된 패배로 식민지 아메리카인들은 승리에 대한 희망과 기대를 접기 시작할 무렵이었다. 이때 졌으면 독립이고 나발이고 나가리가 될 판이었다. 희망의 극적인 기사회생이었다.

그때 조지 워싱턴과 그의 군대가 진을 치고 도강을 했던 곳, 그곳을 기념하여 아예 지명도 Washington Crossing이라고 바꾸고 국립 역사공원을 조성하였다. 내가 왕왕 머리 식히러 가는 곳 가운데 하나이다. 가는 길이

근사하고 365일 오픈하며 그 공원 박물관에 들어가면 차분히 명상을 할 수 있는 곳이 있다.

어느 날은 거기 갔더니 직원 한 분이 나한테 말을 시키더라. 코리안이라고 했더니 자기네 브로슈어를 한글로 번역해 주면 어떻겠냐고 그러더라. 마침 이 분야에 필이 꽂혀 있을 때고 이런 장소를 한국 사람들에게 많이 소개하여 잘 활용할 수 있으면 좋겠다는 평소의 생각이 있어서 알겠다고 했다. 내가 봉사로 해 줄 테니 퍼블리시는 니네가 해라. (2024 현재 아직도 안 하고 있음/저자주)

브로슈어라는 게 보기는 띄엄띄엄해도 텍스트 양이 장난이 아니더라. 아래아 한글로 무려 9페이지나 됐다. 시간도 꽤 많이 걸렸다. 암튼 다 해서 보내 줬는데 이 친구들이 어떻게 하고 있는지는 모르겠다. 당시의 전투가 크리스마스에 이루어졌기 때문에 이곳은 특이하게도 해마다 크리스마스에 다양한 행사를 진행하기에 겸사겸사 이번 크리스마스에 가 보려고 했는데 우한폐렴 때문에 모든 행사가 취소되었나네? 그래서 그냥 쉬기로. 그 대신 그때 보내준 브로슈어 텍스트를 페북에 공유하기로.

나의 아메리칸 혁명 역사 투어의 일환으로 1776년 크리스마스에 벌어졌던 조지 워싱턴의 트렌튼 전투를 기념하며 2020년 크리스마스에 공유한다. 영상도 하나 공유하니 함께 감상하시면 도움이 되겠다. 이런 것도 앞으로 시간 되면 할 수 있는 만큼 해 볼라고. (2020/12/25)

참조 동영상:

The 10 Days That Changed The World, Washington's Crossing the Delaware

https://www.youtube.com/watch?v=KF-Y7s_YIAU&t=802s

번역의 정석

워싱턴 크로싱 국립 역사공원

펜실베이니아 주립공원의 사명

펜실베이니아 주립공원의 주요 목적은 건강한 옥외 레크리에이션을 즐길 수 있는 기회를 제공하고 환경교육을 위한 야외교실의 역할을 하는 것입니다. 그러한 목적을 달성하기 위하여 각 공원들은 자연적, 경관적, 미적, 역사적 가치에 대하여 가장 먼저 고려해야 합니다. 현재와 미래의 세대가 즐길 수 있는 야외 자연체험을 보호할 수 있는 방향으로 관리책임이 이행되어야 할 것입니다.

워싱턴 크로싱 역사공원

워싱턴 크로싱 역사공원은 조지 워싱턴의 아메리카 혁명이 시작된 지 몇 개월 후인 1776년 12월 25일에 감행된 조지 워싱턴의 드라마틱한 델라웨어 도하작전의 현장을 보존하고 있습니다. 이 공원은 1917년 설립되어 대륙군의 델라웨어강 도하를 기념하며 보존하고 있습니다. 이 공원은 1961년 국립역사 랜드마크로 지정되었습니다.

이곳은 역사적인 건물과 산책로, 피크닉용 정자, 낚시, 역사 및 환경교육 프로그램, 옥외 레크리에이션 프로그램 등을 갖추고 있으며, 각종 특별행사와 도하작전 재연 행사를 주관합니다.

워싱턴 크로싱 역사공원은 연중무휴, 일출부터 일몰까지 개방됩니다. 주간사용 공간은 해가 지면 닫습니다. 방문자센터와 역사적 건물 투어는 특정 시간대에 개방되어 있습니다. 시설활용을 위한 계절과 시간은 공원 사무소로 연락주세요.

공원의 일부는 "Friends of Washington Crossing Park"이 운영하며, 입장료가 부과될 수 있습니다. 공원의 다른 부분은 무료이며 일출부터 일몰 시까지 개방합니다. Friends of Washington Crossing이 관장하는 서비스 요금의 전체 리스트는 여기를 방문하세요. www.washingtoncrossingpark.org

오시는 길

Washington Crossing Visitor Center GPS DD: Lat. 40.295 Long.-74.87205

- **남쪽(필라델피아) 방향에서 오실 때:** I-95 North를 타고 I-295 East로 변경하여 10번 출구.
- **서쪽(해리스버그) 방향에서 오실 때:** 펜실베이니아 턴파이크인 I-276 East를 타고 가다 US 1 North로 변경하여 진행하다 I-295 East로 빠져서 10번 출구.
- **북쪽(뉴욕과 북부 뉴저지) 방향에서 오실 때:** I-95 South를 타고 NJ 18 North로 변경하여 진행하다 US 1 South로 갈아타고 다시 I-295 East로 빠져서 10번 출구.
- **동쪽(뉴저지) 방향에서 오실 때:** I-295를 타고 10번 출구.

I-295에서 빠져나오면: 10번 출구 New Hope에서 빠져나옵니다. Taylorsville Road로 좌회전 후 2.7마일 직진. PA 532 north로 우회전. PA 532를 따라가다가 PA 32 north인 River Road로 진입하여 좌회전. 방문자 주차구역이 왼쪽에 있고 방문자 센터가 길 건너 오른쪽에 있

습니다. 톰슨 닐리 농장과 바우만스 힐에 있는 조지 워싱턴의 야영지
는 방문자 센터로부터 PA32 North인 River Road로 3.5마일 떨어진 곳
에 있습니다.

워싱턴 크로싱 역사 공원 방문자 센터

방문자 센터는 이 공원의 사무실로서 역할을 하고 있으며 공원 소개 영
상과 유물 전시를 포함한 정보를 제공합니다. 기념품점, 화장실을 사용할
수 있으며 티켓 구입도 이곳에서 할 수 있습니다. 강당과 두 개의 회의실
은 단체에 임대해드립니다. 더 많은 정보를 원하시면 전화 215-493-4076.

배우고 경험하고 연결하자

워싱턴 크로싱 역사공원은 연중 다양한 프로그램을 제공하고 있습니
다. 식민지 필라델피아에 관한 공원 안의 생태계에 관한 실습활동에 참여
하세요. 가이드 투어, 역사 재현, 환경교육 프로그램 그리고 특별 이벤트,
그리고 가이드와 함께 하는 옥외 레크리에이션과 그 밖의 프로그램을 통
해서 펜실베이니아의 식민지 역사와 자연환경에 관한 당신의 인식과 감
각과 지식을 쌓을 수 있습니다. 워싱턴 크로싱의 독특한 역사, 자연적 특
징, 그리고 생태다양성을 알리는 데 특별한 주안점을 두고 있습니다.

방문자 센터에서는 역사 유물 전시, 강당에서 매시간 소개영상 상영을
하고 있고, 임마뉴엘 룻즈의 유명한 그림인 '조지워싱턴의 델라웨어 도하'
를 볼 수 있으며, 역사마을을 탐방하거나 가이드가 안내하는 역사 투어나
보우만스 힐 타워 입장 티켓 입장권 구입 또는 기념품점을 둘러볼 수 있
습니다.

학교와 각종 단체들에게는 커리큘럼에 기초한 환경교육과 식민지 역사 프로그램도 제공될 수 있습니다. 공원 사무실에 전화하여 단체 프로그램의 스케줄을 잡으세요. 교사들에게는 다양한 전문 개발 프로그램도 제공됩니다.

각종 프로그램과 다른 학습 경험에 관한 더 많은 정보에 관해서는 공원 사무실에 연락하거나 온라인 행사 달력을 참조하십시오. http://events. dcnr.pa.gov

레크리에이션 기회

멋진 하루를 보내다!

- **피크닉:** 여러 개의 공원 구역이 제네럴 그린 누각 근처에 있습니다. 공원 전역에 걸쳐 이용 가능한 피크닉 테이블도 있습니다. 다섯 개의 피크닉용 누각이 있어서 단체 피크닉을 위해 사용될 수 있습니다. 워싱턴 장군, 그린 장군 그리고 설리반 장군 기념 누각에는 단체 피크닉을 위하여 쉼터와 전기도 제공되고 있으며 11개월 전부터 예약이 가능합니다.

예약은 www.visitPAparks에서 온라인으로 가능합니다. 또한 무료 전화문의는 월요일부터 토요일 오전 7시부터 오후 5시까지 888-PA-PARKS(888-727-2757).

캡틴 무어 파빌리온은 Bowman's Hill Wildflower Preserve를 통해서 예약할 수 있습니다. 예약되지 않은 누각들은 선착순으로 누구나 사용가능합니다.

- **낚시:** 델라웨어 강은 미국청어, 줄무늬 배스, 작은 입 배스, 월아이 등

많은 종류의 물고기가 서식하고 있습니다. 청어의 이동은 이른 봄에 시작됩니다. 델라웨어 운하는 난수(暖水)어종 어장입니다. 펜실베이니아 낚시와 보트 위원회의 규정과 법률이 적용됩니다.

- **자전거 타기:** 공원 상부부터 하부까지 이어지는 델라웨어 운하 주립 공원 운하길을 따라서 자전거 타기를 즐기세요. 둘레길과 장거리 자전거길을 원한다면 워싱턴 크로싱 다리를 건너서 70마일에 이르는 NJ 델라웨어-라리탄 운하 주립공원의 운하길과 연결하세요.

- **산책:** 방문객들은 숲과 들판 그리고 역사적인 하부공원을 포함한 공원 내 여러 경로를 따라 세워진 역사적 건축물 등을 탐사할 수 있습니다. 하부공원이나 상부 공원 여러 곳과 연결된 펜실베이니아 532번 국도 선상에서 워싱턴 크로싱 역사공원으로부터 접근할 수 있는 델라웨어 운하 주립공원 운하길에서 산책과 조깅을 즐기세요.

델라웨어 운하 주립공원 운하길: 60마일 길이의 평이한 하이킹 코스

본 공원은 총 60마일 길이의 델라웨어 운하 주립공원의 운하길과 인접하였으며, 이스턴으로부터 브리스톨까지 이어집니다. 이 트레일의 4마일 구간은 워싱턴 크로싱 역사공원의 상부와 하부를 연결해주고 있습니다. 이 운하길은 165마일에 이르는 델라웨어-르하이 트레일 시스템의 일부이며, 역사적인 델라웨어-르하이 운하의 루트를 따라가고 있습니다. 한때 화물을 실은 배를 이끄는 노새가 다니던 길이었으나 지금은 산책, 조깅, 그리고 자전거타기, 크로스컨트리 스키, 조류관찰 등을 하는 사람들이 이용하고 있습니다.

- **크로스컨트리 스키:** 공원 내의 여러 길과 평지 그리고 인접한 델라웨

어 운하길은 날씨가 허락한다면 크로스컨트리 스키에 적합합니다.

- **경치감상:** 공원 상부 Logan Road에 인접한 125피트 높이의 Bowman's Hill Tower는 델라웨어 강 계곡의 멋진 풍경을 보여줍니다. 입장료가 부가됩니다. 이 타워는 겨울철에는 문을 닫습니다.

워싱턴 크로싱 역사공원에서 꼭 해 봐야 할 10가지 활동

1. 공원 가이드 투어를 통한 역사체험.
2. 공원 내 델라웨어 운하길과 나란히 뻗은 포장도로 트레일에서 자전거를 타고 상·하부 공원을 둘러보기.
3. 수천 명이 참가하는 크리스마스 연례 워싱턴 크로싱 델라웨어 강 도하작전 재연행사 참관.
4. 벅스 카운티 최고의 경관을 자랑하는 Bowman's Hill Tower 방문하기.
5. 델라웨어 강에서 낚시하며 매년 봄 청어가 이동하는 장관을 감상하기.
6. 방문자센터의 전시 공간에 진열된 역사 유물을 감상하기.
7. 다양한 무료 환경교육 프로그램과 역사강연에 참가하기
8. 경주 참가. 연중 많은 경주가 개최됨.
9. 군인묘지에 안장된 호국영령 참배.
10. 보우만스 힐 야생화 보호구역을 방문하여 펜실베이니아 토종 식물과 꽃을 감상하기.

역사

1776년 겨울. 독립전쟁은 실패 중이었고, 조지 워싱턴 장군과 그의 지친 군대는 패배와 절망만을 경험하고 있었다. 그 이전 수개월 동안 뉴욕

에서의 워싱턴의 싸움은 뜻대로 풀리지 않았다. 롱 아일랜드 전투는 영국군이 대륙군의 허를 찌름으로써 패배로 끝났다. 12월 2일, 그는 델라웨어 강을 건너 펜실베이니아로 후퇴해야 했다. 모든 부대가 도강하는 데 닷새가 걸렸다. 방어책으로서 워싱턴은 여러 종류의 선박을 끌어모아 (델라웨어 강의) 펜실베이니아 쪽에 배치하도록 명령했다.

혹독한 펜실베이니아 겨울이 시작되자 아메리카 군의 사기는 땅에 떨어졌다. 병사들은 식량과 따뜻한 의복이 부족했고, 워싱턴은 병사들의 탈영과 제대로 인해 그의 부대의 전력이 약화되는 것을 지켜봐야 했다. 승리가 절박했던 워싱턴은 다시 한번 델라웨어 강을 건너 트렌턴에 주둔한 헤시안 부대를 공격하기로 결정했다.

워싱턴의 계획은 야음을 틈탄 위험한 도강을 시도하는 것이었고, 앞서 후퇴 시 확보했던 그 지역의 페리와 보트를 이용할 것이었다. 델라웨어 하류로 무쇠를 주로 운반하던 육중한 더햄 보트 (Durham boat)가 사용되었다. (그 배는) 많은 인원을 싣고도 언 강의 상태를 견딜 수 있었기 때문이었다.

워싱턴은 트렌턴 남쪽에서 두 개조의 엄호를 받게 되리라 굳게 믿고 도하 준비를 위해 군대를 맥콘키 나루터에 집결시켰다. 12월 25일 오후 6시경 2,400명의 군사가 꽁꽁 얼어붙은 강을 건너기 시작했다. 강의 상태로 인해서 그 작전은 더디고 고되었다. 갑작스러운 기후변화로 병사들은 진눈깨비와 눈앞을 가리는 눈 폭풍을 헤치고 나아가야 했다. 이러한 상황은 캐드월더 대령과 유잉 장군이 이끌었던 엄호조에게는 너무 큰 장애였다. 결국 델라웨어강의 남쪽 강변에 위치한 여러 지점들을 통해 도강하려던 시도는 실패했다.

모든 역경을 뚫고 워싱턴과 그의 병사들은 성공적으로 강을 건너 1776

년 12월 26일 아침 트렌턴으로 진격, 독일인 영국 용병인 헤시언들에게 완벽한 승리를 이뤄냈다. 조지 워싱턴 장군은 용맹하고 대담한 계획을 감행함으로써 자유의 대의에 불씨를 살리고 아메리칸 혁명에 새로운 생명을 부여했다.

열흘간의 결정적인 나날들: 타임라인

서막 (1776년 12월 14일-25일)

뉴욕과 뉴저지에서의 연이은 패배 후 조지 워싱턴 장군은 뉴저지 건너편으로 퇴각했다. 그들은 1776년 12월 펜실베이니아에 도착했고, 그곳에서 워싱턴은 그달 말로 예정된 병사들의 전역 이전에 다음 작전을 실행할 것을 계획했다.

첫날 (1776년 12월 25일)

2400명의 대륙군이 델라웨어강 맥콘키 나루터에서 뉴저지로 도하했다. 그들은 눈보라 속에 트렌턴 쪽으로 10마일을 진격하여 마을을 점령하고 있던 1500명의 헤시언 군대를 공격했다.

둘째 날 (1776년 12월 26일)

대륙군이 트렌턴에서 헤시언을 물리치고 이 전쟁에서 최초의 의미 있는 승전을 거둔 후 포로와 전리품을 가지고 펜실베이니아로 귀환했다.

셋째 날 (1776년 12월 27일)

워싱턴과 그의 장군들은 뉴저지 쪽으로 다시 도하하여 적들이 트렌턴 지역으로부터 퇴각한 것을 확인했다.

넷째 날 (1776년 12월 28일)

전쟁 평의회를 소집한 후 워싱턴과 그의 장군들은 트렌턴에서 영국군 사령관 콘월리스의 반격에 대한 방어 계획을 수립했다.

다섯째 날 (1776년 12월 29일)

대륙군은 여러 지점을 통해 페리선으로 강을 건너 트렌턴으로 돌아왔다.

여섯째 날 (1776년 12월 30일)

워싱턴은 31일에 전역이 예정된 절반이 넘는 그의 병사들을 설득하여 1인당 경화 10불씩 지급할 것을 약속하며 6주간 더 복역할 것을 설득했다. 워싱턴의 6000병사들은 트렌턴 아센핑크 지류 남쪽 고지에서 방어를 준비했다.

일곱째 날 (1776년 12월 31일)

대륙군은 트렌턴으로부터 적에게 점령된 프린스턴을 향해 진격했다.

여덟째 날 (1777년 1월 1일)

영국군과 헤시안군은 프린스턴에 집결했다. 대륙군은 새해 첫날 영국군 및 헤시언군과 소규모 접전을 벌였다.

아홉째 날 (1777년 1월 2일) - 제2차 트렌톤 전투

대륙군은 콘월리스 장군 휘하의 영국군 및 헤시안 군대 8000명과 전투

를 벌였다. 대륙군은 땅거미가 질 때까지 아센핑크 지류에서 콘월리스의 공격을 막아냈다. 콘월리스는 "아침에 여우를 사로잡을 것"을 계획했다.

열째 날 (1777년 1월 3일) - 프린스턴 전투

밤새도록 워싱턴과 그의 군대는 트렌턴에서 퇴각하여 프린스턴으로 진격하여 영국군과 헤시언군을 패퇴시켰다. 이것은 대륙군에게 있어서 세 번째이자 결정적 승리였고, 그리하여 "열흘간의 결정적인 나날들"과 연관된 군사작전을 마무리하였다.

후기 (1777년 1월 3일-6일)

대륙군은 프린스턴에서 뉴저지 모리스타운으로 이동하여 그곳에서 겨울철 진지를 구축했다.

유적지

1. Thompson-Neely Farmstead의 워싱턴 막사

1776년 12월 약 2,400명의 대륙군 병사들은 농촌지역인 벅스 카운티의 얼어붙은 농장, 들판 그리고 숲에서 야영을 하고 있었다. 방앗간 주인 로버트 톰슨과 그의 사위 윌리엄 닐리의 집은 장교들의 막사 겸 환자와 부상병을 치료하기 위한 야전병원으로 사용되었다. 대지는 병사들의 야영과 전몰자 매장에 사용되었다.

당시 18세의 포병 장교였으며 후일 미합중국 대통령이 되었던 제임스 먼로 중위는 조지 워싱턴의 먼 친척 조카였던 윌리엄 워싱턴 대위 휘하의 부대장이었다. 그들은 모두 Thomson-Neely Farmstead에서 숙영했다. 그들은 크리스마스 밤 델라웨어 강을 건너기 전 정찰임무를 지휘했다. 12월 25일 병사들은 막사에서 나와 맥콘키 나루터에 집결하여 뉴저지 트렌턴의 헤시안 병영을 공격했다. 미리 숨겨두었던 더햄 보트는 도강을 지원하기 위해 남쪽으로 가져왔다.

2. Soldier's Grave

1776년 12월 야영 기간 동안 이곳에서 전몰한 수많은 무명용사들을 위한 묘지이다. 이곳에서 유일하게 이름이 알려진 군인은 뉴욕 포병대 소속 대위 제임스 무어이다. 알렉산더 해밀턴은 그를 "장래가 촉망되었던 장교로서, 그가 속한 주의 명예가 되었으며, 12월 25일 갑작스럽고 심한 병으로 사망했다."고 기록했다. 묘지 주변에는 1929년 돌담이 세워졌으며, 1940년에는 깃대를 세우는 기념비가 헌정되었다.

3. Thompson-Neely Grist Mill

1776년 12월 군대는 벅스 카운티 내의 많은 지역에서 환영받지 못했다. 어떤 방앗간 주인은 대륙군의 화폐를 거부하며 배고픈 병사들을 위해 곡물을 갈아주지 않았다. 그래서 워싱턴은 비협조적인 방앗간 주인으로부터 방앗간과 곡물을 압수하도록 명령하고 모든 손실에 대해 전액 보상하였다. 로버트 톰슨은 애국적 대의를 포용하여 대륙군이 그의 소유지에서 야영을 할 때 그들에게 매우 필요로 했던 밀가루를 제공했다.

1820년대 후반, 펜실베이니아 운하 건설로 인해 이 방앗간이 위치한 피드콕 지류의 수위가 올라가는 바람에 방앗간 운영이 중단되었다. 로버트 톰슨의 손자인 로버트 톰슨 닐리는 결국 집 앞에 있던 원래 장소로부터

100야드 상류 쪽으로 방앗간을 이동했다. 1873년 이 방앗간은 화재가 일어났고 그 자리에 재건되었다. 세 번째이자 최종적인 모습이 오늘날의 방앗간이다. 방앗간 투어는 유료이다. 방앗간은 연중 특별 이벤트 기간 동안 운영된다.

4. Bowman's Hill Tower

125피트 높이의 이 타워는 아메리칸 혁명을 기념하기 위하여 1931년 건축되었다. 124개의 돌계단을 오르면 탑의 꼭대기에 이르게 되며, 델라웨어 강과 인접 지역을 내려다보는 멋진 전망을 볼 수 있다. 타워의 지붕은 엘리베이터와 23개의 돌계단으로 올라갈 수 있다. 이곳은 3월부터 12월까지 날씨가 허락하면 주 7일 오픈한다. 입장은 유료이다.

5. Hibbs House

복구되어 설비를 갖춘 이 19세기 집은 1828년부터 1830년에 테일러스빌의 일부로 세워졌다. 이 집은 공예가들의 집으로 세를 주었으며 '수레바퀴 장인의 집과 가게'라고 광고가 났었다. 화덕 요리 시범이 이곳에서 연중 열리고 있다.

6. Durham Boat Barn

이십 세기에 지어진 이 건물은 복제된 더햄 보트를 보관하고 있다. 더햄 보트는 원래 철광석 운반에 사용되는 견고한 형태의 선박으로서 이 배로 워싱턴과 그의 병사들이 강을 건넜다. 오늘날 이 복제 선박은 해마다 크리스마스에 열리는 워싱턴의 델라웨어 도강작전 재연 행사의 핵심장비이다.

7. Taylorsville General Store

1828년경에 영업을 시작한 이 가게는 마론 K. 테일러가 소유하고 운영했다. 이곳은 테일러스빌에서 마론 테일러가 거의 40년간 국장을 맡았던 우체국 역할을 하였다.

8. Blacksmith Shop

오늘날의 대장간은 1990년에 지어졌으며, 1890년경에 건축되었던 테일러스빌의 오리지널 대장간을 재현하였다. 연중 특별행사 기간 동안 이곳에서 역사 재연 시범이 시행된다.

9. McConkey's Ferry Inn

이 18세기 여인숙 겸 선술집은 사무엘 맥콘키의 소유였다. 이 여인숙은 1776년 12월 벅스 카운티에서 대륙군의 야영기간 동안 초소로 사용되었다. 진지와 대포는 페리 상륙을 방어했다. 구전에 의하면 이 여인숙은 워싱턴과 그의 부관들이 크리스마스 델라웨어 도강 전에 저녁 식사를 했던 곳으로 전해진다. 18세기 후반과 19세기 초에 테일러 가문에 의해 증축이 이루어졌다. 이 빌딩은 그 후 수십 년간 여인숙으로 사용되었으며, 하부 공원에서 유일하게 도강 작전 당시의 오리지널 건축물이다.

10. Mahlon K. Taylor House

이 집은 오늘날 워싱턴 크로싱이라는 이름으로 불리고 있는 타운인 테일러스빌의 설립자 가운데 한 사람을 위하여 1817년 지어졌다. 이 집은 당시 이 지역사회에서 테일러 가문의 지위와 번영을 보여준다.

11. Frye House

1828-1830년 테일러 가문에 의해 세워진 이 집은 어느 대장장이를 위해 지어졌다고 추정된다.

정보와 예약

Washington Crossing Historical Park

1112 River Road Washington Crossing, PA 18977

215-493-4076

WashingtonCrossingSP@pa.gov

Bowman's Hill Tower

215-862-3166

워싱턴 크로싱 역사공원은 자연보존자원국 (Department of Conservation and Natural Resources)에서 관리하며 Friends of Washington Crossing Park과 파트너십을 맺고 있습니다.

기회균등 고용주

www.visitPAparks.com

전기차 충전소

방문자 센터 주차장에는 두 개의 공용 전기차 충전 스테이션이 설치되어 있습니다. 충전을 마치면 다른 주차공간으로 이동해주시기 바랍니다.

온라인 예약

주립공원 정보와 예약은 www.visitPAparks.com 또는 월요일부터 토요일 오전 7시부터 오후 5시까지 무료전화 888-PA-PARKS(888-727-2757)로 전화하세요.

장애인을 위한 이용 안내

이 심볼은 미국장애인법(ADA)에 의거하여 마련된 시설과 활동을 가리킵니다. 이 출판물의 텍스트는 대안 포맷으로도 준비되어 있습니다. 장애인의 공원 활동 참여를 위하여 장비 또는 시설 지원이 필요하다면 당신이 방문하고자 하는 공원에 연락하십시오.

응급 시

911에 전화하고 공원 직원에게 연락을 취하십시오. 가장 가까운 병원은 게시판을 확인하거나 공원 사무소에서 안내받으십시오.

가장 가까운 병원

St. Mary Medical Center

1201 Langhorne-Newtown Rd.

Langhorne, PA 19047

215-710-2000

www.stmaryhealthcare.org

Capital Health

One Capital Way

Pennington, NJ08534

800-637-2374

www.capitalhealth.org/our-locations/hopewell

우리의 공원을 보호하고 보존합시다.

안전하고 즐거운 방문이 되기를 바랍니다. 게시된 모든 규칙과 규정에
따라주십시오. 다른 방문객과 공원의 자원들을 존중합시다.

- 준비성 있게 적절한 장비를 가져오세요. 자연 지역은 위험이 있습니
  다. 당신과 당신 가족의 안전은 당신의 책임입니다.
- 주류는 금지되어 있습니다.

인근 명소

벅스 카운티에 방문하시면 인근의 명소를 안내받을 수 있습니다.
www.visitbuckscounty.com

- **델라웨어 르하이 국립 유적로** The Delaware-Lehigh National Heritage
  Corridor. 165마일에 이르는 D-L 트레일을 탐사할 수 있는 기회를 제
  공합니다. 610-923-3548.
- **보우만 힐 야생화 보호구역** Bowman's Hill Wildflower Preserve. 델라
  웨어 벨리에 자생하는 다양한 식물이 전시되어 있습니다. 비영리단체
  로서, 대중들이 방문하여 펜실베이니아의 풍요로운 자연유산을 감상,
  학습할 수 있도록 독려하고자 하는 목적으로 토종식물 군락을 돌보며

번역의 정석

보호하고 있습니다. 유료 입장. 215-862-2924. www.bhwp.org

- **델라웨어 운하 주립공원** Delaware Canal State Park. 방문객들은 자전
거타기, 하이킹, 보트타기 등을 즐길 수 있으며, 운하 건설기의 미국
역사를 배울 수 있습니다.

- **타일러 주립공원** Tyler State Park. 하이킹, 자전거타기, 운동 트레일,
자연 트레일, 그리고 낚시와 피크닉 시설이 갖춰져 있습니다. 환경교
육과 여름철 카누 렌탈, 그리고 이동식 음식점이 있습니다.

- **뉴저지 워싱턴 크로싱 주립공원** Washington Crossing State Park in
New Jersey. 방문자센터와 트레일, 캠핑, 낚시, 피크닉 그리고 교육프
로그램을 제공하고 있습니다. 여름철에는 입장료를 부과합니다. 609-
737-0623.

필자의 번역을 접수했다는 공원 담당자의 답장

10.
로저 셔먼의 생애
- 타임라인 전시판 안내를 위한 설명문

코네티컷 셔먼 타운 소재 셔먼역사학회에 설치되어 있는
로저 셔먼 타임라인 전시판

이 프로젝트의 목적

로저 셔먼은 이 마을에 살았던 가장 중요한 국가적 인물입니다. 그는 실제로 건국의 아버지들 가운데 가장 중요한 인물들 가운데 한 분입니다. 그러나 그는 많은 이들에게 잊혀져 있습니다. 우리는 그에 관한 기억을 보존하고 증진할 의무가 있습니다. 이 목적을 위하여 셔먼 역사연구회는 로저 셔먼 학습센터를 개설하여 그의 일생의 연대별 업적을 전시하고 있습니다.

연대별 업적 전시를 감상하는 방법은?

전시판의 상단 부분은 그가 생존했던 18세기입니다. 타임라인은 가로로 뻗어 있고, 그의 삶에서 이와 같은 요인들이 일어났던 시기를 보여주고 있습니다. 왼쪽 편으로 중요한 서류와 사진들을 볼 수 있습니다. 원본들은 이 센터에 있는 별도의 캐비넷에서 진열되어 있습니다. 이 전시판의 가운데는 그가 거쳤던 여섯 가지의 직업과 연관된 물품들이 전시되고 있습니다.

어린 시절

달력 왼쪽의 상단에 보이듯이 그는 1721년 4월 19일 매사추세츠 뉴턴의 어느 농장에서 William과 Mehetabel Sherman을 부모로 태어났습니다. 그가 두 살이 되었을 때 가족들은 보스턴 남쪽에 자리 잡은 매사추세 츠 Stoughton으로 이사했습니다. 그는 자라면서 아버지로부터 농사일과 신발제작일을 처음으로 배웠습니다. 그는 지역교구에서 운영하는 학교에 6학년까지밖에 못 다녔지만 공부에 열의와 재능이 있다는 사실을 일찌감 치 인정받았고 그의 지역을 담당하는 Dunbar 목사의 방대한 서재에 드나 들 수 있게 되었습니다.

그의 첫 번째 코네티컷 농장

1741년 그의 아버지가 사망하자 그는 여전히 같은 집에서 살고 있는 다 섯 명의 형제들로 구성된 가족의 가장이 되었습니다. 그의 형 윌리엄은 그 이전에 커네티컷의 뉴밀포드로 이주했다. 집안의 가장으로서 그는 아 버지가 남긴 재산과 빚을 정리하며 가족들에게 영국 돈 100파운드의 빚을 남겼습니다. 경제학에 대한 그의 이해로 인해 그는 범상한 거래를 성사 시켰습니다. 그는 1200파운드를 빌려서 커네티컷 뉴 딜로웨이에 소재한 252 에이커의 농장을 1300파운드에 매입하였습니다. 그곳은 Housatonic 강의 서쪽 강변에 위치하고 있었으며 그의 형이 살던 곳에서 가까웠습니 다. 그는 1743년 그의 가족, 즉, 그의 엄마와 다섯 형제들을 그들의 새로운 보금자리로 이주시켰습니다.

그해에 그는 뉴밀포드와 켄트로부터 세금고지서를 받았습니다. 그는 양측 타운에 그가 어느 타운에 거주하는 것인지 결정해달라고 통보했고 뉴밀포드는 어느 지역 측량기사에게 서먼의 부동산을 측량해달라고 위탁 했고 그는 그 작업을 이행했습니다. 불행하게도 측량기사는 결과를 제출 하지 못하고 사망했습니다. New Dilloway 농장 케이스는 1752년 셔먼이 직접 측량을 한 다음에야 종결이 되었습니다. (측량 결과) 뉴 딜로웨이는 사실상 뉴 페어필트의 일부라고 결정하였으며, 그 당시에는 오늘날 셔먼 Sherman이라고 불리는 타운을 포함하고 있었습니다. 그렇다면 1743년부터 1752년까지의 세금은 어떻게 되었을까? 이 사건은 로저 셔먼에게 이 지역으로의 정책에 있어서 측량의 중요성을 깊이 인식시켰습니다.

그는 그의 형제자매들에게 교육을 시켜야 할 의무감을 느꼈으며 이러한 비용을 충당하기 위하여 측량기사가 되기로 결심하였습니다. 그는 1688년 영국에서 처음으로 출판되어 조부가 소장했던 Loves Surveying을 물려받았습니다. 후일 재출판된 복제본은 전시 카운터에 있습니다. 그의 메모가 적힌 원본은 커네티컷 파밍턴 도서관에서 오래 전에 분실되어 되찾지 못했다는 것은 흥미로운 사실입니다. 그는 측량을 독학했고 1745년 뉴 헤이븐 카운티의 측량기사로 임명받았습니다. 그 후 10년간 그는 오늘날 커네티컷 최대의 카운티인 릿치필드 카운티Litchfield County에서 약 1000건이 넘는 부동산을 측량하였습니다.

그와 함께 작업했던 두 명의 조수들은 후일 미국의 측량에 관한 최초의 서적을 출간하였다. 그로 인해 셔먼의 전기작가는 셔먼을 "미국 측량술의 아버지라고 불려도 손색이 없다"고 결론을 내렸던 것입니다.

여기 타임라인의 처음 세 줄은 로저 셔먼이 이 타운에서 사는 동안 농사 짓고 신발 만들고 측량을 하며 했던 일을 보여주고 있습니다. 셔먼역사연구회는 Northrop House Headquarters and Museum의 바로 남쪽에 위치한 헛간에 그가 했던 농사일을 예시하고 있습니다. 신발제조업과 측량업은 집 뒤편 마당에 있는 "로저 셔먼 구두수선점"에 전시되어 있습니다.

뉴밀포드에서 경력을 이어가다

1748년 그는 가족들을 뉴밀포드로 이주시켰습니다. 토지 교환이 있었던 것으로 보입니다. 252에이커의 농장은 Gamaliel Baldwin에게 1300파운드에 매각되었고 Mr. Baldwin에게 87에이커의 부동산을 로저 셔먼이 구입하였습니다. 252에이커와 87에이커의 교환은 셔먼에게는 좋은 거래였던 것으로 보이지 않을 수도 있지만 그 농장은 그의 측량에서 "황무지"로 분류되었던 땅과 경계하고 있었고 뉴밀포드는 번성하는 정착민들의 마을이었습니다. 어떤 경우든, 측량업을 통하여 그는 토지의 그가 상대적 가치를 이해할 수 있었고 전해진 바에 따르면 릿치필드 카운티의 최대 지주가 될 수 있었다. 40세가 되던 1761년 그는 이 직업을 뒤로하고 공직으로 진출할 정도의 부를 축적하게 되었다.

로저 셔먼은 그의 형 윌리엄과 함께 그의 첫 번째 잡화점을 열었습니다. 윌리엄은 1756년에 사망했고 로저는 마을의 공원녹지에 자리 잡은 잡화점에 입주했다. 이 건물은 현재 로저 셔먼 타운홀이 자리하고 있으며 건물 정면에 로저 셔먼 기념패가 부착되어 있습니다. 1748년 그의 뉴밀포드 농장에 도착하여 그는 농장 건너편 Rt. 202 선상에 위치한 1740 House에서 거주했던 것으로 추정된다. 만일 셔먼이 이 집에서 살았다면 코네티컷에서 유일하게 원형이 보존된 그의 집일 것입니다. 그는 그 집을 그의 누나 엘리자베스와 그녀의 남편 윌리엄 버츠에게 등기이전을 했습니다. 1760년 잡화점은 아벨 하인(Abel Hine)에게 매각되었습니다. 뉴밀포드 역사연구회 Historical Society의 현직 회장이 그의 자손 중 한 명인 윌 하인이라는 점은 흥미로운 사실입니다.

그와 윌리엄이 밀포드 잡화점을 열었던 해인 1750년 로저 셔먼은 그가 발행했던 11권의 연감 가운데 첫 번째 권을 출간했다. 이들 연감 가운데 한 권은 전시판 왼쪽에 사진이 걸려 있습니다. 이 연감은 그 당시 성경책 다음으로 가정집에서 가장 널리 보급되었던 책자였다. 그 당시 모든 가정의 95퍼센트가 농가였습니다. 이 연감에는 언제 파종하고 수확할지 등등을 알려주는 정보를 담고 있었습니다. 로저 셔먼은 그 책에 담긴 모든 계산을 직접 했으며, 그것은 날씨와 천문 지식에서 비롯된 것이었습니다.

변호사인 친지 한 사람이 셔먼에게 그의 측량은 문장이 매우 좋아 그는 법전을 읽을 것을 고려해 봐야 한다는 의견을 피력했습니다. 그는 그것을 실행했고 1754년 변호사 자격을 획득했습니다. 이것은 그가 통달했던 여섯 번째 직업이었습니다. 이를 계기로 그는 뉴밀포드의 치안판사로 임명되었고 이것은 그 후 거의 50년에 이르는 그의 공직생활의 시작이었습니다. 로저 셔먼은 어떠한 건국의 아버지들보다 더욱 긴 세월 동안 공직에 봉사했습니다. 연대별 전시판 오른쪽에 그가 봉사했던 공직을 볼 수 있습니다. 윗편은 코네티컷에서 맡았던 공직이고 아래쪽은 그이 연방 공직을 보여 주고 있습니다.

뉴헤이븐 거주 당시 그의 공직

법조인으로서 그의 이력은 거의 35년에 이르며, 대부분의 시기를 주법원 판사로 일했습니다. 그는 1761년 뉴헤이븐으로 이주하였으며 1768년 예일대학의 재무담당에 임명되어 8년을 근무하였습니다. 1784년 그는 뉴헤이븐 시장으로 선출되었습니다. 그는 뉴헤이븐 초대 시장으로서 1793년 7월 23일 서거할 때까지 뉴헤이븐 시장으로 봉직하였습니다. 그는 코네티컷 주의회에서 1755년부터 1786년까지 봉직하였습니다.

코네티컷에서 벌어지는 일에 적극적으로 참여하는 한편 그는 1774년 제 1차 대륙회의에서 코네티컷 대표로서 국가적 차원의 공직을 시작하게 되었습니다. 우리의 최초의 건국문서인 기본규약 (Articles of Association)이 바로 그때 초안, 서명되었습니다. 그것은 13개 식민지들이 영국정부에 의해 시행되고 있는 억업적 법률에 대하여 통합적인 방식으로 대처해 나가기로 합의하였던 문서입니다.

이것이 성사되기 전에 식민지들 사이에는 해결되어야 할 많은 갈등이 있었습니다. 예를 들면 코네티컷의 영토증여는 펜실베이니아 북부 절반을 걸쳐서 레이크 이리까지 걸쳐 있었습니다. 코네티컷은 모든 권리를 포기하고 펜실베이니아의 영지에 기증하였지만 서쪽의 대다수 지역은 보유하였습니다. 코네티컷의 바로 이 지역이 "서부보유지"라고 불리는 곳입니다. 토지증여는 혁명전쟁 기간 동안 영국에게 손실을 겪었던 코네티컷 거주민들에게 제공되었습니다. 전쟁이 끝나자 많은 이들이 그곳으로 이주하여 정착했고 그곳이 바로 오하이오가 되었습니다.

제2차 대륙회의에서 독립선언문이 작성, 서명되었습니다. 토마스 제퍼슨이 바로 이 중요한 건국의 문서를 집필한 것으로 인정되고 있습니다. 제퍼슨이 그 초안을 작성하였지만 사실은 5인의 위원회의 작업이었습니다. 그 위원회는 제퍼슨, 존 애덤스, 로버트 리빙스턴, 벤자민 프랭클린 그리고 로저 셔먼이었습니다. 코네티컷의 화가이자 코네티컷 주지사의 아들이었던 존 트럼불의 그림에서 이 위원회가 초안을 대륙회의 의장 존 행콕과 대의원들에게 제출하는 모습을 볼 수 있습니다. 원화는 워싱턴 DC의 국립 미술관에 걸려 있으며 미국인 화가들이 가장 많이 보는 작품으로 알려져 있습니다.

로저 셔먼은 전쟁 기간 내내 대륙회의에서 코네티컷 대표로 봉직했습니다. 그들은 조지 워싱턴을 임명하여 대륙군을 소집하여 지휘하여 전쟁의 임무를 수행하도록 하였습니다. 워싱턴은 당연하게도 세계적으로 명성 높은 영국군에게 승리하였다는 공헌을 인정받았습니다. 그러나 의회가 무기와 군복과 보급품을 공급하였으며 벤자민 프랭클린을 프랑스로 파견하여 그곳 정부로 하여금 결국에는 우리의 대의에 합류하도록 설득해 내는 데 필수적인 역할을 하였음을 우리는 기억해야 할 것입니다.

전쟁을 결정지은 것은 버지니아 요크타운의 전투였습니다. 영국군 장군 콘월리스는 프랑스 장군 로샹보에게 패배하였습니다. 독립국으로서 우리의 첫 번째 정부는 1781년 세 번째 건국 문서인 "연합규약"을 작성하였습니다.

이 정부체제는 잘 작동하지 않았습니다. 각국과 중앙정부 사이의 권력 분립이 제대로 균형 잡히지 않았습니다. 1787년 펜실베이니아국 필라델피아에서 조지 워싱턴은 제헌회의를 주재하도록 호출받았습니다. 셔먼은 CT 대표로 선임되었고 그곳에서 그는 각국은 상원에서 두 명의 대표를 갖고 하원에서는 인구비율에 따른 대표수를 갖자고 제안함으로써 석 달에 걸친 교착상태를 벗어나는 데 결정적인 공헌을 하였습니다. 이 제안은 "코네티컷 타협"이라고 부르는 우리 주를 제외하고는 "위대한 타협The Great Compromise"이라고 부릅니다.

제4대 대통령이 된 제임스 메디슨은 헌법을 만드는 데 주도적인 인물로 인정받고 있습니다. 셔먼은 사실 다른 어느 대표들보다 많은 발언을 하였습니다. "미합중국 헌법"은 초안이 작성되고 서명되어 인준을 위하여 각국으로 송부되었습니다. 셔먼은 이 네 가지 건국 문서 모두에 서명한 유일한 인물로서 이 모두를 작성하는 데 있어서 중요한 역할을 하였습니다. 그는 또한 헌법이 인준되는 두 번째 나라가 되는 데 주요한 역할을 하였습니다.

정부가 수립되었고 셔먼은 코네티컷의 대표로서 초대 하원 의원으로 선출되었습니다. 윌리엄 존슨이 코네티컷 상원 의원직을 사퇴하자 셔먼이 그의 나머지 임기를 채웠습니다. 그는 1793년 7월 23일 영면에 들 때까지 코네티컷을 대표하는 상원 의원으로 봉직하였습니다. 그는 뉴헤이븐의 그로브 묘지에 안장되어 있습니다. 그가 서거할 때 그는 하원의 최고 연장자였습니다.

헌법의 비준과 정부수립 직후 제임스 메디슨은 "권리장전"이라고 불리는 일련의 헌법개정안을 만들었습니다. 그 초본이 몇 년 전 의회도서관에 소재한 매디슨의 서류뭉치 속에서 발견되었습니다. 그것은 셔먼이 수정헌법 10조를 제안하는 셔먼의 수기가 들어 있는 문서였습니다. 나는 수년 동안 이들 수정안들 가운데 그가 첨가한 것은 무엇인지 궁금했습니다. 나는 최근 그것이 우리 헌법의 수정헌법 제1조라는 내용을 읽은 바 있습니다. 그것은 종교의 자유를 보장하는 것이었습니다.

당신은 그가 "페니를 발명했다"는 사실에 흥미를 가질 것입니다. 즉, 그는 우리 통화의 10진법 구조를 제안했습니다. 영국이 제대로 만든 지 200년 후의 일이었습니다.

그의 가족

로저 셔먼은 대단히 가정적인 남자였습니다. 1750년 그는 엘리자베스 하트웰과 결혼하였습니다. 그는 7명의 자녀가 있습니다. 그는 1760년에 사망하였습니다. 1763년 그는 레베가 프레스톤과 결혼하여 8명의 자녀를 더 두었습니다. 그중 세 명의 아들들이 조지 워싱턴의 지휘를 받는 장교로서 전쟁에 참전했습니다. 그의 아들 존 셔먼과 손자 로저 셔먼 볼드윈은 우리의 최초의 법학 전문학교인 릿치필드의 Tapping Reed에서 수학하였습니다. 로저 셔먼 볼드윈은 존 애덤스와 함께 대법원에서 아미스타드 반란군을 변호하여 기념비적 사건에서 승리하였습니다. 로저 셔먼 볼드윈은 코네티컷 주지사와 합중국 상원 의원을 역임하였습니다.

로저는 노예를 소유했던 적이 없었고 노예제를 반대하였습니다. 우리의 헌법이 제정될 때 그는 노예제 철폐를 관철하기 위하여 힘을 쓰지 않았습니다. 그렇게 하면 분열이 초래할 것이고 그리하여 국가의 형성이 무산될 것이라고 주장하였습니다. 거의 백년이 지나서 그의 주장이 옳았던 것으로 증명되었습니다.

그의 성격

그는 신앙이 매우 독실하여 어떤 사람들은 그가 완고한 신앙을 가진 사람이라고 여겼습니다. 그는 커다란 부를 축적한 검소한 사람이었으나 화려한 의상이나 격식에 매달리지 않았습니다. 그는 현명하며 존경받는 사람이었습니다. 의회의 젊은 의원들은 셔먼의 의견을 듣고 난 후에야 그날의 중요한 이슈에 대하여 결정을 내리곤 했습니다.

그의 유산

자, 이제 로저 셔먼은 주요한 건국의 아버지로서 기억되어야 할 분이라고 생각되지 않으시나요? 이뿐 아니라 그의 개천에서 용이 났던 그의 인생역정을 통해서 그는 또한 "아메리칸 드림의 화신"으로 추앙되는 것입니다.

The Sherman Historical Society 부설

로저 셔먼 학습센터

10 Rt. 37 Center · Sherman, CT 05784

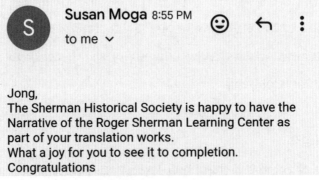

셔먼 역사연구회 회장님의 번역 허가 메시지

로저 셔먼이 누구냐면

뉴욕 뉴저지에 살면서도 잘 가지지 않는 곳이 코네티컷과 델라웨어다. 바로 붙어 있는데도 갈 일이 없다. 코네티컷 출신의 건국의 아버지 로저 셔먼 덕분에 깊숙이 들어갔다 왔다.

가까우니까 당일치기가 가능하다. 다니기도 하도 다녀서 코스 짜는 데는 나름 이력이 났다. 가야 할 곳 + 간 김에 갈만한 곳의 위치와 거리를 확인하여 효율적인 동선을 만든다. 포인트는 간 김에 갈만한 곳인데 요게 말하자면 평상시 실력이다. 언제 떠날지 모르니 항상 가보고 싶은 곳의 리스트를 준비해 두고 있는 게 좋다. 덧붙이면, 계획에 집착 말고 새로운 정보와 상황에 센스 있게 반응할 것. 그리고 마지막으로 써라. 다녀온 여행을 글로 쓰다 보면 여행의 액기스로만 재구성된 보석 같은 메모리가 된다. 죽어서 천국까지 가져갈 수 있는 진짜 재산은 바로 이 보석이다.

출발할 때 커피를 사는 걸 깜빡했다. 한참을 운전하여 고속도로 휴게소에서 차를 세웠다. 갑자기 콜라도 먹고 싶고 커피도 먹고 싶었다. 뭘 먹을까 망설이며 맥도날드와 던킨을 기웃거렸다. 타협안이 떠올랐다. 아이스 커피를 들고 다시 출발.

살다 보면 이렇게 타협하여 모두가 만족이 되는 일도 있지만 타협해서 죽도 밥도 안 되는 일도 많다. 혼자서 콜라랑 커피 중 뭘 먹을까 하는 것도 나름 고심이 되는데 영국에서 독립하여 각각의 주권을 갖고 있던 열세 개의 나라가 하나로 통합하는 데에는 얼마나 장애가 많았을까.

그 장애물 가운데 가장 큰 것 하나를 해결한 사람이 바로 로저 셔먼이다. 13개 나라들 가운데는 인구수에 따라 큰 나라도 있고 작은 나라들도 있었는데 인구수만 고려하여 의회를 구성하자니 작은 나라들이 불만이고 나라마다 동일한 대표권을 부여하면 큰 주에게 불공평하다고 여겨져 교착상태에 빠져 있었다. 바로 이 순간 로저 셔먼이… 그럼 의회를 두 부분으로 나눠서 하나는 모든 주가 동등하게 두 명씩 그리고 또 하나는 인구에 비례하여 의원을 맞춘다면 공평한 거 아니냐며…. 입법부의 양원제를 들고 나왔다. 이것을 커네티컷 타협안이라 하여 로저 셔먼의 작품인데 이것이 먹혀들었다.

로저 셔먼은 아메리카 혁명에서 기여했던 공적에 비하여 유명하지가 않다. 독립선언문과 연방헌법은 물론 대륙협의회와 연합헌장 등 아메리카 혁명 과정에 만들어진 4대 주요문서에 모두 서명한 유일한 분인데도 Forgotten Founding Fathers의 한 사람으로 분류될 정도다. 농부와 구두장이로 인생을 출발하여 변호사, 국회의원 그리고 위대한 건국의 아버지들 가운데 한명이 되었다. 이번에 여기 와서 알게 된 건데…. 이분을 부르는 수식어가… Personification of American Dream이라고 했다. 아메리칸 드림의 화신!

언젠가부터 이분의 족적을 한번 찾아보자고 했었는데…. 커네티컷의 깡촌 마을 하나가 그의 이름을 타운 이름으로 정하여 기념하고 있었다. Sherman, CT. 그가 구두 수선하던 마을이라고 했다. 말하자면 고향이다. 오랫동안 우한폐렴 때문에 역사박물관이 닫혀 있었는데 드디어 오픈. 오래도 기다렸다.

셔먼 타운에 들어서니 온 동네가 그분의 이름이다. 표지도 도서관도 타운홀도. 그리고 Sherman Historical Society. 너무너무 궁금했는데 할머니들 두 분이 헛간 세일을 준비하고 있었다. 공동회장을 맡고 있다고 했다. 로저 셔먼 할아버지 사진 좀 보러 왔다고 했더니 무척 반가워했다. 원본은 예일대학에 있고 우리 것은 모조품인데 그거라도 볼래? Yep.

이층집의 방 한 칸이 셔먼의 기념관이다. 버지니아에 있는 워싱턴과 제퍼슨의 기념관에 비하면 굉장히 초라하다. 지난번에 들렀던 로버트 모리슨에 비하면 형편이 나은 편이지만 그래도 이건 아니다 싶었다. 회장님도 아쉬워하셨다. 건국의 아버지들 사이에도 빈익빈 부익부 현상이 뚜렷했다. 미합중국 건국의 아버지들과 미국독립선언문의 한국어 번역자로서 뭔가 할 일이 '또' 생긴 것 같았다.

할머니랑 한참 얘기를 나눴다. 셔먼을 아메리칸 드림을 체현한 분이란 문구를 봤는데…. 난 아메리칸 혁명을 최초의 아메리칸 드림이란 말을 쓴 적이 있거든요. 그랬더니 갑자기 눈에 광채를 띠시며, "Really?" 그러면서 맞장구를 쳐주셨다. "암튼 요즘 미국도 말세라니까요." 그랬더니 가뜩이나 미국에서도 건국정신을 잊어가고 있고 있는데 나 같은 사람이 있어줘서 고맙다고 했다. 내가 나중에 사람들도 데려오고 일도 도와드리기로 했다. (후략) (2021/8/7)

* 전문은 아메리카혁명 역사유적지 여행기(근간)에 수록하겠습니다. (저자 백)

셔먼 센터의 연상녀들

오늘은 재작년에 만났던 할머니들을 만나러 가는 날이다. 어찌된 영문인지 나의 여성 지인들은 99% 나보다 지긋하신 분들이다. 그래서 너무 행복하다.

로저 셔먼이라고 건국의 아버지들 가운데 내가 제일 좋아하는 인물인데 이분을 기념하는 박물관 & 향토사학회 회장님 & 부회장님들이다. 미국 젊은이들도 철이 없어서 이런 중요한 일들은 연로하신 분들에게 떠맡기고 딴짓만 하고 다니는 경향이 있다. 재작년에 갔더니 할머니들 둘이서 땡볕에 바깥일들을 하고 계시더라. 딴 사람들도 없어서 셀카를 찍었네.

박물관 투어를 위한 설명문도 이 회장 할머니가 작성하신 듯하다. 직업이 스토리 텔러라는데 한국으로 치면 동화 구연 같은 거? 그 문서를 하나 들고 왔다가 자꾸 눈에 밟혀 번역을 해버렸다. 그런데 해놓고 봤더니 가서 직접 보고 확인해야 할 내용들이 있어서 함니한테 전화 걸어 만나자고 했다. 그게 오늘. 쫌 있다 출발하는데…. 두둥… 설렌다.

2년 전에 가서 서먼의 생활반경을 대충 돌아보고 왔다. 어렸을 적 구두 수선공으로 출발하여 변호사를 거쳐 건국의 아버지들 가운데 핵심멤버. 독립선언문 초안작성위원회의 위원으로 제퍼슨에게도 자문했던 분이다. 내가 이 사람을 좋아하는 까닭은, 잊혀져 있어서. 소처럼 일만 하고 대중들에게 잊혀진 사람이라…. 난 이상하게 그런 사람이 짠하고 좋더라.

이거 한글버전을 다듬어서 여기다 비치해 놓으라고 하고 이곳 뮤지엄을 열심히 홍보해 주려고. 코리안이 가도 한국어 해설문이 있으니 아무래도 조금은 편하겠지. 조만간 대규모 인파를 모시고 와서 행사를 하나 하려 하는데 오늘은 답사를 겸한 예비미팅. 여기 사는 청소년들이 갈 데가 없어서 데려와 청소도 시키고 선언문 낭독도 시키고 또한 자원봉사 확인증도 써줄라고. 이렇게 한번 움직이면 몇 가지 업무를 봐야지, 단순히 연상녀 만나러 가는 거 절대 아님. (2023/4/15)

Ⅱ.

비평: 이희재론 外

1. 세상번역?

책 소개를 하려는 게 아니라 필자의 책 소개를 리뷰 한번 해 보려고. 하도 기가 막혀서. 번역가가 번역은 안 하고 정치를 한다. 그것도 극단적으로. 모든 정치행위 가운데 최악의 극단적 정치행위가 바로 전쟁이지? 그래서 이 사람은 본업이 번역인데 이 사람의 책 제목은 번역전쟁이다. 번역을 똑바로 하면서 이런 전쟁을 벌였으면 No problem이겠는데 이 사람은 번역이란 말 자체도 모르고 쓰나 봐. 명색이 번역가가. 누구냐면….

번역가 이희재.

난 누군지 본 적도 없고 알지도 못하는데 나도 번역하는 사람으로서 가끔씩 나의 번역론을 내 글 속에 찔끔찔끔 흘릴 정도로 나름 번역이란 자체에 대한 원칙론과 방법론을 정립하려고 노력하는 일인으로서 늘 그렇듯이 인터넷 서핑으로 리서치와 힐링(이라고 쓰고 시간 죽이기라고 읽는다)을 하다가 느므느므 기가 막힌 쌉소리를 발견하고 아 요거 한번 접대해 드려야 하겠다는 생각이 들었다. 이런 과정이 말하자면 나에게는 편집회의다. 뭘 쓸까 정하는 거. 기획은 진작 되어 있었는데 그때그때 불거지는 급한 쓸거리들 때문에 미루고 미루다가 어젯밤에 기초자료 정리하고 오늘 아침 눈뜨고 딴짓 실컷 하다가… 이제 일 좀 해 볼까? 하고 페북을 켰다.

이분은 경력 30년이 넘는 번역가란다. 그 정도 짬이면 번역 장인이 돼야 정상인데 그만 탈선을 해 버렸다. 그래. 번역이 따분하고 고달픈 작업이긴 하지. 그래서 번역을 너무 오래 하다 보니 시키지 않는 쓸데없는 짓도 하게 되고 번역의 경계를 넘어서는 엉뚱한 생각을 하게 되나 봐. 이분에 대한 인터뷰 기사나 소개 같은 게 구글 치면 쫙 나오는데…. 이런 게 있네?

"그(이희재)는 처음에는 번역가로서 말이 제대로 옮겨지는지에 관심을 두었다. 그러나 차차 세상 자체가 제대로 옮겨지는지에 의문을 품으면서, 이 세상이 누군가에 의해 번역·해석되고 가공되고 많은 경우 날조될 수도 있음을 깨닫게 된 과정을 하나로 연결하는 개념도 넓은 뜻의 '번역'이라 이름지었다."

자기가 뭐라고 번역이란 태고적부터 있었던 오래된 낱말의 정의까지 수정하고 있다. 번역을 오래 하고 사전을 많이 찾아보다 보면 사전편찬자도 되나 보다. 나폴레옹도 사전편찬자가 돼서 자기 사전엔 불가능이란 없다고 했다가 말년에 어떻게 됐는지는 다들 알지? 불가능을 절감하고 돌아가셨다. 그래서 사전은 제멋대로 바꾸는 게 아닌데…. 그 쓸데없는 짓을

30년 번역 경력의 이희재가 했다. 자기를 나폴레옹 급으로 오인했나 봐.

번역의 ABC 중에서도 ABC가 사전에 있는 그대로 보는 건데…. 텍스트 이전에 자기 자신에 대한 과대망상이 있었다. 경력 30년 됐어도 알아주는 사람 거의 없는 게 번역 일인데….그 좁은 우물 안의 세상에서 찢고 까불며 세상을 오역하고 있다. 이런 걸 전문용어로 '꼴값'이라 하는데, 그럼 일단 꼴값 맞나 안 맞나 확인차 그의 어록을 살짝 디벼 보기로 하자.

번역가는 말을 옮기는 사람이다. 그래서 번역가로서 말이 제대로 옮겨지는지에 대해서 관심을 갖는 것은 당연한 일이고 그게 소명이기도 하지. 여기서 말이란 원문 텍스트. 출판사에서 번역하라고 넘겨받은 책 한 권. 딴 거 신경 쓸 거 없고 그것만 똑바로 옮기면 되는 거야. 원문에 오류가 있으면 그 오류까지도 그대로 옮겨 주고 그냥 넘어가기 걸쩍지근하면 그 옆에 괄호 치고 약간의 설명을 붙인 후 역주라고 표시해 주면 되는 거지. 사실 이 일만 해도 굉장히 어렵다. 제대로 할라치면 원저자의 머리 꼭대기에 앉아 있어야 할 수 있는 일이라니까. 해서 이것만 잘해도 "탁월한"이란 수식어를 가질 수 있는 번역가가 될 수 있는 거지. 더도 덜도 말고 딱 거기까지. 거기까지가 번역이라니까. 해서 이 사람도 초심은 좋았어. 나름 좋은 번역가가 되려고 자기 역할에 충실하려던 마음이 보여. 번역가 이희재의 초심. 그런데 말입니다….

이분이 슬슬 탈선을 시작한다. 뭐래니? "차차 세상 자체가 제대로 옮겨지는지에 의문을 품"어? 이제 이 사람이 책 밖으로 나왔지? 사춘기 청소년이 세상에 회의하고 반항하는 게 꼭 이 꼴이다. 온 세상이 잘못된 것 같지. 그래서 탈선하지. 이 대목부터 이 사람은 번역가 아니고 이론가 또는 비평가지. 아주 초보적인 수준의. 사춘기 청소년 수준의. 뭐 그것도 나쁘지 않다. 인생은 그렇게 변화하는 거니까. 번역가라고 평생 번역만 하고 살아야 한다는 법은 없지. 번역하다 이론도 쓰고 그러다 저서도 내고. 바둑 두다 국회의원이 되어버린 조훈현 선생님처럼 (이분도) 정치인이 되어서 번역인들의 숙원인 번역청도 설립하면 얼마나 좋겠어? 이 세상에 모든 변화는 불가피하다. 그런데 그게 진보인지 퇴행인지는 검토를 해 봐야겠지?

자, 다시 이분이 뭐라고 말씀하셨나 볼까? 참고로 인용문은 모 매체의 서술인데…. 그 출처는 본인이 작성한 보도자료일 가능성이 무궁무진하다. 즉 주어만 3인칭으로 바꾸고 실제론 본인의 진술이란 거지. 특히 요런 난해하고 전문적인 서술은 100에 99가. 그럼 다시 볼까?

"이 세상이 누군가에 의해 번역·해석되고 가공되고 많은 경우 날조될 수도 있음을 깨닫게 된 과정을 하나로 연결하는 개념도 넓은 뜻의 '번역'이라 이름지었다."라고 하시는데…. 여기서 앞부분, 즉 "이 세상이 누군가에 의해 번역, 해석, 가공, 날조될 수 있"다는 말씀을 굳이 이렇게 장황하게 늘어놓을 필요는 없을 듯하고, '관점'이란 단어 하나로 정리가 되는 소리다. 세상은 관점에 따라 다르게 보인다는 소리를 이렇게 너절하게 쓰고 있는 거다. 거기에 번역이란 말을 끼워 넣은 것은 곧이어 쓰게 될 억지 주장에 판을 깔기 위한 빌드업? 희재형, 맞지?

세상을 보는 관점을 쓴 게 이론이고 그래서 이론이란 건 필연적으로 그 관점에서 바라본 세상에 대한 진술이자 해석인데 이희재의 특이한 점은, 자기의 비위에 거슬리는 해석에 대하여는 "가공" 또는 "날조"라는 막말을 날리는 거다. 패악질이지. 헌데 가공 또는 날조라는 표현은 전문가적 입장에선 팩트가 틀렸을 때나 사용하는 말이지 자기 입맛에 안 맞다고 몰아붙일 때 사용하는 표현이 아니거든. 번역가로서 치명적인 오류, 즉 잘못된 용어를 사용한 거다. 여기선 미화 또는 정당화…. 이런 말을 써야지. 진짜 글도 오지게 못 쓴다.

누군가에 의해? 그게 누군지 몰라도 이희재에게 굉장히 미운 털이 박혔다는 사실을 알 수가 있는데 그것도 이분이 명시하고 있으니 조금 있다 다루기로 하고…. 정리하면 이희재는 그 "누군가"의 관점에 찬성하지 않고 있으며 그래서 적확한 용어를 사용할 이성조차 잃어버리고 세상을 보는 남들의 관점을 가공 또는 날조라고 폄훼하고 있다. 번역가가 번역은 안 하고 남의 관점을 폄훼하고 있는 상황…. 이것은 번역이 아니라 이념전쟁, 즉 정치지. 번역가를 참칭하며 번역은 안 하고 정치놀음에 꽂혀 있는 이희재.

해서 누군가 세상을 내 맘에 안 들게 해석하며 미화하고 있다는 사실을 깨달았다고라? 참내, 아르키메데스가 유레카! 하는 순간이다. 그 연세에 대단한 걸 깨우치셨어요. 그래서 늘그막에 투사가 될라고? 늦바람 들었어?

번역가가 할당된 텍스트가 맘에 안 들면 안 하면 되는 거지 왜 남의 관점까지 비평하고 비난하고 난도질을 하겠다는 건지. 그런데 그 과정을 하나로 연결하는 개념도 "넓은 뜻의 번역"이라고 이름지었다고라? 하나로 연결하는 과정? 이건 또 뭔 소리고? 자기도 모르는 소리를 하려다 보니 혀가 꼬여 독해도 안 되는 글이 생산된 일례이다.

궁글쿠…. 이희재가 신이가? 태초에 말씀이 있었도다…. 하는 투로 세상을 자기만의 주관적인 편견으로 바라보며 제 입맛에 안 맞는 관점들을 검열하고 비판하는 작업을 "넓은 뜻의 번역"이라고 이름을 지었단다. 번역이란 단어의 뜻을 제멋대로 확장시켰다는 소리이고 번역이라 할 수 없는 일을 자기 멋대로 번역이라는 개념 속에 끌어들였다는 뜻이다. 이거 국립국어원에 신고할 사안이다.

이희재는 세상에 불만이 많은 사람이다. 자기가 보는 세상의 언어들이 그의 관점에선 악의적으로 가공 및 날조되었다고 보고 있다. 그것도 일군의 사람들에 의하여. 이와 같은 관점은 전형적인 음모론자의 시각이다. 소수의 누군가가 세상을 조종하고 지배한다는 망상과 피해의식이다. 거기에 분연히 떨쳐 일어나 저항하고 가공되고 날조된 언어들을 바로잡겠다는 의지는 충분히 알겠다. 헌데 그런 작업이 번역은 아니지. 님이 번역이란 단어의 의미를 아무리 넓게 확장해도 그건 번역 아니라고.

이희재는 자기의 이념전쟁을 설명하는데 왜 군이 번역이란 개념을 도입하였는지 생각해 본다. 번역 바닥에서 30년이나 굴러먹다 보니 자신의 신상과 생각에 관한 모든 것을 번역이라는 프레임에 우겨넣으려는 습관과 타성에 젖어 있기 때문이 아닐까 하는 진단이다. 애초 순결하게 번역만 할 사람이 아니고 다른 꿈을 갖고 사는데 목구멍이 포도청이다 보니까 생계형으로 번역일을 해 가면서 자기가 진짜로 표출하고 싶은 사상을 번역에 투사하여 자기기만을 통한 유사만족을 즐기는 정신 분열 증세는 아닐까 하는 걱정이 많이 든다. 번역하지 말아야 할 사람이 하게 되면 이런 사달이 나게 되어 있다.

이희재에게 묻고 싶다. 번역, 하면서도 되게 시시하지? 남의 시다바리 노릇 같고…. 실력이 딸려서 어렵긴 한데 이걸 천직이라 생각하기엔 스스로 아깝다고 생각하지? 이력을 봤더니 서방 세계에 굉장한 적개심이 있고 아프리카를 엄청 사랑하더만. 번역 때려치우고 아프리카의 현실에 투신하는 건 어때? 그게 좀 더 적성에 맞는 것 같더만.

늘 말하는 거지만 번역은 자기를 죽이는 일이다. 남이 쓴 거 원글자의 뜻 그대로 옮기면 될 일인데 원글이 맘에 안 든다고 그걸 뜯어고치고 비난하면 월권이라니까. 그 주관적 정의에 대한 성정을 알겠는데…. 그럴려면 번역가 타이틀 떼고 하라고. 아님 입맛에 맞는 책만 골라서 그것만 하든가. 나처럼.

나 같은 경우는 누가 시켜서 하는 번역은 하지 않아. 내가 좋아하는 책만 해. 그러니까 님이 말하는 넓은 뜻 말고 오리지널의 의미에 충실할 수가 있고 그래서 거기서 기쁨과 보람을 느낀다. 이게 번역이야.

출판계에서 번역가로 30년이면 하기 싫은 작업도 많이 했을 거야. 먹고 살라고 인생 많이 허비했다. 이제 하고 싶은 걸 해라. 번역 때려치우고 이론가나 정치운동가로 나서든가 아니면 국으로 열심히 번역이나 하든가.

PS. 이 형이 생각보다 상태가 안 좋아서 한두 번 더 모셔야 할 것 같다. 마침 나도 요즘 매일 번역하니까 번역인의 자세랄까 번역의 방법론 등등의 타픽으로 글 좀 쓸라고 했는데…. 희재 형이 뺨을 딱 때려주네? 땡큐다. See you soon again. (2023/6/5)

번역의 정석

2. 서민주의?

"말을 바꾸면 현실이 달리 보인다! populism을 '서민주의'로 바꾸니 '포퓰리스트'라는 장막 뒤에 가려졌던 베네수엘라의 차베스, 리비아의 카다피 같은 서민주의자가 눈에 들어왔다. 재력으로 언론을 장악한 소수가 오염시킨 '포퓰리스트'라는 말에 현혹당해 다수를 섬기려던 서민주의자들을 영문도 모른 채 비웃었던 지난날이 부끄러워졌다." - 이희재

어제 이어 후편이다. 이분이 확장한 번역 개념을 실제로 적용한 예를 굉장히 자랑스럽게 제시하고 있다. 당혹스럽다.

베네수엘라의 차베스와 리비아의 가다피를 포퓰리스트라고 인식했을 때는 "자기도 모르게 비웃었"는데 번역가인 자기가 포퓰리즘이란 용어를 서민주의라고 옮겼더니 차베스와 가다피가 자동적으로 서민주의자로 변신했고, 그리고 나니까 서민주의자를 포퓰리스트라고 비웃었던 자신의 과거를 참회했다는 스토리다. 인생 참 편하게 사시는 분이다. 혼자서 막 병 주고 약 주고 난리네? 모노드라마 찍나?

사자와 호랑이는 먹이사슬 최상위급 맹수여서 무서웠는데 이들에게 (번역가인 내가) 채식동물이란 타이틀을 부여하였더니 사랑스런 동물이 되었더라…. 하는 레벨의 개소리와 전혀 다르지 않은 진술을 이희재는 하고 있다. 번역가가 대단한 권력자라고 생각하나 봐. 자기 멋대로 언어를 파괴하고 있다. 지랄도 풍년이다.

희재야. 포퓰리스트가 서민주의자니? 아니…. 차베스와 가다피가 서민주의자였니? 서민주의? 근데 그게 뭔데? 서민이란 말은 들어봤어도 서민주의란 말은 처음 들어봤다. 우리 모두 서민이 되자는 게 서민주의야? 마치 신흥 종교를 보는 기분이야. 니가 만든 서민주의의 강령이 뭐니? 나도 서민인데 나 같은 경우 내가 서민인 것이 그다지 맘에 들지 않는다. 그냥 살다 보니 서민밖에 되지 못해도 만족하고 사는 거지. 이게 서민주의니?

정치인으로서 자기가 서민인 것하고 스스로 서민이든 아니든 간에 진심으로 서민을 위하는 것하고, 실제로는 서민도 아니면서 서민인 척 서민을 위하는 척하면서 투표할 때 서민들의 표나 빨아먹는 것은 굉장히 다른 얘기다. 또한 'Populist'를 서민주의자로 번역하는 것과 그렇게 번역해 놓고 거기다가 차베스와 가다피를 갖다 붙이는 것도 완전히 다른 얘기지. 테니스에 double fault라고 있지. 지금 님이 하고 있는 잘못은 엎어 친 데 메친 거라고. 병살타.

순수한 영어단어 populist는 특정인을 겨냥한 단어가 아니다. 님이 말하는, 재력으로 언론을 장악한 소수의 언어가 아니라고. 근데 누군가가 그 단어를 차베스와 가다피에게 붙였다면 그들의 행적을 살피고 확인하면 될 것이야. 니 말마따나 그들이 다수를 섬겼던 사람이라면 일단 populist는 사전대로 옮겨주고 필요하다면 역주를 달아 원저자가 글을 잘못 쓴 것 같다고 하면 되지, 니가 뭐라고 populist라는 단어를 서민주의자라고 바꾸냐고. 술 마셨니? 음주번역이야?

차베스와 가다피는 서민이었니? 내가 알기론 멀쩡한 시민들을 서민보다 못한 빈민이 되도록 나라를 말아먹고 자기는 최고의 호화생활을 누렸던 분들인데, 이분들을 왜 서민주의자들이라 하는 걸까? 대체 서민주의가 뭐냐고?

서민주의가 궁금하여 사전을 찾아봤더니 그런 말 자체가 없더라. 번역가가 사전에도 나오지 않는 어휘를 창조해서 번역을 했다는 소리다. 혼자서 서민이란 단어가 주는 갬성에 도취해서 그런 이상한 뻘소리를 가공하고 날조한 거 아니냐고? 날조는 니가 하네? 일개 번역가 주제에. 크리스천이 바이블을 삶의 준칙으로 삼듯이 번역가는 사전에 의존해야 하건만 어디서 감히 없는 말을 만드냐고.

"포퓰리즘이란 일반 대중을 동원하여 권력을 획득하고 지속적으로 유지하는 정치 시스템이자 대중의 인기에 영합하는 정치 형태이다."라고 위키에 나오네. 여기서 포인트는 동원과 영합이야. 꼬셔서 내 편 만들어 이용하다 버리는 거. 그게 바로 동원과 영합을 이용한 정치의 본질이란 거. 이거까진 알지? 니 말은 차베스와 가다피가 그런 사람이 아니라는 얘기 아냐? 뭐? 다수를 섬기려던 분들이라고? 근데 금권세력에 의해 그들의 참모습이 장막에 가려졌다고 주장하는 것 같은데…. 꼭 어디 별나라에서 살다 온 사람 같아. 형 말야. 형!

백번 양보해서 그들의 본모습이 다수를 섬기려던 사람이었다면 그들을 populist라고 묘사한 어떤 문헌도 번역하지 말라고. 스스로 동의할 수 없는 내용이면 번역도 하지 말라고. 만약 그런 일을 맡아서 돈 받고 일했다면 매춘번역이지. 헌데 매춘도 윤리가 있다. 성심껏 해야지. 돈까지 받고 populist를 서민주의자로 옮기는 짓을 했다면 그건 번역가로서의 반칙이자 의뢰인에 대한 패륜에 해당하는 게 아닐까 싶다. 내 번역윤리로는 그러한데 이희재 번역가는 기준이 좀 다른가?

포퓰리즘의 공식 번역은 대중주의. 이게 사전적 번역이고 약간 조미료를 치면 대중영합정치 정도? 포인트는 진정성 없는 사탕발림 정치란 사실이다. 차베스와 가다피가 그렇게 불렸던 게 얼마나 속이 쓰렸으면… "서민"으로 포장하여 조작 날조하고 싶었을까를 생각하면 내 맴도 짠하다. 차베스 가다피가 그렇게 좋아? 그렇게 좋으면 찌질하게 단어 하나 멋대로 번역하고 큰일 한 척 가오 잡지 말고 그 사람들의 전기나 전집 같은 것을 한번 번역을 하라고. 번역의 룰을 파괴하면서까지 소기의 목적을 달성했다고 착각 말고 목적에 맞는 텍스트를 선정하여 올바로 된 번역작업으로 목적을 달성하라니까. 김일성 회고록도 나와 돌아다니는 나라에서 차베스 가다피쯤이야. 꼼수나 지름길 찾지 말고 힘들어도 정도를 걸으라고.

이렇게 말하는 나는 언론을 장악한 소수의 재력가도 아니고 그들에게 이런 거 하라고 돈 한 푼 받은 일 없는 사람이다. 그냥 하고 싶어서 하는 거라니까. 이런 나도 님의 뻘소리를 차베스나 가다피 장학금 받고 하는 일이라고 생각하지 않아. 좀 덜떨어졌다 여길 뿐 그렇게까지 약삭빠르다 생각하지 않는다니까. 그랬으면 미련 곰탱이같이 번역을 30년씩이나 했겠나? 그러니 세상이 맘에 안 들어도 그걸 음모론과 남 탓으로 돌려서 정신 승리나 하지 말고…. 정도를 걸어서 진정한 승리자가 되도록 해. 진심이다.

오늘의 한 줄 요약: Populism은 서민주의 아니다.

(2023/6/6)

3. 뽕쟁이 또는 사기꾼

어제 까먹고 이걸 안 했다. 제일 중요한 건데.

"말을 바꾸면 현실이 달리 보인다!" - 이희재.

나름 신세계를 만난 것처럼 딴에는 큰 깨달음을 얻었다고 생각되어 그 희열을 느낌표로 표현하고 있다. 원래 글 쓰는 사람들, 특히 산문가들은 특별한 경우가 아니면 느낌표 잘 안 쓴다. 경력만 보면 연세도 드실 만큼 드신 분일 텐데, 이순은 넉넉히 되셨을 법한 분이 이게 웬일인가 싶을 정도의 이례적 감정표현이었다. 글을 다루는 번역가의 이런 정도의 표현은 심마니에게 있어서 '심봤다!'에 버금가는 환희이다.

Wow! 말만 바꿨더니 세상이 달라 보이네? 그 천하의 악당 차베스와 가다피가 성군으로 보이네? 거 참 신기하네! 뭐 이런 느낌이다. 이걸로 패로디 놀이 한번 해 볼까?

1. 술만 먹으면 현실이 달리 보인다!
2. 뽕만 맞으면 현실이 달리 보인다!
3. 색안경만 쓰면 현실이 달리 보인다!

이와 같은 예를 통해 알 수 있듯이 실제로 바뀐 것은 아무 것도 없다. 이희재가 말을 바꿔 새롭게 보게 된 현실은 그저 술 쳐먹고 또는 마약하고 헬렐레한 마인드에서 눈에 들어오는 일종의 환각일 뿐 현실을 바꾼 것도 세상을 개선한 것도 아닌, 그냥 헛소리에 지나지 않는다는 사실이다.

말을 바꿔서 달리 보인 현실, 다르게 보이기 위해서 말을 바꿔 보려는 시도…. 이것은 결국 아편쟁이가 자기 팔에 주사기를 찌르는 행동과 뭐가 다르겠는가? 말은 말일 뿐, 더욱이 번역가의 말은 말 중에서도 주인 아닌 머슴의 말일 뿐인데 어디서 감히 주인의 말씀을 바꿔서 세상을 다르게 보이도록 수작을 부리는 것이냐? 번역가 나부랭이가 너무 무엄한 거 아닌가? 실제로 할 수 있는 것도 아니면서 불순한 의도로 (있지도 않은) 권력을 남용하는 거 아니냐고.

이렇게 쓰고 나니 약간 미안하다. 나름 치열하게 살아보겠다고 이런저런 궁리를 하던 끝에 나온 소리인데 그런 사람을 뽕쟁이로 몰아붙였네? Sorry. 딴 거로 바꿔 줄게.

아닌 게 아니라 말을 바꾸면 현실이 달리 보이는 경우가 없지 않다. 예를 들면 이런 거다. 여기 병에 물이 절반이 차 있다. 이걸 보면서 이렇게 말하는 거야.

1. 물이 반이나 있네!
2. 물이 반밖에 없네!

이렇게 살짝 조사만 바꿔도 현실은 바뀐 게 하나 없지만 그 느낌만큼은 천국과 지옥의 차이로 만드는 선수들이 있다. 제비족이나 사기꾼 같은 사람들이다. 현란한 말솜씨로 환각을 보여줘서 자기를 믿게 만들고 그다음에는 뒤통수를 친다.

말로 현실을 달리 보이게 만들 수 있는 선수들을 사기꾼이라고 한다면 남의 말에 홀려 환각적 현실을 보는 사람들을 개돼지라고 부른다. 말로 현실을 달리 보이게 하여 분노케 하고 어리석은 행동을 하게 만드는 부류가 있다. 그런 기술을 선동이라고 한다. 세월호 때 천안함 때…. 진실을 인양한대매? 다들 낡이고 거의 10년이 지났는데 이젠 속았었다는 거 다 알면서도 반성도 후회도 없고 또다시 선동을 당하고 있다. 아마도 죽을 때까지. "대가리가 깨져도."

이희재는 자기가 자기를 선동하는 특이한 케이스다. 아무도 이분한테 이래라 저래라 하지 않는데 혼자서 뇌 내 망상을 일으켜 차베스와 가다피를 독재자에서 성군으로 격상시켜 놓고는 자신의 헛짓으로 얻게 된 환각을 깨우침이라 착각하며 감탄한다. 번역은 외로운 작업이라…. 아마도 이분이 혼자서 너무 오래 지내다 보니 이런 처참한 상태가 된 것은 아닌지 모르겠다. 얼마나 시간이 많으면 그런 내용들을 갖고 책까지 쓸까?

그 책의 제목이 바로 번역전쟁. 개소리는 똥 이야기라고 안 봐도 비디오다. 이게 나의 한 줄 서평이다. 그리고 애정을 듬뿍 담은 나의 편지.

형. 번역으로 전쟁 같은 거 하지 마. 말 바꿔서 현실을 달리 보이게 하는 장난치지 말고 사전에 있는 그대로만 하자. 본분에 맞게. 독자들이 바보 아니니까 수고롭게 불량식품 만들어 떠먹여 주지 않아도 된다니. 그렇게 힘이 뻗치면 번역가들 규합해서 번역료 인상투쟁이나 하시든가. 우리 돈 짠 거 다 알잖아? 거대언론 통제하는 소수 금권세력 운운하며 봉창 두드리지 말고 번역 짬 30년 선수로서 출판 금권세력의 번역가 착취나 한번 파헤쳐 보라니까. 차베스나 가다피가 형보다 억 배는 폼나게 살다 간 사

람들이니 남 걱정 그만하시고 님의 현실이나 바꿔 보시라고요. 말이 아닌
행동으로. 콜? (2023/6/8)

4. 유유상종: 세상번역 vs. 세상기획

프로필 비평이다. 남의 프로필 갖고 이러쿵저러쿵하기도 처음인데 프로필에 관한 한 이희재가 특별히 미워서가 아니라 대한민국 번역가라는 사람들의 전형성과 한계를 이희재가 온몸으로 시전하며 한국 출판계의 문제를 노정하고 있기에 마사지만 살짝 해드리는 것뿐이다. 성심을 다하여.

어찌 보면 기구하고 어찌 보면 한심한 게 번역가의 인생이다. 난 이희재를 모르지만 공식으로 드러난 프로필 한 줄만 봐도 알 수가 있다. 함 볼까?

"이희재는 서울대 심리학과를 졸업하고, 성균관대 독문학과 대학원을 수료했다. 영국 런던대학 SOAS(아시아아프리카대학)에서 영한 번역을 가르치고 있다." (출처: 한국강사신문)

출처가 강사신문이라 의아했는데 원래 번역가란 게 '자유직'이라 번역 말고 다른 일도 자유롭게 겸업할 수 있는 직업이다 보니 강사로서 강사신문에서도 소개되었구나 하고 수긍이 되었다. 런던대학에서 영한 번역을 가르치신다는데, 필경 (전임)교수가 아닌 '(시간)강사'로 가르친다는 뜻이겠지? 그런 부분을 살짝 뭉개셨는데, 그래서 교수신문이 아닌 강사신문에 소개된 것으로써 추정이 된다.

나도 여기저기서 시간강사 생활을 나름 해 봐서 아는데, 대학의 강사라면 번역가처럼 프리랜서라 강의 시간만 잘 지킨다면 다른 무슨 직업과도 병행할 수 있으니까 번역가와 강사를 동시에 하는 것이 얼핏 보면 근사해 보일 수가 있다. 헌데…. 이런 걸 빛 좋은 개살구라고 하지, 아마? 말이 좋아 프리랜서지…. 아무리 실력이 좋고 유명해도 원고지 매수를 안 채우면 한 푼도 받을 수 없고 강의를 안 해도 수입이 없다. 또 한 가지 공통점은 언제나 잘릴 수 있다는 거. 그러니까 freelancer의 free는 이들을 고용하는 분들의 free인 거다. 그래서 백척간두의 불안한 직업군이 번역가 & (시간) 강사인데 이희재는 그러니까 이 분야에서 2관왕인 거다. 기구한 인생이다. 탱자탱자 놀면서 방학 때도 따박따박 월급 받는 자리가 얼마나 많은데.

학력을 보면 이희재는 왜 프리랜서를 할 수밖에 없는지 금방 알 수가 있다. 학문적으로 널뛰기 인생을 살았다. 학부가 서울대 심리학과. 대학원이 성대 독문과? 진짜 이상하지 않냐? 첫째, 서울대 나와서 대학원은 모교로 못 간 것이 이상하고, 둘째, 심리학에서 독일 문학으로 전공을 바꾼 것도 이상하다. 프로이드와 융이 독일어를 사용해서? 설령 그렇더라도 합리적인 진로 선택은 아니지. 학교에 남겠다면 이런 행보는 자살행위. 차라리 독일어 전공 후 심리학을 대학원에서 했다면 모를까. 암튼 이 사람 참 미스터리다. 해서 당신이 대학 총장이라면 이와 같은 학력을 가진 사람을 쓸까? 순전히 학력만 본다면 말이다. 해서 이 학력은 절대 취업용은 아니란 말이지. 스펙을 쌓기 위한 학력도 아니고…. S대씩이나 나와서 뭔가 알 수 없는 인생의 막장에 몰려 궁여지책 끝에 선택한 진학이란 느낌이 확 든다. 뭘까?

우리 손님 중에서 바이올린 학원을 운영하는 분이 있다. 고등학교도 예술고, 대학도 음대 바이올린 전공, 대학원도 뉴욕 줄리어드 음대에서 바이올린 전공. 평생 한길만을 최고의 학벌로 걸어왔던 분이다. 그리고 운영하는 학원도 이름이 마에스트로. 말하자면 자기 분야에서 일류의 인생인 거다.

이 바이올리니스트의 스펙이 성골이라면 이희재의 학벌은 말하자면 개족보라 할 수 있다. 번역가들 가운데 이희재 같은 개족보들이 의외로 많다. 먹물 근성은 있어서 막노동이나 장사는 못 하겠고, 그렇다고 초일류의 엘리트도 아니고 한 우물만 파 왔던 전문가도 아니어서 학자도 전문직도 될 수가 없으니 그나마 이것도 저것도 아니지만 대략 먹물 냄새 풍기면서 열심히 하면 생계는 이어갈 수는 있으니 이희재같이 애매한 학벌의 소유자들이 하게 되는 일이 바로 번역이다. 이런 분들이 대개 전문번역가라는 타이틀로 많이 활동을 하는데 전문분야가 있어서 전문번역가가 아니라 무슨 분야든 가리지 않고 번역을 한대서 전문번역가라고 한다. 정확히 말하면 생계형 번역가.

내가 어쩌다 며칠째 식음을 전폐하며(!) 번역가 이희재를 분석하고 있다만 사실은 이게 다 궁리출판사 때문이다. 누누이 말했지만 원래 알지도 못했던 분이고 단지 나의 관심분야이자 전공분야인 '미국'에 관한 야심찬 기획이 이 출판사에 있다고 해서 서핑을 하다가 조우하게 된 게 이희재다. 번역전쟁을 이 출판사에서 냈더라. 다른 볼일로 홈피를 방문했다가 포퓰리즘이 서민주의라는 역대급 개소리에 내가 그만 빠쳐서 여기까지 오게 되었으나 애초 이희재는 내 안중에 있던 사람은 아니었다.

궁리미국총서-이 시리즈가 나의 관심사였고 그 가운데 첫 번째 책인 사료로 읽는 미국사는 내가 유용하게 써먹은 적이 있어서 궁리미국총서 1권으로 나온 이 책이 다른 시리즈와 어떻게 연관이 있는지, 그리고 다른 시리즈는 잘 나오고 있는지가 궁금했다.

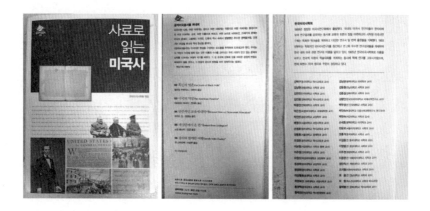

그런데 헐~ 이 시리즈의 책임기획자가 번역가네. 미국 관련 학계의 수많은 학자와 교수들을 제치고 일개 번역가가 이 전문 분야의 총책임기획자라니. 책임기획 이민아. 프로필 한번 볼까? Yes24에 나오네.

"이화여화대학교에서 중문학을 공부했고, 영문 책과 중문 책을 번역한다. 옮긴 책으로 올리버 색스의『온 더 무브』,『깨어남』,『색맹의 섬』, 빌 헤이스의『인섬니악 시티』, 에릭 호퍼의『맹신자들』, 이언 매큐언의『토요일』, 헬렌 한프의『채링크로스 84번지』, 수전 손택의『해석에 반대한다』, 피터 브룩의『빈 공간』,『정자전쟁』,『얼굴의 심리학』,『손의 신비』,『허울뿐인 세계화』,『창조자들』,『시간의 지도』,『수집』 등이 있다."

이게 시리즈로 나오게 될 미국총서의 기획자로 적당한 프로필일까? 학부에서 중문학을 전공하고 주로 픽션 위주의 책을 번역하며 미국이랑 별로 관련도 없는 분이 미국총서의 책임기획자라고? 그래도 전문 분야이고 중요한 분야인데…. 중문과 다니면서 미국학은 독학했나? 참 대단하다 싶어서 이 분의 기획의 변을 읽어봤다.

"미국이란 나라, 어떤 이에겐 꿈이고 어떤 이에겐 악몽이요 어떤 이에겐 동경이며 어떤 이에겐 공포. 어떤 이름으로 부르건 어떤 눈으로 바라보건 21세기의 문제는 미국의 문제다. 그럼에도 미국은 역사 속에서 명멸했던 무수한 권력들처럼 언젠가는 마감될 하나의 역사현상일 뿐이다."

뭔가 후까시는 잔뜩 잡았는데 특별한 내용은 없고 미국에 대한 막연하지만 강렬한 증오심을 조악하게 표현하고 있다는 느낌이다. 꿈보단 악몽, 동경 보단 공포에 방점을 주면서 21세기 만악의 근원은 미국이며 지금은 아무리 강해도 언젠간 망할 것이란 저주를 마치 자기가 조물주인 양 빙의하여 주술하고 있다.

언젠가 망할 게 확실한데 뭐 하러 미국총서를 만드나? 어서 망하라고 고사나 열심히 지낼 것이지. 그런 마인드를 가진 분이라면 북괴총서나 중공총서 같은 거 만들면 더 잘할 것 같은데 왜 이민아는 하고 많은 나라들 다 제치고 굳이 미국총서를 책임 기획한다고 난리굿일까? 이분도 중국몽인가? 출판 굴기? 아님, 혹시 상업성? 나도 한때 출판사 기획회의에 수차례 참석해 봤던 사람으로서 북괴나 중공총서보단 잘 팔릴 것 같아서라는데 비장하게 내 돈 500원을 걸겠다. 무슨 미사여구와 명분을 갖다 붙여도 결론은 돈이더라. 돈 되는 책. 미국이 미워도 미국을 끼고 돌아야 돈이 된다는 빤한 속내가 아닐까? 그렇다면 속물이지. 비장한 출사표는 페인트모션. 미국총서를 출범하는 이민아의 말을 좀 더 들어보자.

"〈궁리미국총서〉는 미국이란 현상을 구성하는 요소들을 추적하여 드러내고자 한다."

이건 또 뭔 개소리냐. 이민아는 미국을 실체로서 인정하지 못하겠단 것이다. 실체가 아닌 현상인데 그 현상이 퍽 맘에 들지 않기에 추적하여 드러낸다고 한다. 맘에 들었다면 조명한다고 했겠지. 맘에 들지 않는 모습들만 애써 쳐다보며 그런 배배 꼬인 심성을 정당화하기 위해 열심이다. 무슨 추적 60분 찍냐? 궁리미국총서가 PD 수첩이냐고.

"우리는 이 작업이 미국에 얹혀 있는 갖은 이름과 수사를 걷어내고 우리 시대가 안고 있는 문제의 실체를 드러내는 여정이 되기를 바란다."

이건 또 뭔 뻘소리냐. 기존의 미국에 대한 긍정적 인정과 평가는 (고까우니까) 거품과 같은 것으로 치부하여 "걷어내고," 즉 싹 다 (개)무시하고 (그녀가 보기엔) 미국의 본 모습은 곧바로 문제투성이에 불과하므로 홀딱 한번 벌거벗겨 보겠다…. 하는 의지와 소망의 피력이다. 근데 그 문제가 우리 시대의 문제라고? 우리가 누군데? 한국인? 미국인? 우리 시대면 21세기? 아니면 20세기? 이민아는 이 중요한 문제를 구렁이 담 넘어가듯 두리뭉실하게 넘어가려 하는데…. 이런 짓을 화투칠 때 하다 걸리면 구라 친다고 손모가지 잘리기가 십상이다. 출판인이 이런 짓을 하면 혀를 잘라야 한다.

궁리 미국총서는 한국 사람들 보라고 만드는 거 아냐? 그럼 여기서 "우리"란 필경 한국인이겠지. 근데 우리 시대가 안고 있는 문제의 실체를 미국총서로 드러낸다고? 우리의 모든 문제가 미국 때문이야? 우리가 미국식민지니? 이분 혹시, 사대주의잔가? 아님 돌았나? 중국몽에 넋을 잃었나? 뭐 그런 생각을 하게 만드는 명문장이다.

"그 길 곳곳에 잠복해 있을 어떠한 감정적 반응도 배제하지 않을 것이나 그 반응의 온도와 방향을 미리 정해두지는 않겠다."

뭔 쌉소리냐면···. 내가 이제 (미국한테) 도발을 하려고 하는데 어떤 폭발적 반응이 일어날지는 나도 모르겠다. (그러니) 각오해라···. 뭐 이런 소리로 들린다. 자기가 기획하는 궁리미국총서가 대단한 반향을 일으킬 것이라고 과대망상하는 불쌍한 편집자의 비장한 출사표다. 말하자면 아무도 심각하게 생각하지 않는데 혼자만 과하게 기대 만땅? 이분의 상상 속엔 이미 궁리총서는 베스트셀러로 대박을 쳤고 대한민국은 "우리 시대의" 모든 문제를 촉발한 미국에 대한 증오와 분노로 들끓게 될 것이라는 뇌내망상을 책날개에 인쇄까지 하고 있는 신동이 바로 여기에 있다. 모르긴 몰라도 이민아는 이 출판사의 경영에 상당한 관계가 있을 듯한데 이분 덕분에 돈만 날렸을 것이라는 합리적 의혹을 가져본다. 솔직히, 얼마 까먹었니?

일단 미국총서라는 시리즈를 내겠다고 한다면 어깨에 힘 빼고 미국에 대해서가 아니라 지식에 대하여, 사실과 진리에 대하여 겸손한 자세로 (무식하면) 배워야겠다는 자세로 접근해도 좋은 책을 만들 수 있을까 말

간데 어디서 감히 삐딱한 똘기와 후까시로 무장을 하고서 이 경건한 작업에 덤벼드냐고. 공손하고 겸허하게, 니 멋대로 바라보는 미국이 아니라 있는 그대로의 미국을 담아 독자 여러분들께 올릴 생각을 해야지, 되지도 않는 깜냥으로 세상을 계도하겠다고 나대는 그 자체로 자격미달 & 예선 탈락임을 예고하는 것뿐이라는. 아니 어디서 중국어 배우다 허파에 바람만 잔뜩 들어갖고 미국총서에 들이대냐고. 대한민국이 만만해?

궁리라는 출판사 이름도 상당히 궁상맞다. 무슨 중국 고서에서 끄집어온 소리 같은데 그 자체가 매우 중국몽스러워 미국총서 출간의 주체로는 어울리지 않아 보이고, 어감상 궁리라면 뭔가 곤경에 처했을 때 잔머리 쓰려고 애쓰는 행태지, 품격 있는 지성인의 고급진 두뇌활동이란 느낌은 주진 못하잖아? 궁리…. 이름부터가 궁상맞다. 뭐 이건 내 느낌이고…. 이 느낌이 맞나 확인하기 위해 궁리미국총서의 추이를 들여다보았다. 도대체 어떤 번역자들을 데려와 어떻게 책을 내고 있는지 함 보자구.

궁리 미국총서의 제1권이 바로 『사료로 읽는 미국사』이다. 미국은 토론과 문서로 만들어진 나라니만큼 역사의 구비구비에서 세상을 바꾸었던 문서들을 모은 것이 바로 이 책이다. 제목은 『사료로 읽는 미국사』 헌데 이거나마 1992년 소나무 출판사에서 이미 출간되었던 『미국역사의 기본사료』의 판권만 구입해서 2006년에 궁리 미국총서의 첫 번째 책으로 출간하였더라. 기획이 새 글을 만드는 게 아니고 기존의 책을 reprint하는 거였니? 참~인생 쉽게 산다. 궁리미국총서는 여기서부터 나가리. 2권, 3권 기획해놓은 거 하나씩 점검해 볼까?

『사료로 읽는 미국사』 책 껍데기 날개에 출간 예정인 궁리미국총서의 리스트가 있다. 2권 흑인의 영혼/이민아 역. 3권 미국의 역설/전대호 역.

4권 민주적인 교육에 대하여/김종승 역. 5권 렉싱턴에서 온 편지/김균 역. 6권 찰리와 함께 한 여행/이정우 역.

이 중에서 실제로 궁리에서 나온 책은 『사료로 읽는 미국사』와 『찰리와 함께 한 여행』 그리고 하워드 진 저 김종승 역의 『On Democratic Education (교육을 말하다)』뿐이다. 특이한 건, 앞의 두 권은 다른 출판사에서 출간됐던 것을 리프린트했다는 점. 첫 번째 책은 1992년에 다른 출판사에서 나왔던 것을 2006에 궁리에서 낸 것이고 두 번째 책은 역자 이정우가 1996년에 돌아가셨는데 2006년에 궁리에서 재출간했다는 사실. 그니까 이민아가 책임 기획했다는 궁리 미국총서는 총서발행 기획 시점 보다 최소 10여년 이전에 다른 출판사에서 나왔던 책을 재탕한 책들뿐 이민아가 야심차게 기획했던 책들 중 출간된 건 오직 한 권뿐이다.

자, 그럼 이민아가 일을 맡기려고 했던 번역가들의 면면을 살펴보자. 이민아는 앞서 다루었고, 3권의 역자로 내정되었던 전대호를 구글해 볼까?

전대호의 자기소개이다. "안녕하세요. 반갑습니다. 전대호입니다. 저는 대학교에서 물리학과 철학을 공부했습니다. 한동안 독일에서 철학을 공부한 적도 있습니다. 또 운이 좋아서 어느 일간지의 신춘문예에 시로 당선했습니다. 지금은 과학책을 중심으로 영어 책과 독일어 책을 번역하는 일을 생업으로 하면서 가끔 기회가 나면 저자로 나서서 글을 쓰기도 합니다. 수학은 자연과학을 통틀어서 제가 가장 좋아하는 분야입니다. 번역할 때도 일거리가 수학 책일 때 가장 많이 공부하게 되고 보람도 큽니다. 책을 한 줄 한 줄 꼼꼼히 읽으면서 수학적 논증을 따라가노라면, 다른 어느 곳에서도 느낄 수 없는 희열을 경험합니다. 아주 간단하고 쉬워서 쓱 보고 지나치는 논증도 차근차근 곱씹고 음미하면 기막힌 맛이 납니다." (궁

리출판사 홈피)

이번엔 김종승. "서강대학교 철학과와 동대학원에서 공부했다. 미디어 및 금융 정보와 관련된 일을 하면서 출판기획자, 번역가로도 활동하고 있다. 옮긴 책으로는『미국의 초석을 다진 명석한 지도자, 프랭클린』,『구텐베르크』,『30분에 읽는 마르셀 프루스트』,『30분에 읽는 반 고흐』등이 있다." 또 이런 것도 있네. "김종승은 2002년 번역사 1급 자격증을 취득했고 이후 XE(미국 경호회사) 중동사업부에서 근무했으며 현재는 Sky sec의 해외법인팀에서 근무 중이다. 주요번역서는「세계의 경호부대」,「csz-5 manual」,「CAS&TGO」및 기타 군 관련 원서이며, 이번「철없는 상사 길들이기」로 자기계발서 전문번역사로의 의미 있는 첫발을 내딛었다."

김균은? 아래 소개가 동명이인일 수도 있으나 글도 쓰고 번역도 하는 김균은 이것밖에 안 뜬다. "1954년 출생하여 미국 듀크대에서 경제학 박사학위를 받았으며, 현재 고려대학교 경제학과 교수로 재직 중이다. 주요 연구분야는 경제사, 경제학 방법론, 경제사상사이다. 주요 저서로는『경제학 원론』(공저, 1995),『자유주의 비판』(1996) 등이 있으며, 이외『진화론적 제도론』(1994),『하이에크의 제도이론』(1994),『하이에크의 화폐사상』(1995) 등 다수의 논문이 있다. 역서로는『리피이츠, 조절이론과 마르크스 경제학』(1993) 등이 있다."

이민아를 비롯하여 궁리미국총서의 번역자로 발탁된 면면이 미국 관련 번역자로 걸맞는 스펙을 가진 것으로 보이는가? 누누이 말하지만 번역을 잘하려면 원저자의 머리 꼭대기에 있어야 한다. 경우에 따라 원저자가 출전을 밝히지 않고 인용한 말이라든지 원저자의 틀린 진술 등도 잡아내어 밝혀낼 수 있을 정도는 되어야 제대로 된 번역자다. 실력도 실력이지만 이희재처럼 원문과 사전이 마음에 안 든다고 문서번역이 아닌 "세상번역"을 해버리면 그건 아예 조작과 날조가 되어버린다. 원문이 마음에 안들면 안 드는 대로 겸허하게 마음을 비우고 원문의 의도와 의미에 충실한 태도도 필수적이다.

무엇보다도 원저자의 말귀를 알아들을 수 있는 실력과 소양이 필요한데 그것은 바로 해당 분야에 관한 전문지식 + 리서치 능력이다. 이민아처럼 학부에서 중국어 전공한 사람이 미국 흑인의 역사와 정신을 서술한 책을 번역하겠다고 호기를 부린다거나 제 아무리 똑똑한 서울대 출신이래도 물리학과 수학을 제일 좋아하는 독일 유학생이 미국의 역사와 문화를 바탕으로 해당분야 최고의 학자가 저술한 사회비평서를 작업한다는 건 독자의 입장에서는 수긍이 되지가 않는다. 학원강사가 되려 해도 전공과 학벌을 보는데 출판이 장난이냐고? 지금 한국의 출판계에선 이렇게 말이 안 되는 일들이 일상적으로 벌어지고 있다. 그 말이 안 되는 일을 책임편집 겸 번역가 이민아가 하고 있다.

캐스팅을 잘못하면 영화도 엎어지는데 책임기획 이민아의 궁리미국총서도 캐스팅 잘못으로 엎어진 것이 아닌가 하는 의혹이 있다. 일단 본인이 맡은 책부터 나오지 못했으니 말 다했다. 출사표에서 온갖 객기를 다 부리더니….

세상 일은 대부분 객기만 갖고 덤비다간 될 일도 안 된다. 특히 출판기획과 번역은 말할 것도 없다. 미국이 아무리 미워도 그 미움을 뒷받침할 실력이 있어야 내실 있는 기획이 되는 거지…. 한국총서 만든다고 어디서 백기완 문익환…. 이런 떨거지들 책들이나 끌어모아 놓고 한국총서 컬렉션이라고 한다면 그게 되겠냐고. 그래서 결국 말아먹었잖냐. 책임기획,

책임은 졌냐?

이와 같이 웃픈 상황이 벌어지는 동안 전국의 미국 관련 학계의 교수와 학자들은 무엇을 하고 있는 것인지 알 수가 없다. 세계에서 미국 유학을 제일 많이 가는 나라들 가운데 손꼽히고, 그렇게 다녀오면 웬만해선 4년제 대학에서 교수가 되는데, 그 좋은 여건을 가지고 전공실력을 살려 사회에 뼈가 되고 살이 되는, 대중을 위한 저서와 역서가 거의 없다는 게 현실이다. 교수들이 일을 하지를 않는다. 그러니까 온갖 어중이떠중이들이 설치고 날뛰는 거다.

궁리미국총서의 제1권이『사료로 읽는 미국사』이다. 한국미국사학회에서 편찬했다. 이민아 같은 떨거지는 엄두도 낼 수 없는 전문성이 요구되는 기획이다. 아무나 못 하는 일이지. 책을 보니까 미국대사관의 지원도 받았더구만. 그런데 그거 한 권 하고 나가떨어졌다. 전문가들이 승진과 취업과 자격갱신을 위한 학회지나 낼 뿐, 사회적 저변확대와 수준 함양을 위해 절실한 대중적, 기초적, 근본적 지식생산 작업에는 손을 거의 놓았다고 여겨지는 정황이다.

이 사정은 내가 어느 정도 이해한다. 한국에서 미국관련 도서출판의 동향을 필드 리서치를 해 봤는데…. 대체로 두 갈래였다. 미국 비판과 망신 주기를 목적으로 기획된 도서, 그리고 지나치게 학술적인 그들만의 리그의 책들이다. 예를 들면, 미국사 관련 서적 중에『선생님이 가르쳐준 거짓말』이란 책이 있다. 제목이 암시하듯 미국의 주류 역사교육은 거짓말로 점철되어 있다는 내용이다. 미국사의 개론서라기보다는 저자의 관점이 중시된 일종의 비평서이자 이론서이다. 언론과 출판은 자유라는 관점에서 아주 좋은 책이라고 여겨진다. 그런데 이런 책을 읽기 전에…. 그럼 주류의 역사교육이 전반적으로 어떤 내용이었는지가 소개되어 있는 풍토가 있었어야 이런 류의 서적들이 더욱 빛을 발하지 않겠냐고. 그런 바탕 없이 비난과 저주만 잔뜩 늘어놓은 책을 접한다면? 그게 바로 편향적 출판이자 세뇌지. 이민아의 궁리 미국총서 기획은 이러한 의도가 다분히 엿보인다. 이희재가 세상번역을 하려 했다면 이민아는 세상기획을 하려 했다. 도찐개찐. 쌍으로 꿍꿍이가 아주 발칙하다.

이러한 풍토에서 제대로 역량을 갖춘 미국연구자들은 압도적인 반미풍조에 상당히 주눅이 들어 있다는 흔적을 도처에서 발견한다. 친미사대주의라고 인민재판당할까 봐 쫄아 있는 것은 아닌가 하는 의혹이 들 정도이다.

한국미국사학회로 대표되는 대학교수들의 실력도 사실은 지적 대상이다. 알다시피 그들이 편찬한『사료로 읽는 미국사』가운데 수록된 미국독립선언문을 완전히 개역(改譯)해버린 게 이 바닥의 들보잡이 나 아니냐. 보면서 참담했다. 누가 했는지 몰라도 필경 박사급 연구자이고 교수였을 터인데 무슨 번역을 그렇게 개발새발로 했냐? 오죽하면 내가 한국미국사학회는 민족 앞에 무릎 꿇고 빌어야 한다고까지 했을까? 번역을 통해서 원문을 알고 이해할 수 있게 되어야 정상인데 번역을 통해서 원문을 더욱 난해하게, 심지어는 원문을 오해하게, 또는 싫어하기 딱 좋게 만들어 놓았다.

번역해 놓고 편찬위원들끼리 함께 읽어 보면서 수정과정은 거쳤나? 다들 이건 아니다 싶으면서도 내 담당 아니라고 외면한 거 아냐? 그냥 한글로 공백만 채웠다고 제출해서 인쇄해 버린 거 아니냐고? 그런 중요한 기획을 고 따위로 부실공사를 했다니. 다른 거 다 놔두고 그거 하나만 제대로 했어도 밥값은 하는 거였는데…. 그 정도로 중요한 과업이었는데. 어쩜 그따위로 말아먹냐?

상당수 한국인들의 막연하고 근거 없는 반미감정은 대체로 최고 전문가인 이 사람들의 책임이 크다고 여겨진다. 우매하고 맹목적인 민족주의와 주사파적 인식에서 유래한 악의적 미국관에 짓눌려 전문학자들이 아무 일도 한 게 없다고 말하면 비약일까? 그 비싼 돈 들여 유학까지 다녀오신 분들이. 최고 학벌에 최고 권위를 가진 분들이 대중들을 계도하고 업그레이드시킬 노력은 별로 없었다. 내가 맹목적 친미성향의 저술활동을 하라는 게 아니잖아? 『사료로 읽는 미국사』처럼 근본적이고 필수적인 미국관련 자료들부터 제대로 만들어놓으라고. 미국 관련 고전 자료를 번역해 놓은 것이 몇 개나 있냐고. 그런 거 전수조사해서 자료집 내고 기획해서 하나씩 출간해내는 게 당신들 일 아니냐고. 왜 그런 중요한 일에 이민아 같은 망나니가 나댈 수 있는 환경을 허용하냐고? 당신들이 의사라면 간호조무사급도 안 되는 쩌리에게 중환자 수술을 맡길 사람들이다. 대중들에 대한 해악도 해악이지만 제 밥그릇도 못 챙기는 등신들이라고 해야지. 접싯물에 코 박고 죽으란 소리 들어도 할 말이 없는 상황 아니냐고.

해서 보다보다 못해 내가 하기로 했다. 내가 박사님들처럼 가방끈은 길지 못하지만 전공 번역서를 낼 정도의 경력과 프로필에 있어서는 이민아보단 못할 게 없고 무엇보다도 그 난다 긴다 하는 대학교수들이 아무도 못 해낸 토마스 제퍼슨의 독립선언문을 해냈으니까 미국 관련 전문번역가로서 활동하는 데 있어서 나한테 토를 달 사람은 없을 거라고 봐. 있으면 나와 보시든가. (같이 하게.)

내가 한국미국사학회에게 한 수 가르쳐줄 것이 있다. 이 단체의 주축이 역사학자더라. 전국 유명대학의 미국사 전공자들이 다 모여 있다. 그런데 왜 독립선언문을 번역하지 못했을까? Interdisciplinary 소양과 표현력이 없어서야. 내가 성공할 수 있었던 까닭은 decent respect의 정확한 한국어 counterpart를 발견했기 때문이다. 정답은 "도리"였다.

내가 이걸 찾아낸 건 일종의 계시와 같은 것이었다. 순간 감전된 것 같았어. 이걸 역사학자들은 죽었다 깨어나도 할 수 없는 게, 이것은 역사나 철학이나 정치의 언어가 아니라 문학의 언어이기 때문이다. 역사책에 사랑이니 열정이니 후회니 뭐 이런 말 없잖아. 헌데 토마스 제퍼슨은 역사의 인물이고 철학자이고 정치학자였지만 무엇보다도 피와 땀과 눈물을 가진 인간이었잖아. 그래서 감성의 언어도 그 역사 문서에 섞여 들어가기도 했는데…. 역사 연구의 훈련을 받은 학자들은 감성적 언어능력이 거세되어 있는 경향이 있으니까…. 결론적으로 독립선언문 작성의 근본동기를 이해하지 못하고 변죽만 울리는 번역을 할 수밖에 없었던 거다. 그래서 나 같은 번역가들만이 활동할 수 있는 고유한 영역이 있는 거야. 물론 모든 번역가들이 나처럼 해낼 순 없어. 난 벼락 맞을 확률로 복권에 당첨된 경우지. 그래도 당첨이 되려면 복권을 어지간히 사야 하니까 완전히 운은 아니고…. 나름의 기본기와 절박함에 운이 따라 붙었다고나 할까? 진인사대천명. 이런 건 좀 본받아라, 화상들아.

번역가로서 나는 앞으로 쉬운 책들을 많이 해 보려고 해. 일단 내가 학문에 깊이가 없고…. 또한 학술적으로 깊이 있는 책들은 읽어줄 독자들도 별로 없어. 이 독자들과 맨땅에 헤딩하듯 이 분야에 관한 소양과 인식과 저변을 대중들과 함께 맹글어 간다고 생각하고 밑바닥부터 차근차근 쌓아 올려야 할 것 같단 말이지. 무엇보다 미국 초·중·고등학교에 준하는 수준의 책들이 많이 필요해. 이것들이 헛바람이 들어서 처음부터 하워드

진이나 촘스키를 찾는단 말이지. 걷지도 못하면서 날아다니려고 한다고. 바로 이게 문제라니까.

이 모든 문제를 내가 인식했으니 내가 할 수 있는 선에서 내가 해결을 하려고 해. 책임진다고. 내가 책임기획자가 되서 내가 번역하고 내가 돈 내서 책 내고 하는 방식이 될 꺼야. 혼자 다 해먹겠다는 건데 문제 있나? 꼬우면 님들도 하시든지. 이런 일은 할 사람이 많을수록 좋아. 대중들한테는. 해서 이 분야에서 자신 있는 선수들은 모두 모여 보라고. 미국을 걸고 다 함께 타이틀 샷 한번 뛰어보자고. 다음 달에 내 책이 하나 더 나온다. 먹고사느라 바쁜데 그 와중에 교정 보느라 힘들었다. 그러면서 책 한 권 또 시작해서 이제 반 이상 했다. 앞으로 할 일이 수두룩하네.

내가 말했지. 난 내가 하고 싶은 번역만 한다고. 누가 시킨 거 안 한다고. 번역이 얼마나 지루하고 짜증나는 일인데 그걸 또 남이 시켜서 한다? 먹고살라고? 그러다 암 걸려 죽는다. 차라리 내 돈 내 산. 돈 안 받고 내가 해서 내가 책을 내고 말지. 하고 생각하다 보니까 나 혼자 북 치고 장구 치는 모양새가 됐네? 뭐…. 큰 권력을 얻어서 대단한 것을 하게 되는 소리로 들리겠지만 열정만 있으면 개나 소나 다 하는 거. 개나 소나 다 하는 거 하겠다고, 그 소리 하려고 이렇게 길게 썼네. 헌데 난 뭘 할 땐 이렇게 구구절절 쏟아내야 담에 뭘 할 수 있는 체질이라. 쏴리.

다 쓰고 나니 희재랑 민아에게 미안하네. 내 피알에 이용해 먹은 느낌이다. 본의도 아니지만 니들도 구실을 내줬다는 건 인정해라. 내가 웬만해선 사람 안 패는데 늬들은 좀 필요하더라. 그래도 살살했어. 양해하고 반성하길 바랄게. 나중에 이 바닥에서 우연히래도 마주친다면 삐지기 있기 없기? 대신 밥은 내가 살게. (2023/6/11)

5. 나의 두말 사전

이희재 번역가님, 두말 사전은 이런 거야.

성소수자 인권? 노동자 인권? 여성 인권? 장애자 인권? 마이노리티 인권? 인권변호사? 인권이란 말이 남용/오용되고 있다. 사실 이것은 무지의 소치로 인해서 일어나는 일인데 한국어의 문제이기도 하고 번역의 문제이기도 하다.

포인트는 권리와 권력을 구분하는 것이다. 권리는 right. 권력은 power. 영어로는 철자로도 굉장히 차이가 나는데 한국어로는 혼용해도 차이를 못 느낄 정도로 비슷하다. 권력을 권리라고 주장하며 끼워팔아도 통용될 수 있는 언어환경에서 우리가 살고 있다. 그게 거짓에 기생하는 빨갱이들의 서식 조건이기도 하고.

가령 민노총이 "우리 노동자들의 권력을 증진하기 위해서 단결합시다"라고 하면 제3자 일반 대중들이 공감을 하겠나? 니들끼리의 권력투쟁은 니들이 알아서 하라고 하겠지. 권력은 기본적으로 밥그릇을 추상화한 표현이다. 누가 더 많은 밥그릇을 차지하고 누리며 어떻게 분배할지를 결정할 수 있는 능력을 뜻하는 단어다.

노동자 "인권"투쟁으로 핵심적인 이슈가 임금이다. 임금이 밥그릇 아니냐? 한쪽은 더 달라고, 또 한쪽은 못 준다고 싸우는데…. 이게 전형적인 밥그릇 싸움이지. 가장 원초적인 권력투쟁.

권력이 권리로 치환되니 마술이 일어난다. 이 투쟁이 마치 "권리"를 보장받기 위한 싸움인 것처럼 각색되어, "약자와 빈자는 (무조건) 옳다"는 홍부전의 갬성과 결합, 노동운동 = 인권운동 = 성전sacred war인 것처럼 인식이 되었다.

그 결과? 노동자라는 타이틀이 하나의 완장이 되었고, 각종 특혜와 특권의 양산과 남발, 더 많은 권력 획득을 위해 폭력과 시위를 통한 정치화와 제도화를 실행해 나가고 있는 중이다. 노란봉투법이라고 노동자들이 집단 & 폭력행위로 회사 기물을 파괴해도 책임을 물을 수 없도록 하는 법률이라더라. 노동자는 수틀리면 회사를 때려 부숴도 되는 법.

자, 권리와 권력의 차이를 심오한 차원에서 따질 것 없이 그냥 어감만 갖고 우리 함께 판단해 보자. 수틀리면 회사 기물을 파손해도 아무 책임도 안 져도 되는 게 권리인가? 권력인가? 권력도 이쯤 되면 무소불위의 권력이라 하지? 무소불위의 권력이 전두환한테만 있는 게 아니라니까. 골목마다 분야마다 있다니까. 그게 바로 엄석대야. 세상엔 수많은 엄석대가 있다. 어제 얼핏 들은 얘긴데…. 대학교수가 학생의 예비군훈련도 인정 않고 감점 줬대매? 대학원생 따귀도 때렸대매? 이게 권리일까, 권력일까?

권력과 권리란 용어를 무분별하게 구사하여 적용하는 게 또한 "여성인권" 분야다. 인권 = human rights. 권리란 표현이 축약되어 자동으로 들어간 표현인데 요 앞에 여성을 갖다 붙이면서 숟가락을 얹었다.

예전엔 여성이 차 몰고 다니면 솥뚜껑이나 운전하라며 횡포를 부렸다. 만인은 평등하게 운전할 수 있는 자격을 갖고 태어났는데 "여자니까" 안 된다는 입장이 있었다. 요런 게 권리 침해. 그런데…. 가령 면허증도 없는데 여자라고 또는 남자라고 또는 국회의원이라고 술 마시고 차를 몰고 다닐 수 있다면…. 요런 것은 권력… 중에서도 특권.

권력과 권리의 차이가 느껴지나? 보편과 상식이 권리. 힘 있는 자들의 (비상식적) 이해 구현의 수단이 권력. 누구나 (면허증만 따면) 운전할 '수 있는' 것처럼 권리란 보편과 상식에 입각한 자격을 지칭하는 단어라고 한다면, 대통령 행차처럼 신호등을 조작하여 논스톱 통행을 가능케 한다든지 음주 측정을 거부해도 처벌받지 않는다든지 하는 일들은 권력에 해당하지. 특별한 실력자들에게 주어진 혜택이라 특혜 또는 특권이라고도 하고…. 그것이 부당한 절차로 이루어지는 경우는 부당권력, 부패권력이라고도 하지.

사람 목숨은 함부로 해선 안 된다거나 누구나 표현의 자유나 거주이전의 자유가 있다거나 내가 원하는 직업을 내가 선택해서 추구할 수 있다거나…. 내 재산은 배타적으로 내 소유라는 것 등등은 권력이 아니라 권리라고 해. 모든 인간이 공평하게 가진 권리. All men are created equal. 바로 이 권리를 공평하게 부여받고 (태어나도록) 창조되었다. 이게 권리야. 그래서 권리는 inherent라고도 하고 divine이라고도 하고 inalienable이라고도 하는 거야. 그래서 sacred한 거지.

그런데… 여성할당제? 비례국회의원의 30프로는 무조건 여성으로 할당해야 한다고? 하나님이 그래 시켰드나? 사람끼리 정한 거 아이가? 좀 더 정확히 말하면 국회의원 해먹고 싶은 권력욕을 권리라고 포장하고 없던 자리를 만들어 낸 결과 아이가?

가령 여성은 국회의원이 될 수 없다고 한다면 그건 권리의 부정이지. Inherent & divine & inalienable한 권리에 따르면 30퍼센트가 아니라 100퍼센트도 여성이 할 수 있는 거다. 그니까 권리는 자격과 가능성의 영역이지 실제로 구현해 내야 하는 주체는 당사자, 개인이다. 권리의 개념에서 원론적으로 말하면, 모두 자격은 있으니 각자 열심히 노력하고 경쟁해서 국회의원의 몇 프로가 되든 차지하라고. 아무도 말리는 사람 없으니까 노력해서 따먹으라고. 이게 권리다. 근데 여자니까 30%? 이게… 남자니까 70% 보장을 의미하는 게 아니고 여자니까 30% 보장. & plus α if possible. 이게 바로 권력이지. 보편인권이 특정계층을 위한 권력에 먹힌 케이스.

지금 내가 이걸 잘했냐 못했냐를 얘기하는 게 아니다. 할 때 하더라도 권력과 권리의 차이를 알면서 하라는 말이다. 실컷 인권을 파괴해놓고 인권을 증진시켰다고 속이지나 말라고.

권리, 권력과 함께 혜택이란 말이 있다. 가령 취업 못했다고 복지혜택을 받는다? 이건 사실은 당연한 권리가 아니고 국가가 인위적 · 임의적으로 제공하는 것. 개인이 한 것도 없는데 (약자라고) 받는 것. 그래서 여긴 benefit이란 말을 쓰는 거야. 혜택이라고. 혜택은 타고난 것도 불가침의 것도 아니고…. 그냥 여건이 되니까 주는 것. 개돼지에게 주어지는 사료처럼. 누가 주는 걸까? 권력자가. 누구 돈으로? 내가 세금 낸 돈으로. 왜 줄까? 그건 case by case. 하지만 권력자 입장에선 내 돈 안들이고 생색내기 딱 좋지? 그거 권리라고 착각하면 안 된다. 좋게 말하면 배려이고 중립적으로 말하면 포퓰리즘, 안 좋게 말하면 개돼지 사료라고. 인권(人權)이 아닌 인정(人情)에 입각한 권력의 실행. 권리는 결코 사라지지 않지만 혜택은 권력이 바뀌고 여건이 바뀌면 사라질 수가 있다. 요즘은 북한에서도 고깃국을 못 준다네. 하잘것없지만 그것도 혜택이다. 그들은 그걸 은혜라고도 했지. 그니까 개돼지지. 근데 요즘은 그게 없다. 고깃국은 개뿔, 수백만이 굶어 죽었대매? 해서 혜택은 무상하고 권리는 영원하다.

권리는 신성한 것이고 권력은 세속적인 것이다. 권리는 영원한 것이고 권력의 부산물인 혜택은 가변적인 것이다. 권리는 자격과 가능성의 영역이고 권력은 현실의 밥그릇 싸움이다. 특히 자기 밥그릇. 그러니까 죽기 살기로 싸우는 거다. 싸우면서 민망하니까 "권리"를 위해 싸운다고 포장하는 거다.

밥그릇 싸움을 권리라고 호도하는 것이 선동이다. 권리를 권력이라 주장하는 일은 없지만 권력을 권리라고 호도하는 일은 천지빼깔이다. 일종의 거짓말인데 이런 거짓 선동을 한다는 것은 그 자체로 권력을 부당하게 추구한다는 뜻이다. 거짓과 잔혹, 이것이 전체주의자들의 수법이다. 요즘 말로 빨갱이. 일설에 민노총이 빨갱이 소굴이라던데…. 그러고 보니까 아귀가 앞뒤로 딱 맞지?

이제부턴 권리와 권력을 구분 지어서 말하고 듣기를 연습하도록. 어제 모 작가께서 영어듣기 연습법을 말씀하시던데…. 그거 보다 중요한 게 진실과 거짓을 구분해서 알아듣기이다.

자, 정리해 줄게. 공산 전체주의자들의 대표적 거짓말: 권리와 권력을 바꿔치기. 두말 사전이란 이렇게 말을 통한 거짓 선동을 잡아내서 폭로하는 메카니즘이어야 할 것이야. 그게 번역가가 가장 잘할 수 있는 일이기도 하고.

번역가 이희재 선생님. 번역은 진실이야. 잘 꿰뚫어 보고 정확히 해석하고 있는 그대로 옮기기나 하라고. 뭐~? 세상 번역? 엉뚱한 생각으로 불량식품이나 유통시키지 말라고. (2023/6/17)

III.

번역가의 세계관

1. 번역가가 찾아낸 '보수'와 '진보'의 의미

"나는 보수도 진보도 아니지만…." 뭐 이런 드립이 난무한다. 뭘 갖고 보수라고 하고 뭘 갖고 진보라고 하는지 알고나 하는 소린지 모르겠다. 사람들이 주고받는 정치담론의 빅데이터를 분석해 보니까 그냥 코리아에서는 친북 & 민족통일 지향성을 진보라고 부르고 그런 정책을 추구하는 정치세력을 진보정치세력이라고 인식되는 듯하다.

이런 뜻풀이는 그런데 치명적인 모순이 있다. 남한 기준의 진보성향으로 그 끝까지 가면…. 김정은과 북한공산당이 나온다. 그래서 진보는 북한정권에 뭣도 갖다주고 친하게 지내려고 많은 노력을 하는데…. 그럼 김정은과 북한공산당 그 자체도 진보세력인가? 같은 진보라서 그렇게 잘 지내려고 노력하는 건가?

북한의 기준에선 김정은과 노동당은 기득권 수구세력이다. 그곳에서 진보는 아마도 친자유주의 인권지향적 정치성향을 지칭하겠지. 이렇게 사회에 따라서 보수와 진보라는 표현이 지칭하는 내용은 천양지차이다. 사회 자체가 근본적으로 다르니까 그 사회의 기준에서 규정되는 보수와 진보의 의미도 다른 거다.

대한민국에서 보수와 진보를 가르는 기준은 대한민국의 헌법이다. 북조선에서 보수와 진보를 가르는 기준은… (북조선 헌법이 아니고) 수령님의 말씀이다. 이게 북한을 폄훼하는 게 아니고…. 수령님이 법 위에 있다는 게 그쪽의 법이라.

대한민국의 보수는 대한민국의 헌법을 지키고자 하는 세력이다. 대한민국의 진보는 대한민국의 헌법에 도전하는 세력이다. 도전의 정도에 따라서 약간의 문제의식만 가진 사람부터 근본적으로 뜯어고쳐 북한처럼 공산주의로 가자고 하는 놈들까지 다양하다.

나는 보수도 아니고 진보도 아니다? 번역가로서 이 말을 해석하면, 보수가 아니라는 소리는 헌법을 확실하게 지키겠다는 의지가 강하지 않다는 뜻이 되겠다. 동시에 저 주사파나 이석기처럼 기존 체제를 극렬하게 때려부수고 싶지도 않다…. 뭐 그런 뜻이 되겠다. 워딩의 의미는 그러하나 저런 말을 하는 사람들이 자기가 하는 소리의 정확한 의미를 알면서 하는 것 같지는 않다. 왜냐하면…. 보수냐 진보냐를 가르는 그 기준점을 정확히 알지 못할 가능성이 많기 때문이다.

대한민국 헌법은 천부인권에 기반한 자유민주주의 공화국을 지향한다. 자유민주주의의 반대는 전체주의의 변종 공산당이다. 이 구도에서 나는 보수도 아니고 진보도 아니다? 이게 말이가, 방구가? 가당키나 한 소리냐고.

보수나 진보가 스펙트럼이 넓은 어휘임은 틀림없다. 헤어스타일이나 말투나 의상이나 음식취향이나 심지어는 배우자 선택과 결혼생활에 이르기까지 두루두루 활용되는 말이다. 가령, 경상도 사람들이 보수적이래매? 그럴 땐 헌법적 질서에 기준을 두고 하는 얘기가 아니다. (문화적으로) 고리타분하다…. 그런 뜻이다. (이거, 절대 내 주장이 아니다.) 그런데 정치의 영역에서 보수와 진보를 말할 때는…. 헌법과 헌법에 명시된 자유민주주의의 질서, 그것에 대한 입장을 표현하는 용어인 것이 맞다.

난 보수도 아니고 진보도 아니다? 극과 극이 대치하는 정치환경에서 말은 하고 싶고 욕은 먹기 싫은 사람들이 주로 사용하는 카드이다. 간교한 말재주로 양쪽 진영을 꼬시는 줄타기를 하는 거다. 정치담론을 둘러싼 복잡한 환경과 인간관계 속에서…. 그래도 살아보려고 애쓰는 거다. 기회주의적 간신배?

진보니 보수니…. 그런 애매한 표현들은 투명하고 건전한 소통을 위하여 안 쓰는 게 좋다. 그냥 정직하게, 깨놓고, 헌법적 가치를 찬성하냐 반대하냐…. 그 입장만 말하면 된다. 애초 보수니 진보니 그런 표현 자체가 정체를 숨기기 위한 페인트모션으로 차출된 용어이다. 그것만 해도 페인트모션인데, 뭐? 난 보수도 아니고 진보도 아니야? 페인트모션의 끝판왕이다. 이런 게 바로 언어의 공해이다.

난 대한민국 헌법이 너무 좋다. 기본권 천부인권이 들어 있기 때문이다. 전체 국민의 78퍼센트가 투표하여 93퍼센트의 찬성으로 통과된 헌법이다. 계산해 보니까 전 국민의 73퍼센트가 '보수'라는 얘기이다. 이 구도에서 진보란 누구인가? 투표했던 78퍼센트 가운데 반대표를 던졌던 7퍼센트, 그러니까 전 국민의 5퍼센트에 불과한 자들이 소위 말하는 진보인 셈. 정리하면 현행 헌법 개정 당시 보수와 진보는 전 국민 73 대 5. 압도적이다. 그런데 이 숫자를 보수와 진보라는 표현으로 치환하니 마치 1:1의 구도처럼 보이네? 뭔가 불공평한 워딩 같다. 주류 vs. 비주류 또는 정상 vs. 비정상의 대비가 아니라 사과와 오렌지 사이의 취향의 문제인 것처럼 착시를 일으키는 워딩이네. 혼란과 전복의 워딩이네. 말장난이네? 여기서 이득 보는 측은 어디인가? 이런 말장난을 분쇄하는 방법은 무엇일까?

이것저것 생각할 것 하나 없다. 헌법만 보면 된다. 그런데….대한민국 사람들 중에서 대충이라도 헌법을 한 번이라도 읽어본 사람이 몇 명이나 될까? 사실은 이게 젤 큰 문제다. 뭘 지켜야 하는지 자체를 모르니 보수니 진보니 하는 소리가 무슨 의미겠냐고. (2022/4/4)

2. 정치적 올바름 or 정략적 올바름?

Ah C. 드디어 political correctness의 정확한 한국어 번역에 성공했다. 이제부턴 다들 '정치적 올바름'…. 이렇게 하지 말고 '정략적 올바름'…. 이렇게 옮길 것.

나무위키 보니까 (전) 서울대 영문과 김성곤 교수가 1995년에 처음으로 이 말을 '도의적 공정성'이라고 옮겼다네. 이러니까 번역서를 읽어도 무슨 소리인지 알 수가 없는 거야. 와…. 무려 서울대 영문과 교수가 저런 오역을! 저러고도 월급도 받고 존경도 받고… 자기가 적폐인 줄도 모르고…. 대중들은 저게 똥인 줄도 모르고 선생님 선생님 그러고.

Political이 사전 찾으면 "정치적인"이라고 나오는 거 맞아. 그래서 아무 생각 없이 정치적 올바름…. 이렇게 옮겨서 써먹어 왔던 것이 현실이지. 자… 근데… 내가 번역기술 하나 알려 줄게.

정치적이란 게 뭐니? 굉장히 다양한 의미가 있어. I major in political science. 이건 그냥 말 그대로 정치…. 정치학. 사전대로 옮기면 돼. 근데… He is very political. 이럼 뭐지? 저 인간 되게 정치적이야. 그런 뜻이 되지? So what?

여기서 정치적이란 정치학 공부를 열심히 한다는 뜻일까? 투표나 선거 운동을 열심히 한다는 뜻일까? 만일 그렇게 이해가 되는 사람은 굉장히 한심한 거지. 그럼 여기서 정치적이란 말의 의미는? 굉장히 복잡한 내용을 담고 있다. 특히 정치의 네거티브한 방면 위주로.

가령 아부를 잘한다거나 권모술수를 잘 쓴다거나 권력을 추구한다거나…. 그리고 무엇보다도… 남들한테 눈에 띄게 아부까지는 안 한다 할지라도 절묘한 말재주로 심지어는 반대파의 지지나 묵시적 동의 정도는 획득할 정도의 기술과 능력과 품성을 우리가 정치적political이라고 묘사하지.

한편 정략적이라는 표현도 있다. 권력투쟁에 있어서 페어플레이를 하지 않고 음모와 술수를 부리는 경향성을 뜻하는데, 이것도 영어로는 political이네.

비슷한 말이지만 다른 전략적은? Strategic. 전략은 이기기 위한 작전인데 전쟁에서 쓰는 말이고 정략은 이기기 위한 작전인데 정치투쟁에서 이기기 위한 용어이다.

해서, 정치적이나 정략적이나 둘 다 영어로는 political인데…. "정치적"이라는 표현이 사용된 맥락과 정치라는 심오한 분야의 속성을 모른다면 political correctness를 그냥 아무 생각 없이 "정치적 올바름" 이렇게 옮겨 놓고 자기 할 일 다 했다고 자기 위무나 하고 있다면 번역가의 직무유기가 아닐 수 없다.

아…근데 저 김성곤 교수의 "도의적 공정성" 저건…. 아무리 봐도 이해가 안 가. 자기도 몰라서 눙친 표현이 그거 아닐까? 그의 만행은 두 가지로 원인을 추정할 수가 있는데…. 첫째는…. 일단 엄청 무식한 거야. political이 도의적이라고 해석될 수 있는 여지는 이 세상에 아무 데도 없어. 번역이 아무리 맥락을 봐야 하는 작업이지만 사전에 명시된 의미의 범주를 벗어날 수 없거든. 그래서 번역을 하다 보면 사전의 저 밑에 무슨 뜻까지 있는지, 그리고 영영사전에서는 어떻게 풀이되어 있는지, 그래서 영영사전의 풀이에 입각해 영한사전에는 기재되지 않은 한국어 뜻은 없는지까지를 고뇌한 다음에 한 단어를 번역하는 거거든. 이렇게 단어 하나 번역하면…. 많이 주는 데서 25센트쯤 줘. 그래서 번역가가 먹고살기 힘든 거야.

그런데 김성곤 저분은… 교수님이니까 월급 받잖아. 돈 구애 안 받고 번역할 수 있잖아. 그런데 저 따위로? 일부러 그러진 않았을 거야. 단지 영어 실력이 짧아서. 서울대 영문과 교수지만 영어 실력이 짧아서. 아주 좋게 봐주면 그렇게 해석된다.

그런데 또 한 가지 이유를 굳이 유추해 본다면…. 이분은 지독한 사대주의자인 거야. 그의 뇌 내 망상 속에서 자기가 번역하는 글의 원저자는 전지전능의 선한 분이어야만 해. 이분이 숭상하는 지식의 소스는 고귀한 것이어야만 해. 근데 그게 영어권이네? 내가 우러러보는 분야에서 존경해 마지하지 않는 필자네? 그러니 여기서 political은 정치적이 아니고 도의적일 것임에 틀림없어. Ethical을 이분이 겸손하게 political이라고 표현하셨을 거야……라는 정도의 거의 병적인 수준의 사대의식……이라고 100% 단언하는 건 아니지만 그래도 이렇게 진단하는 게 실력이 없어서 저 따위로 옮겼다고 여기는 것보단 낫지 않나?

코리안들은 좋겠다. 저런 지식인의 똥물을 매일 먹고살아서. 그걸 교양이라 믿으며 열심히 섭취해서. 정치인만 갖고 맨날 욕하지 말고 각자 자신들을 비롯한 일상의 적폐와 똥덩어리들을 좀 똑바로 보면서 살아주길. 내가 보는 관점에선 정치인들이 개중 낫다니까. 욕이라도 먹으니까.

그럼 우리 잠깐 영영사전 한번 들여다볼까? political correctness가 뭐라고 풀이되어 있는지… 함 보자구. 나무위키나 한국어판 위키피디아에는 아예 표제어 자체가 "정치적 올바름"이라고 되어 있네. 그냥 번역이 그렇게 굳어졌다는 얘긴데, 그래도 그 아래 영영사전 해설은 올려놨어. 그건 기특하다. Oxford랑 Merriam-webster의 설명이다. 이 정도면 신뢰할 만한 소스 맞지?

- 옥스포드 사전: the principle of avoiding language and behavior that may offend particular groups of people.

- 메리암 웹스터 사전: conforming to a belief that language and practices which could offend political sensibilities (as in matters of sex or races) should be eliminated.

자, 확인 사살 들어간다. 이 두 권위 있는 영영사전에 따르면 political correctness라는 문구의 방점은 correctness가 아니라 political에 찍혀 있다. 옳고 그름이 중요한 게 아니라 상대방의 기분을 상하게 하느냐 마느냐가 더 중요하다는 원칙이나 믿음. 그래서 설령 진실이 호도되더라도 (특정 그룹의) 기분을 상하지 않도록 말하고 처신하는 것이 포인트인, 그런 원칙이나 믿음…. 이게 바로 political correctness라네.

다시 한번 욕 나오려고 한다. 김성곤한테. 이게 어디 도의적 공정성이야? 완전히 그 반대구만. 해서 무슨 현상이 생기냐면…. political correctness가 우야든동 '올바름'이라니까…. 좋은 건 줄 알고…. 넌 정치적 올바름도 모르냐며…. 이 표현을 도끼처럼 휘두르는가 하면…. 약간 깨인 사람들은……저 말이 뭔가 구리긴 구린데…. 올바르다고 하니까 감히 거역은 못 하겠고, 그렇게 주눅이 들어서 특정 상황을 맞이하면 avoid하게 되고 conform to로 진화하여… 나중엔 도그마가 되어 obey까지도 하게 되는 거지.

진정한 표현의 자유는 도그마를 깨는 건데… 맞는 말도 누구 기분 나쁠까 봐 못 하고…. 처음엔 그 누군가가 특정 인종이었다가 특정 성별이었다가…. 점점 진화하며 특정 사건, 특정 인물로 옮겨가며…. 표현의 자유가 없는, 허위와 가식이 판치는 인민민주주의 사회가 되어 버리는 거지. 요즘 코리아나 미국이나 아주 잘들 하고 있어. 이 political correctness에 따르면… . 인류 최악의 패륜아는 갈릴레이 갈릴레오. 혼자만 아는 진리를 내뱉어서 인류 전체를 멕였잖아? 뭐? 그래도 지구가 돌아?

위에서 내가 political의 뜻이 정치적일 수도 있고 정략적일 수도 있다고 했다. 이제 다시 봐봐. 옥스포드와 웹스터의 해설을 보고 다시 한번 political의 뜻이 무엇으로 옮겨져야 하는지… 이제 조금 감이 좀 잡히는지? 자. 그니까… 오늘부턴… political correctness에서 political은 정치적이 아니고 정략적 올바름이다. Call? 번역가로 이 정도면…. 최소한의 성의는 보였다만 그래도 아직 입에 딱 달라붙진 않네. 여기까지가 내 실력. 누가 나서서 완벽한 걸 만들어 줬으면. (2023/5/7)

3. 도의적 공정성 or 정치적 싸가지?

통상 정치적 올바름이라고 번역되는 political correctness라는 용어가 있다. 번역된다 했지 해석됐다고 하지 않았다는 점을 주목할 것. 번역과 해석은 경우에 따라 상당히 다른 콘셉트이다. 뜻을 새겨서 이해(경우에 따라 오해)하는 것이 해석이고, 해석된 바를 타인이 이해할 수 있도록 표현하는 작업이 번역이다.

Political correctness를 정치적 올바름이라고 옮기는 것은 뜻을 이해하지 못한 공허한 번역이다. 다짜고짜 정치적 올바름이란 용어를 접했을 때 그 내용이 무엇인지 가늠할 수가 없다. 또한 올바름이란 것이 보편적 가치를 지칭할 때도 있지만 특정한 관점과 입장에 입각한 주관적 올바름인 경우도 있고, 그러한 주관적 올바름을 언어적으로 강요하기 위하여 주조된 선동적 표현일 수도 있는데 밑도 끝도 없이 특정 패턴의 주장이나 태도를 정치적 올바름이라고 브랜딩한다면 이 사회를 정치적으로 기울어진 운동장으로 만드는 데 일조하게 되지 않겠는가… 하는 생각이다.

'정치적 올바름'처럼 해석 없이 급조되는 번역은 번역가가 (본의 아니게) 사회에 미칠 수 있는 (수많은) 해악 가운데 하나이다. 귤이 회수를 건너면 탱자가 된다는데 문화와 학술이 잘못된 번역가를 만나면 독약이 된다.

작년인가? political correctness에서 political은 '정치적'이 아니라 '정략적'이라고 번역되어야 한다는 에세이를 썼던 적이 있다. 명백히 특정한 정파성을 프로모션하기 위한 태도와 지침을 일컬어 중립적 표현인 "정치적"이라고 번역하는 것은 특정 정파의 의도를 은폐하고 정당화시켜 줄 수가 있다. 번역이 일종의 공범이 되는 거다. 말하자면 돈 꾸러 다니는 사기꾼에게 근사한 추천장을 써주는 꼴인데… 어느 날 문득 political의 진짜 의미는 '정략적'이라고 해석을 하게 되었던 것이다.

Political correctness를 서울대 영문과 김성곤 교수란 분이 "도의적 공정성"이라고 옮겼다기에 신랄하게 비판했었다. 번역을 하려면 사전대로 하라고. Political이 어떻게 도의적이 될 수 있고 correctness가 어떻게 공정성이 될 수가 있냐고… 서울대 교수씩이나 되는 사람이 무식한 거냐 아니면 (그가 복무하는) 영미권 학자들에게 사대적인 거냐 하면서 윽박을 질렀었다.

요즘 그 에세이를 포함한 책을 만드느라 출판사 교정을 보고 있다. 그러면서 김성곤 교수님에 대하여, 그리고 political correctness에 대하여 다시금 생각해 볼 계기를 갖게 되었다. 단도직입적으로 말하면, 김성곤 교수는 무식해서 또는 사대주의적이어서가 아니라 political correctness로 대표되는 특정한 정파적 입장을 추종하는 번역가로서, political correctness의 의미를 몰라서가 아니라 (빤히 알고 있으면서) 그것을 추종하는 입장에서 프로모션을 획책하기 위하여 조미료를 잔뜩 친 번역을 자행했던 게 아닌가 하는 합리적 의심을 하기에 이르렀다. 특정 사상을 미화하고 대중적으로 강요하기 위한 어법을 이분이 정말로 도의적이고 공정한 것이라고 신봉하는지는 알 수 없지만 적어도 그 오리지널 표현을 한국의 대중들에게 근사하게 선보이고자 미화한 것은 틀림없는 사실이다. 교수님, 맞죠? 딱이죠? 번역가는 이런 짓을 하면 안 된다. 그냥 번역만 하라고. 조미료 치지 말고.

그때 썼던 에세이에서 Political은 정치적이 아니라 정략적이라고 번역
되어야 한다고 써놓고 correctness는 뭉개고 넘어갔었다. 요건 어떻게 처
리해야 할지 몰라 뭐라고 할 말이 없더라. 근데 요즘 교정 보며 보충수업
도 하던 와중에 문득 떠올랐다. 뭐냐고?

싸가지

싸가지란 말이 비속어라 듣기 거시기한 면이 있지만, 이 단어의 의미를
커버하는 품격 있는 표준어는 없다. 그래서 내가 correctness를 싸가지라
고 옮겼다 하여 김성곤처럼 조미료를 친 것은 아니고, 미리 말하지만, 싸
가지에 해당하는 품격 있는 표준어가 발견된다면 얼마든지 교체할 용의
가 있다. 번역은 숙성이니까.

그럼 싸가지에 대해 얘기해볼까? 참 많이 쓰는 말이다. 싸가지가 있네
없네 하면서 본인의 주관적 윤리기준을 남들에게 감성적으로 덮어씌울
때 대한민국의 남녀노소가 모두 사용하는 표현이다. 근데 싸가지란 표현
이 비속어이긴 하나 그 내용은 부정적 의미를 가진 건 아니다. 싸가지가
어떻게 생긴 물건인지는 모르겠으나 싸가지가 없으면 나쁜 놈, 있으면 안
나쁜 놈. 이렇게 구분되는 게 국민 상식이잖아? 그래서 비록 싸가지가 비
속어이긴 하지만 누구나 가져야 할 그 어떤 품성, 자질, 인품을 지칭하는
거 아니냐고. 그래서 싸가지란 말이 비록 듣기는 싫지만 왠지 그게 없단
소린 들으면 안 될 것 같고… 그래서 그 싸가지란 것을 가져야만 할 것같
은 강박을 갖게 된다. 왜냐? 싸가지가 없다는 소리를 듣는 것은 일종의 낙

인이고 모욕이니까. 해서 우린 모두 싸가지가 없단 소릴 듣지 않기 위해 하고 싶은 소리 못하고 하고 싶은 일을 못하는, 보이지 않는 억압 속에 살아간다. 그 억압을 우린 눈치라고 하지. 눈치 없는 놈 = 싸가지 없는 놈.

싸가지가 인의예지를 지칭하는 '사가지'에서 유래했다는 설도 있더라. 믿거나 말거나한데, 그냥 그렇다 치고, 여기서 중요한 건 참된 인의예지와 모욕과 낙인의 기제로서의 언어인 싸가지의 차이점이야. 인의예지는 누가 보든 안 보든 한 사람이 갖추고 있는 진실 된 품성이자 인격이지. 그에 비해 싸가지는 눈치라는 억압으로 있는 척하는 얄팍하고 진정성 없는 품성을 의미해. 남들의 평가가 본질이지. 진짜와 가짜의 차이. 자발성과 pretense의 차이랄까?

Political correctness는 억압의 언어이다. 동무는 반동이요…라고 판결 나면 죽창으로 즉결 처분되듯이 "You are not politically correct."라고 말하는 것은… 당신은 싸가지가 없군요…라고 선고하는 것과 다름없기 때문이다. 말이 무기가 되는 예이다. 말은 선동도 하지만 억압도 한다. 찍어 눌러 숨도 못 쉬게 한다니까. 여기서 political correctness가 표현의 자유를 억압한다는 지적이 발생하는 것이다. 특정 정파의 사람들이 홍위병처럼 저 언어를 휘두르니까. 그런 무기를 "도의적 공정성"이라고 옮기는 김성곤이라는 사람은 도대체.

보통 사람들인 우린 모두 인격자가 되기를 원한다. 자기의 수양을 통해서 스스로 성숙해지고 싶지 누군가의 눈치 때문에 착한 척하고 싶지 않다. 그게 성숙하고 독립적인 자유인이다. 착한 척? 그걸 우린 내숭이라고도 하고 위선이라고도 한다. 온갖 입바른 소리를 다 하고 다니지만 정작 행실은 개차반인 사람들이 있다. 정치 이념을 떠나 이것이 빨갱이들의 품성이다. 이런 사람들이 커서 빨갱이가 되고 이런 사람들이 그런 강압의 언어를 휘두르고 다닌다고. 왜냐? 그래야 권력을 쟁취할 수 있으니까. 그게 그들의 궁극적 목적이니까. 그걸 위해선 온갖 짓을 다 하는 종자들이니까.

얘기하다 잠깐 딴 데로 샜는데, 드뎌 숙제 하나 제대로 마친 느낌이다. Political correctness에서 correctness를 못 푼 채 얼렁뚱땅 책까지 내려 했는데 마지막 순간에 간신히. 지금 출판사 교정 2회차인데 세 번씩이나 기회를 주시는 점, 깊이 감사드린다. 죄송도 하고요. 이제 진짜로 추가 안 할게요.

그럼 political correctness의 올바른 한국어 번역을 종합해볼까? 전편 에세이와 이번 글을 합치면 political correctness는 내 버전의 번역으론 "정략적 싸가지"가 된다. 그런데 여기서 미세한 오류를 느낀다.

정략적이라 함은 선악을 떠나 능동적이고 주체적인 사유의 패턴을 의미하는 데에 반하여 싸가지란 억압에 의한 피동적 품성을 지칭한다. 정략은 스스로 도모하는 것이지만 싸가지란 남들 눈에 비치는 모습이지 내가 스스로 만들어내는 게 아니잖냐. 내가 주체적으로 만들어내는 품성은 싸가지가 아니고 인의예지인 것이지. 그래서 김성곤의 "도의적"은 틀린 번역이야. seemingly-ness의 의미를 빼먹었잖아.

나의 정략적 싸가지란 번역도 앞뒤 밸런스가 안 맞는다. 내 싸가지가 있는지 없는지를 내가 판단하는 게 아니잖아? 지금 보니 correctness라는 표현의 본질을 몰랐을 땐 political을 '정략적'이라고 해석하는 게 일견 옳았는데 그게 싸가지라는 의미로 파악이 되고 나니 싸가지라는 표현 속에 이미 '눈치에 입각한 예의범절'에 대한 타인의 평가란 뜻이 들어 있어서, 다시 말해서 정략에 의거한 착한 척이란 의미가 들어 있어서, 정략이란 의미를 두 번이나 배치시킬 필요가 없다는 사실을 깨달았다. 그래서 political은 그냥 밋밋하게 '정치적'으로 복귀. 이제 합쳐놓고 한번 볼까? 김성곤과 이종권의 두 버전을 놓고 누가 맞나 실험까지 곁들여 보겠다.

첨언하면, 이와 같은 표현들은 당연히 정치적 대화의 맥락에서 사용되는 것이므로 굳이 '정치적'이라는 단어까지 번역해 줄 필요는 없다는 점. redundant니까. 피차 인지하는 내용은 생략해도 되잖아. 자연스런 대화라면. 해서, 정리해 볼까?

Political correctness = (정치적) 싸가지

You are not politically correct.
김성곤: 얘, 넌 도의적으로(는) 공정하지 못하구나.
이종권: 얘, 넌 (정치적으로) 싸가지가 없구나. (매운 맛)
이종권: 얘, 넌 (정치적으로) 경우가 없구나. (순한 맛)

이 위 문장들 중에서 여러분들은 어떤 표현을 사용하게 될 것 같은가? Political correctness가 원래 낙인과 모욕과 억압의 언어인데, 김성곤 씨같이 옮겨서야 듣는 사람에게 딜이 제대로 박히겠냐고? 나는 위선은 못 하겠고 위악이나 한번 떨어 볼까나? Jordache! 번역 졸~라 못해요. (주어 없음.) "서울대 우수교수. 한국문학번역원 이사장. 한국을 대표하는 번역가." 코리안들은 좋겠다. 이런 분으로부터 외국문화의 세례를 받아서. 귤 대신 탱자를 섭취할 수 있어서.

사실은 교정 보면서 political correctness 에세이는 뺄까 하는 생각이 굴뚝같았다. 김성곤 교수님께 미안해서. 근데 이 글을 쓰면서 생각이 바뀌었다. 되레 그럼 안 될 것 같다는 결론을 내렸다. 보시고 각성을 하시든가 반론을 쓰시든가. 선수답게. 콜? (2024/4/27)

4. 번역가 지망생을 수렁에서 건져낸 썰

2010년에 영문 번역서를 냈더니 어떤 분이 자기  도 머리 좀 올려달라고 편지가 왔던 적이 있었다. 해서 두어 차례 서신을 교환했는데…. 메일박스 에 아직도 남아 있네? 번역 과정이나 상황 등에 질 문을 주셔서 뻥 하나 안 치고 있는 그대로 답변을 해드렸더니 그 후로 연락이 끊기고 말았다.

번역계에 잘못 발 들이면 인생 꼬이기가 굉장히 쉽다. 명민한 분이라 나 의 진술에서 그것을 감지했던 게 아닐까? 손절해 주셔서 감사할 뿐. 좋은 뜻으로 시작해도 좋게 끝나기 힘든 게 이 분야다. 이 분야가 작업의 난이 도에 비해서 대우가 그리 좋지 않아…. 형극의 길임엔 틀림없다. 이런 거 안 하고 지금쯤 행복하고 편안하게 살고 계시길 기원한다. (2023/9/12)

* * * * * *

Dear Mr. Yi,

I am a bilingual native speaker of Korean and am seeking a job as a translator. In addition to experience in teaching English as a foreign language, I am a practicing Buddhist at the New Haven Zen Center in Connecticut. I was told by the former abbot that you may be in need of a translator for *The Korean Buddhist News, USA*. I have attached my resume for your review. I am very interested in discussing any opportunities that may be available. In addition to e-mail I can be reached by phone at 203-×××-××××.

Thank you,

YKC

New Haven, CT(2012/8/5)

＊＊＊＊＊＊

이 편집장님 안녕하세요?

보내주신 책(지허스님의 『선방일기』와 나의 번역판 *Diary of a Korean Zen Monk*/필자주)은 10월 10일에 받았습니다. 정말 고맙습니다. 오랜만에 마음이 감동으로 설렜네요. 한국말로 된 글이니 생각 없이 읽어도 어느새 마음이 절로 훈훈해지네요. 지허스님의 말씀에 공감하고 배우는 마음에 기쁜 마음과 함께, 많은 세월 제2외국어를 배워도 이런 즉각적인 정서를 느끼고 표현할 수 없다는 것에 공허해지는 마음도 함께 느껴집니다. 그것은 번역과 관련하여 이 책을 받았기 때문인 듯해요.

읽으면서 많은 부분에서 어떻게 번역했을까? 하는 궁금증이 나게 하는 책이었습니다. 지허스님의 long-run sentence를 편집장님이 적절히 잘라 영어식으로 간결하게 적절한 의미 전달과 함께 잘 번역하셨다고 생각해요. 문단 설정도 적절히 편집해서 영어식 사고에 맞게 잘하셨다고 생각해

요. 불필요한 묘사체는 생략하거나 simplifying하는 감각도 볼 수 있었고, The Seonbang's Ambiance 같은 고급단어도 잘 섞어 쓴 것을 보며 참 이 번역하는 과정이 어렵겠다는 생각을 했습니다. '내복'을 long underwear 라고 번역한 것은 재밌었고 '발심'을 'vow'로 쓴 것은 놀라웠습니다. 또한 '운명'을 'karma'로 쓴 것은 처음 보는 것이지만 정말 글의 흐름과 적절한 표현이라고 생각했습니다.

제가 번역가라고 가정하고 생각해 보니 정말 머리에서 뭔가 열이 나면 서 stress가 절로 생길 만큼 몇 번을 더 생각해야 하는 문장들이더군요. 문 장을 곱새겨 읽으면 읽을수록 다양한 해석의 가능성을 생각하게 해서 한 숨이 나는 부분도 많았습니다. 어떤 부분은 한자 어구의 한글을 사전을 봐야 알 수 있을 정도였으니까요. 예를 들어 '적료한 자아'나 '운명은 파지 되어야 함'은 무슨 뜻인지 감을 잡을 수가 없었습니다.

이 책을 번역하는 데 얼마나 걸렸는지 궁금합니다. 그리고 footnote 내 용은 직접 research한 것인지요? 예를 들어 무슨 탑에 있는 영어로 설명되 어 있다는 내용은 직접 그곳에 가서 내용을 적어 온 것인지요? 이 작업이 의미는 있겠으나 정말 그것은 끝내고 나서의 마음이지 작업하는 과정에 는 마음의 통증이 예상되는 일이라는 감이 오네요. sample로 짧은 것 (1 장 내지 2장 정도)을 보내주시고 제가 한번 번역해 보면 어떨까요? 그리 고 이 편집장님이 한번 점검해서 평가해 주시면 어떨지요? 제가 경험이 없으니… 재차 감사드립니다.

정×× 드림. (2012/10/18)

* * * * * *

〈나의 답장〉

정 선생님,

다른 사람들과 달리 저는 번역자로서 지허스님을 상당히 싫어합니다. 언뜻 읽으면 감동적인 '느낌'은 주지만 자세히 보면 비문이 너무 많았습니다. 스님만의 독특한 (잘못 알고 있는) 지식, 말투 그리고 한 문장에 너무나 많은 것을 담으려는 욕심(?)-이런 것들을 꿰뚫고 이분이 전달하려는 메시지가 정확히 무엇인지를 파악하는 데 가장 많은 시간이 걸렸습니다. 해석의 가능성은 다양할지 모르지만 그분이 뜻한 것은 단 하나이기 때문에 그것을 찾아내야 정확한 번역입니다. 번역은 평론이 아니기 때문에 적확한 단 하나를 찾아내야 합니다.

이 책은 1999년인가 2000년인가? 처음으로 접했을 때 바로 번역을 결심하고 시작했습니다. 그 후 수년에 걸쳐… (삶이 이리 치이고 저리 치이는 관계로) 절반 정도 하고 덮어 두었던 것을 2010년 한국불교 종단협의회에서 완역하면 책으로 만들어 주겠다는 제안에 이때가 아니면 평생 못할 것 같아 5월부터 11월 말까지 나머지 절반을 마쳤습니다.

엄밀히 말하면 초벌 번역은 8월에 끝났지만 수정작업과 프루프리딩을 석 달에 걸쳐 처절하게 하였습니다. 나의 에디터 테데스코 선생님은 동국대 불교학 박사로서 영어와 불교와 한국을 아는 귀한 분이시고 저와 절친한 사이입니다…. 모처럼 당신께 걸맞는 일다운 일을 제안받아 저를 독하게 몰아붙이셨지요. 전화로 모든 문장을 읽어 가면서 한 문장 가지고 한 시간 이상씩 토론한 적도 많았습니다. 그렇게 해가는 과정에 만족스러운

번역의 정석

문장들이 만들어졌습니다. 피눈물 나는 과정이었습니다. 부부였다면 이혼각? 그리고 십 년 걸렸던 번역을 나중에 교정을 볼 때는 30분 만에 전권을 교정할 수 있을 정도로 많이 보았습니다. 결과적으로 이 책은 영어번역서가 저자의 의도를 원서보다 정확하게 전달하고 있다고 말할 수 있습니다. 독특한 케이스이지요.

이 책을 선택했던 것은 제가 정통 불교학자가 아니고 문학과 문화라는 두 분야에 다리를 걸치고 있는 나에게 적절한 책이라고 판단했기 때문입니다. 앞으로도 내 전공에서 벗어나는 서적을 번역하는 일은 없을 것입니다.

불교 번역은 참으로 일이 많습니다. 하지만 이 작업이 돈이 될 수 있지는 또 다른 문제입니다. 우리가 일을 함께 한다면 작업 조건이 잘 맞아야 합니다. 무턱대고 일부터 맡길 수도 없고…. 피차 신중하게 해나가야 한다고 저는 생각합니다.

참… 그 각주들의 설명은 제가 발품 팔아 가서 받아온 것들입니다. 비석에 가서 적어왔지요. 현장에서 하룻밤 자기도 했고요. 암튼 앞으로 지속적으로 이렇게 대화를 하였으면 합니다.

그럼,

이종권 합장 (2012/10/22)

5. 작가의 작품은 독자의 것이라고?

문학을 연구하고 평론하는 자들에게 통용되는 근사한 쌉소리가 있다. 작가가 작품을 세상에 내놓으면 그때부터 작품은 작가의 것이 아니라 독자의 것이라나?

그래? 그럼 저작권은 뭔데? 아니, 지적 소유권이랑 작품으로 인한 경제적 이익 말고 작품에 대한 해석과 평가가 그렇다고. 해서, 그런가? 하고 별 생각 없이 살다가 요즘 번역을 약간 하다 보니 저 소리가 얼마나 뻔뻔하고 가증스러운 소리인 줄 알게 되었다.

기본적으로 번역은 오역과의 싸움이다. 그냥 읽으면 모르면서도 안다고 생각하고 지나치는 숱한 문장들의 정확한 의미를 문법적으로 앞뒤가 딱딱 맞게 이해하여 남들도 원저자의 본뜻을 정확히 이해할 수 있도록 재현해 내야 한다.

재밌는 건, 비교적 간단한 원문이래도 여러 번역가에게 시켜보면 결과가 꽤나 다르게 나온다. 모든 이들이 문장을 정확히 이해했다 해도 그 표현은 각각의 언어 감각과 어휘력 등등의 이유로 다양한 번역이 가능하다는 얘기다.

해서… 번역가도 일종의 독자인데, 작가가 작품을 써서 외국에 팔면 계약하고 작품을 맡은 번역가는 이제 자기 것이니까 자기 멋대로 해석해서 원작과 딴판의 책을 내도 되나?

가장 좋은 번역은 (일단은) 정확한 번역이다. 정확한 번역이란 원작자의 의중을 정확히 파악하여 원작자의 의도 그리고 심지어는 문체까지도 재현해 낸 번역이다. 그게 어디까지 가능한지는 모르지만, 그것이 이상적인 번역의 목표이다. 이 기준에 입각하여 좋은 번역가와 나쁜 번역가가 있을 뿐이지 다양한 개성의 번역가란 존재하지 않는다. 말장난이다.

자 그럼 작품은 세상에 나오면 독자의 것이라는 주장에 번역가를 대입해 보자. 작가가 작품을 세상에 내놓으면 그것은 번역가의 것이다. 번역가는 자기 맘대로 원작을 해석해서 죽이 됐든 밥이 됐든 타깃 언어로만 바꿔놓기만 하면 된다 — 이게 말이 되나?

아… 그건 번역가에겐 해당이 안 된다고? 번역은 돈 받고 하는 거라 맘대로 하면 안 된다고? 그럼 평론가도 멋대로 평론하려면 돈 받으면 안 되겠네? 아… 니네도 돈 안 받는다고? 평론이 돈이 안 된다고? 그건 장사를 못해서 물건을 못 파니까 돈이 안 되는 거고, 책을 자기 돈 주고 사서 읽는 독자들처럼 아예 아무것도 바라지 않고 순수하게 쾌락만을 위해서 평론질을 하는 건 아니잖아. 직업이잖아. 그런 입장에서 번역가나 평론가나 프로페셔널이라는 사실은 도낀개낀인데?

'작품은 세상에 내놓으면 더 이상 작가의 것이 아니라 독자의 것이다'라는 명제에 있어서 독자에는… 번역가도 포함되고 평론가도 포함된다. 맞지? 근데 이 명제는 작품의 해석과 이해를 위한 재량권과 표현의 여지를 넓혀주는 역할을 하며 마치 문학판의 진리인 것처럼 간주된다. 작품에 대해 독자는 마음대로 찢고 까불어도 된다는 말씀인데….

그런데 말입니다…. 그 진리 같은 소리가 문학평론가에게는 허용돼도 번역가에겐 안 되네? 누군 되고 누군 안 되네? 진리라면 보편성이 담보되어야 하는데 어떤 놈은 되고 어떤 놈에겐 해당이 안 된다면… 그건 특혜를 은폐하기 위한 거짓말이네? 선동이네? 도그마네?

이 거짓 선동의 수혜자는 누구인가? 바로 그놈들이 범인이다. 마치 돈 내고 책 사보는 독자들을 위해 주는 척, 대접하는 척, 높여주는 척하면서 실질적인 이익과 특혜는 자기들만 누리는…. 전형적인 빨갱이 수법의 선동인 거다. 그래서인가 몰라도 평론가들 가운데 빨갱이들이 유독 많다.

그 자가발전적 특혜의 권좌에 올라앉아 이젠 작가들을 찍어 누르고 겁박하며 문학판에서 왕이 되어 있는 작자들이 죄다 평론가들이다. 문학판에서 방구 맘대로 뀌면서 월급 따박따박 받고 제일 편하게 사는 보직이 바로 교수다. 문학과의 교수들이 죄다 평론가다. 번역가라 할 대학교수는 거의 없고 시나 소설을 쓰는 작가들 가운데도 교수직을 꿰차고 있는 경우는 가뭄에 콩 나기다. 한마디로 창작도 못 하고 번역도 (거의) 안 하는 것들이 남의 작품 갖고 제멋대로 입만 나불거리면서 문학판의 노른자위를 꿰차고 앉아 군림하는 부류가 바로 평론가들이고, 이와 같은 부조리를 정당화시켜 주는 논리가 바로… '작품은 독자의 것이다'라는 그럴싸한 개소리다. 그런 개소리가 판치는 게 바로 문학판이고.

근데 이 개소리, 어디서 많이 들어본 것 같은 기시감이 있지? 세상의 주인은 민중이다. 진짜로? 누가 그래?

그런 거 의문을 품고 참뜻을 밝혀내는 게 바로 번역가의 일이다. 번역가로 산다는 건 힘든 일이다. 평론가 똥 치우느라. (2023/9/2)

6. 평론가들아, 니네도 번역 좀 해라!

계약서는 두 사람이 썼으나 재판에 걸리면 그 해석은 온전히 판사에게 있다. 부당한 것 같지? 그런데 여기서 판사는 말하자면 법의 도구다. 법을 창작해서 판결하는 게 아니고 있는 법을 적용해서 판결한다. 법에도 안 적힌 상황이라면 모를까 정상적인 상황에선 법대로. 따라서 계약서대로 판결되고 이행되는 게 순리다. 계약서는 판사의 것이 아니니까.

그런데 문학만, 예술만, 작가의 작품만 독자의 것이란다. 별로 갖고 싶지도 않고 실제로는 돈 내고 사봐야 하는 것인데도 말이다. 이러한 진술은 주장이라는 범주에 들어간다. 좀 더 특정하면 주장 중에서도 '억지'에 속한다. 대단하고 숭고한 진리인 것처럼 진술되지만 근거가 없다. 왜 그래야만 하는 거야?

약간의 근거 비스름한 것이 자유민주주의의 천부인권 가운데 하나인 표현의 자유나 비평의 자유 같은 것들인데…. 어차피 비평이란 작가의 허락을 맡아서 하는 것도 아니잖아? 굳이 작품을 작가와 분리시켜야만 비평이 가능한 것도 아닌데 굳이 작품의 진짜 주인인 작가를 이토록 명시적으로 제거하려는 이유는 무엇일까?

2014년에 나의 부친이 돌아가셨다. 상주니까 발인부터 화장에 영결식에 하관까지 참관하고 집에 돌아왔다. 더 이상은 세상에 존재하지 않으신다는 확신이 드니까 발칙한 생각이 들었다. 이런저런 유품에 손이 갔다. 젤 궁금했던 게 일기장이었다. 초딩이 학교 숙제로 쓰는 일기조차 누구와 공유하기 싫은 법인데, 그렇게 남이 싫어할 수 있는 일을 감히 할 수 있게 만드는 게 죽음이다. 이제 돌아오실 수 없으니까. 후환이 두렵지 않으니까.

작품은 세상에 나오면 독자의 것이라는 평론가들의 레토릭은 그러니까 작품을 쓴 작가를 관에다 집어넣고 대못을 두드려박는 행동에 다름 아닌 폭거다. 그래야 제재당하지 않고 반박당하지 않고 눈치 보지 않고 아무 말 대잔치를 할 수 있으니까. 그 아무 말 대잔치를 그들은 천부인권 표현의 자유라고 아나보다. 책임도 없고 견제도 없는 표현의 절대권력. 권리를 부르짖으며 권력을 추구하는 승냥이들. 그건 표현의 자유를 빙자한 폭정이지.

사람이 주먹으로만 깡패질을 하는 게 아니다. 펜이 칼보다 강하대매? 안전하게 말 깡패짓하려는 심산으로 시퍼렇게 살아 있는 작가를 생매장 시키는 거 아니냐고. 비평가의 비평에 유일하게 비토할 수 있는 것이 해당 작가니까.

텍스트의 생산자가 아닌 소비자가 텍스트의 이해와 가치평가에 전권을 누리는 현상은 일반적이지도 상식적이지도 않다. 그래서 법에선 이 논리가 허용이 되지 않는데 문학예술작품에선 통용이 된다. 안 된다고 말해 주는 사람이 없다 보니 그래도 되는 것처럼 받아들여지다가 이제 아조 도그마가 되었다. 방치된 셈이다.

왜 방치가 되었을까? 단적으로 얘기해 줄까? 별로 안 중요해서. 문학 텍스트는 현실이 아니라 허구의 세계잖아. 칼날에 손끝만 닿아도 피가 철철 흐르는 현실이 아니라 하룻밤에도 만리장성을 수없이도 쌓았다가 부숴도 아무 일 안 일어나고 높은 데서 날아다니다 떨어져도 책만 덮으면 실은 아무 일도 아닌 허구의 세계. 다들 먹고살기 힘들어 죽겠는데 누가 그런 데까지 신경 쓰냐고? 제 정신이 있다면 누가 이래도 그만 저래도 그만인 허구의 세계에다 힘을 빼겠냐고? 차라리 삽질을 한 번 더 한다거나 피자 한 판 치킨 한 마리를 더 배달하는 게 낫지. 그 무관심한 관대함에 기생하여 국룰이 되어버린 도그마가 바로 작품은 독자의 것이라는 뻘소리. 휴. 수긍이 되나?

장동건이 깡패 똘마니한테 수술 당할 때 유명한 유언을 날리지. 고마해라. 마이 뭇다 아이가. 비유하자면, 여기서 장동건이 작가, 깡패 똘마니가 문학비평가의 personification이다. 그런데 여기선 이게 연기가 아니다. 문학판의 현실이다. 문학은 허구이지만 문학판은 현실이다. 문학을 업으로 하는 이들은 매일매일 허구의 세계에서 불규칙적으로 작업하고 현실의 세계로 퇴근하여 밥 먹고 씻고 애 낳고 월세 내면서 산다. 그 허구와 현실의 어중간한 지대가 바로 인사동 뒷골목. 술 한 잔 들어가면 똥오줌 분간 못하기 딱 좋은 공간이다. 그러니 만년 노벨상 후보자 영감도 그렇게 예술적으로 가셨지. 왕인 줄 알았을 거야.

나도 옛날엔 사람 많은 대낮 인사동에서 정종 나팔 불면서 해롱거리고 다녔던 철없던 시절이 있었는데…. 생각할수록 낯 뜨겁다. 미친놈이 따로 없지. 그땐 이 세상에서 제일 중요한 게 문학이라 생각했었는데 그에 비해 세상은 왜 이렇게 문학을 몰라줄까? 하는 것이 불만이었다. 세상이, 세상의 가치가 전도된 것 같았는데 지금 보니까 내 가치관이 전도되었었다. 그깟 문학이 뭐라고, 허구의 세계가 뭐가 중요하다고.

문학의 세계가 허구의 세계인만큼 그래도 작가들은 자기의 세계에 머물며 지키고 구축하는데, 분수를 모르고 선을 넘으려는 무리들이 있다. 그게 비평가다. 비평가는 문학판에서 불구자와 비슷한 입장인 부류이다.

픽션은 못 쓰잖아. 일종의 고자라고나 할까.

픽션의 문장이 허구세계의 문체라면 비평은 허구세계를 논픽션의 문체로 분석하고 설명한다. 창작이나 창조가 아니라 남이 해놓은 것에 숟가락 얹기. 과학자도 공학자도 의학자도 인문학자도 할 수 있고 하고 있는 그 평범한 방식의 글쓰기를 현실과 동떨어진 허구의 세계에서 종사하는 주제에 마치 대단한 진실과 진리를 다루고 있는 것처럼 온 세상을 들었다 놨다 하면서 시대의 양심, 시대의 지성, 시대의 석학인 것처럼 거드름을 부린다니까. 정작 의학계, 과학계, 공학계 같은 분야에서 사람의 생명, 지구의 운명, 세상의 혁신을 위해서 평생을 꾸준히 바치는 대학자, 과학자들은 묵묵히 일만 하는데, 이노무 새끼들은 뭘 했다고 세상에 불만이 그리 많은지, 참으로 별꼴이 반쪽이 아닐 수 없다.

요즘 문학비평가들이 많이 하는 소리가 이 세상에 절대적인 진리는 없다는 것이다. 그렇게 말하는 자체가 나름의 진리를 주장하는 것이면서도 스스로 모순된 소리를 하고 있는 줄도 모르고 있나봐. 세상에 진리가 없다면 공부는 왜 할까? 비평을 쓴다면 자기 말이 옳다는 소리를 쓸 텐데 옳은 것 자체가 없다면? 그럼 지금 하고 있는 말은 뭔데? 참 자가당착적이라 하지 않을 수가 없다.

세상에 절대적 진리가 없다는 소리는 작품은 작가의 것이 아니라 독자의 것이라는 소리와 일맥상통한다. 작품에 있어서 작가는 하나님이다. 작가만이 자기 작품에 대하여 가장 정확한 의미를 알 수 있고 알고 있다. 애엄마가 내 새끼는 내가 제일 잘 안다거나 환자가 내 병은 내가 제일 잘 안다는 정도의 주장과는 차원이 다르게 작가와 작품의 관계는 절대적이다. 자신이 구상한 내용과 형식을 스스로 만족할 때까지 고치고 또 고쳐서 완성시키는 게 작품이다. 마감하고 서명하면 변질도 안 된다. 그러니 그 작품은 온전히 작가의 것이지. 심지어는 쉼표 하나까지. 이인성 봐라. 얼마나 쉼표를 많이 쓰니? 그게 다 작가의 뜻이라니까. 작가의 생각이 다 들어 있다니까. 오죽하면 글은 곧 그 사람이다…. 이런 말이 다 있겠어?

평론가들아, 내가 다시 한번 물어볼게. 작품이 세상에 나오면 그건 작가가 아니라 독자의 것이니? 엄마가 아기를 낳으면 걘 그냥 사회의 소유니? 그럼 엄마랑 아빠는 자동으로 살처분이야?

표현의 자유라는 미명 하에 자신들의 무제한적 아무말 대잔치를 확보하기 위하여 고안된 궤변으로도 부족하여 이 세상을 진리도 없고 기준도 없는 카오스라고 주저 없이 선언하는 만행 위에서 문학비평이란 근사한 비즈니스가 성립되고 있는 것은 아닌가… 하는 합리적 의심이 생기네. 이것이 진실이라면 비평은 영아 납치이고 사기에 강도에 체제 전복에 다름 아니다. 책 몇 권 읽었다고 입만 달고 다니면서 말이지.

번역가는 철저하게 작품을 작가의 것이라고 인정하는 지점에서 작업을 시작한다. 작가의 의도, 작가의 의미가 바로 그 작품의 진실이자 진리라는 전제를 가지고 작업한다. 그렇지 않은 번역작업은 처음부터 사기이고 에러니까. 작품의 모든 문장에 드러난 또는 숨겨진 창조주의 단 하나뿐인 진실과 진리를 유한한 인간의 능력으로 발견하여 재현하려고 몸부림을 친다. 성공할 때도 있고 본의 아니게 실패할 때도 있지만 번역가들의 마인드는 이게 디폴트값이다.

안다. 그렇게 해도, 그렇게 할수록 그 모든 노력의 영광은 작가에게 돌아간다는 것을. 근데 그것이 번역가의 보람이다. 열심히 일하지만 크게 야심도 없다. 자아도 내려놓았다니까. 우린 돈만 받으면 돼. 얼마나 정직하고 깨끗하냐? 다르지, 니네랑? 이게 번역이야.

할 줄 알면 니네도 번역 좀 해라. 한량처럼 거들먹거리며 남의 작품에 초치고 똥 싸고… 그런 짓 하지 말고. 하려면 봉사의 정신으로 잘 좀 하든 가. 몰래 일본 책이나 베끼지 말고. (2023/9/10)

7. 번역가에게 작가란 무엇인가?

경우에 따라 다르지만, 작가의 원문은 대체로 번역가의 밥줄이자 영접해야 할 손님이기도 하지. 장사를 하다 보면 손님 중에는 신사적인 분도 있고 진상도 있어서 오너 입장에선 천국과 지옥을 오가는 차이를 느낄 수가 있다. 원문의 난이도와 퀄리티에 따라서.

내가 겪었던 다소 극악한 사례를 들어볼까? 영어를 한글로 옮길 때는 별로 일어나지 않는 일인데 한국어를 영어로 옮기다 보면 유난히 비문이 많다는 사실을 깨닫게 된다. 소설가나 수필가처럼 문장연습이란 것을 의식적으로 실행했던 문필가의 경우는 그래도 덜한 편인데 학자들의 경우는 엉망인 문장이 제법 발견된다.

요즘은 어떤지 모르겠으나 한국에서 예전에는 학자는 책 읽는 사람이라는 인식이 지배적이었다. 다시 말하면, 글 쓰는 사람은 아니라는. 정확히 말하면 학자는 글 쓰는 사람이 아니고 논문을 쓰는 사람들이라는 인식인데, 논문이란 쓰는 게 아니고 짜깁기하는 거라는 인식도 팽배했다. 그래서 실제로 수많은 대학교수나 박사급 연구자들이 국회 청문회 나오면 노상 걸리는 게 표절 시비잖어. 밖에선 입바른 소리를 도맡아 하던 작자들이 그들의 고유한 직업적 영역에선 도둑질을 한다. 베낀 문장은 자기도 모르는 소리일 가능성이 농후하고, 그러니 비문이 많고 번역이 잘되지 않을 수밖에.

내가 한국에서 대학원 시절 후배들의 졸업논문을 읽어 줬던 경험이 있었다. 교정작업이라고···. 학창시절 통틀어 제일 많이 해 봤던 작업들 가운데 하나이다. 요청에 의해서. 교정작업을 하는 방식은 항상 동일했다. 읽어도 이해가 안 되는 부분을 빨간색으로 밑줄을 쭉 긋는다. 그리고 필자에게 묻는다. 이게 무슨 뜻이니? 필자가 한참을 들여다본다. 더듬더듬 설명한다. 근데 왜 그렇게 안 썼어? 깨갱. 다시 써. 네. 이걸 하도 많이 했더니 우는 애도 있었다.

번역의 퀄리티는 (일단은) 원본의 상태에 달려 있다. 원본이 명문이라면 좋겠지만 일단은 필자가 자기 글을 알고 쓴 것인가가 제일 중요하다. xxx 같은 사람들이 작성한 수많은 학위 논문들처럼 무대포로 베꼈다거나 자기도 모르는 소리를 주절거린 글은 번역이 가능하지 않다.

한편 한국어는 영어로 옮기면 비문으로 밝혀질 수밖에 없는 구조적 한계가 있다. 문장의 주요소인 주어나 목적어를 생략해도 (소통이) 되는 언어적 특성 때문이다. 안 써도 소통이 될뿐더러 하자 있는 문장으로 여겨지지도 않는다. 대체로 문맥을 통해 이심전심으로 이해와 복원이 가능하기 때문이다. 그런데 아무리 뚫어지게 쳐다봐도 독해가 안 되는 것들이 있다. 읽을 땐 안다고 느끼고 지나갔는데 막상 번역을 하려니 안 되는 거야. 생략된 의미가 복원이 안 되어서.

그래서 번역가의 진정한 실력은 이해가 안 되고 복원이 힘든 원문의 의미를 찾아내는 해독력에 있다. 외국어능력은 그 다음이라니까.

출판이 된 책의 경우는 수차례의 교정작업을 통해서 앵간한 문장도 깔끔하게 고쳐진 후 세상에 나오지만 날 것의 맛을 전달하는 것을 목표로 출간되는 텍스트가 종종 있다. 문장 보다는 필자의 아이덴티티가 중요한 텍스트가 그러하다. 이런 경우 작가의 개성을 살리기 위해 거의 철자법만 교정해서 내보내는 게 아닐까 싶을 만큼 비문이 수두룩한 텍스트가 되고 만다. 그게 예전에 번역했던 『선방일기』.

비문과 함께 번역가의 고충은 필자의 잘못된 인용이다. 가령 짜라트스트라가 이렇게 말했다고 멋진 문장을 인용했는데 막상 짜라투스투라가 했던 말이 아니라네? 아놀드 토인비를 거명하며 인용을 했는데, 토인비가 했던 소리가 아니라네? 허걱! 필자가 싼 똥을 번역자가 치워야 하는 경우이다. 필자의 실수를 밝히지 않으면 결국 번역자도 잘못된 지식을 전달한 셈이 되니까. 공범이 되니까.

완벽한 번역자는 원저자의 머리 꼭대기에 올라앉아 있어야 한다. 원저자도 무슨 소리인지 모르고 썼던 문장, 그의 논센스와 실책과 오류를 잡아내서 원글은 고치지 못한다 할지라도 각주를 통해서라도 사실과 진실을 밝혀낼 수 있어야 제대로 된 번역가라는 얘기다. 의사가 환자의 똥을 보며 뭘 먹었는지, 뱃속에서 뭔 문제가 있었는지 파악하는 것처럼 원저자의 글을 보고 그의 뇌 속을 들여다봐야 한다니까. 여기까지가 해석작업. 그다음엔 타깃 언어로 옮기기.

원글이 예술작품이냐 논픽션 다큐냐가 중요하다. 예술은 형식도 매우 중요하니 할 수 있다면 문체와 말투까지. 내 작품 중엔 토마스 제퍼슨의 독립선언문을 그렇게 해 보려고 노력했다. 제퍼슨이 한국인이라면 어떻게 말했을까 생각하며 작업했다.

논픽션 다큐 글인 경우는 내용에 집중하여 독자들에게 최대한 잘 읽힐 수 있도록 presentation하는 일이 번역이다. 잘 읽히는 문장이어야 하고 수려해야 한다. 미국영화에 챈스 일병의 귀환이라고 있다. 전장에서 병사 하나가 전사했다. 폭탄에 맞아 살점도 떨어지고 팔다리도 훼손이 되었다.

소장품과 전투복도 피로 범벅이 되었다. 이 죽은 병사를 고향에 데려가 장례를 치러주는 과정이 이 영화의 시놉시스다.

심하게 훼손된 시신을 그대로 갖다가 부모에게 넘길 수는 없지 않냐? 비록 한국어의 특성과 원저자의 부주의 그리고 무지 등등의 이유로 비문으로 가득한 텍스트가 되었을지라도 번역가는 비문을 타깃어에서는 어법에 딱 맞는 문장으로 만들어내야 하는 의무가 있다. 팔다리가 떨어져 나간 시신을 온전한 모습으로 붙여놓고 깨끗이 닦은 후 편안한 자세로 눕히고 옷을 입혀 내보내야 한다. 그래야 부모님과 장례식 참석자들에게 그나마 위안이 되니까. 그래야 편안하게 보내드릴 수 있으니까. 말하자면 시신에 염을 해 주는 일인데, 그게 번역가의 일이다. 최악의 경우.

작가는 번역가의 밥줄? 그거 절대 거저먹는 거 아니다. 극한직업을 저렴하게 봉사하는 게 번역가다. 진짜 싼 거다. 지들끼리 북 치고 장구 치며 다 해먹는 평론에 비해서 말이다. 많이 잘못됐다. 작가는 번역가들을 업고 다녀야 한다. 진심으로 감사해야 한다. 어떻게 감사해야 할지를 출판계는 고민해야 한다. (2023/9/13)

8. 내가 작가가 아닌 까닭

> 너무좋아요.글도 너무잘쓰시는데 ...
> 작가님이세요? 담주에 가보려구요.

우리 고객님들한테 옛날에 써놓았던 여행 에세이 하나 보내드렸더니 몇 분한테서 나보고 작가 아니냐는 질문이 돌아왔다. 이상하게 나는 생리적으로 작가라는 타이틀이 싫었는데 며칠 생각해 보니까 그 이유를 확실히 알게 되었다.

인터넷 용어로 '주작'이란 말이 있다. 이 말 잘 모르면 틀딱일 가능성 5만 8천 프로. 찾아볼 것. 비슷한 말: 조작. 작당을 한단 소리도 있다. 작업을 건다는 숙어도 있고 주식에는 작전세력도 있다. 뭘 하기로 작정을 했다거나 작심을 했다는 표현도 있다. 이 모두가 한자로 지을 작作을 사용해서 만든 단어들이다. 없는 걸 인위적으로 만들어냈다는 의미인데, 좋게 보면 creation이란 뜻이지만 진실 되지 못하고 억지스런 노력으로까지 해석될 수가 있다. 그러한 맥락에서 글 쓰는 사람에게 작가란 마냥 좋은 소리는 아닐 수가 있다. 특히 "나부랭이"라는 고유어랑 같이 쓰일 땐 빼박이다.

일반적으로 작가라면 글 쓰는 사람을 통칭하는 듯하고, 특히 책이라도 한 권 냈다 하면 일단은 그렇게 부르고 보는, 묻는 분의 입장에선 일종의 칭찬과 선망이 담긴 말씀이었는지 모르겠으나 나처럼 단어의 사전적 의미에 천착하는 입장에선 작가란 호칭이 썩 내키진 않는달까?

나의 편견일지 모르지만 작가는 글을 spontaneously 쓰는 사람이 아니라 끙끙대며 지어내는 사람이란 느낌이 있다. 지을 작 아니냐. 그렇게 지어내는 글을 전문용어로 작품이라고 부르는데, 가령 판사의 판결문이나 신문의 기사를 작품이라 하지 않지? 왜냐? 지어낸 게 아니니까. 주작 글이 아니니까. 글이되, 글이 목적이 아니라 사실과 진실이 목적이니까.

나의 편견에 따르면 작가는 주작 글을 쓰는 사람이다. 그걸 폼나게 작품이라 칭하고, 작품 중에 글로 지은 작품을 문학작품이라 칭하는데, 문학은 예술이지? 그럼 예술의 목적이 뭐냐? 미. 진이 아니라 미. 조각상을 '제작'하거나 음악을 '작곡'하듯이, 없는 현실, 즉 상상을 다듬고 다듬어 만들어 내는 글. 이렇게 상상을 통해서 없는 얘기를 지어내서 쓰는 사람들, 즉, 픽션을 쓰는 사람들을 作가라고 한다.

통상적으로 픽션의 대표주자는 소설이다. 작가가 만들어낸 허구의 세계. 그래서 소설가를 구라꾼이라고도 하고, 어떤 소설가는 구라꾼이란 호칭을 훈장처럼 달고 다니기도 한다. 나도 어렸을 땐 그게 멋있어 보이기도 하여 흉내도 내곤 했었는데 지금 돌이켜 보니까 유치한 치기였다. 나의 흑역사.

원래 상상 속에 사는 애들이 치기가 많다. 그 치기 어린 마음에 세상이 다 자기 것인 것처럼 까불고 나대는 자들도 있지만, 그건 유유상종, 자기들 세계에서나 통용되는 치기일 뿐, 현찰이 오가는 살벌한 현실 세계에선 구라 치다 걸리면 어떻게 된다? 설령 손모가지는 안 잘린다 하더라도 적어도 이런 야유는 듣지. "당신 지금 소설 써?"

나는 안 쓰면 안 썼지 없는 얘기는 쓰지 않는다. 누구나 그럴 수 있듯이 실수나 착각에 의해 본의 아니게 틀린 얘기는 할 수가 있겠지만, 주작은 하지 않는다. 그러니까… 픽션이 아니라 논픽션. 그래서 작가가 아니다. 작가란 소리가 왜 그렇게 껄쩍지근하게 들렸는지 이제 알겠다. 난 나도 모르게 픽션과 선을 긋고 싶었던 거다.

나는 전통적 글쓰기에 없던 장르, 페북글도 쓰고 카톡글도 많이 쓰고 편지도 쓰고 에세이도 쓰고 칼럼도 쓰고 찌라시 광고글도 쓰지만 내 글의 성분은 사실과 경험과 인과율 뿐. 심지어는 손재주 같은 것도 안 부리고 담백하고 적나라하게 표현하려고 노력한다. 그런데 왜 쓰냐? 첫째, 필요해서. 둘째, 쓸 말이 (저절로) 생겨서. 셋째, 쓰고 나면 정리가 되는 게 개운해서. 무릇 작가라면 독자를 위해서 쓰는 데 반해 난 백 퍼센트 나를 위해 쓰니까 주작할 필요가 없고 또한 글을 위한 글, 먹고살기 위한 글을 쓰는 게 아니니까 나는 작가가 아니다. Ah C 드디어 내 정체를 알았다.

전업 작가라는 말이 있다. 작가들의 로망이자 오로지 극소수의 작가들에게만 허용된 타이틀이다. 글만 써서 먹고산다는 얘긴데, 역으로 생각하면 글 쓰는 게 얼마나 돈이 안 되면, 사람이 종사하는 웬만한 직업은 뭘 해도 밥은 먹고사는데, 작가라는 타이틀 앞에 붙은 '전업'이란 수식어가 희소성과 영광의 상징이 된다냐? 예를 들어, 버스 기사면 버스 기사지, "전업 버스기사"라든지 "전업 공무원" 뭐 이런 거 없잖아? 아 작가 말고… "전업"을 꼭 붙여줘야 아이덴티티가 확인되는 job이 딱 하나 더 있다. "전업주부." 전업작가 vs. 전업주부. 뭔가 심오한 차이점과 유사성이 공존하네.

요즘은 작가 타이틀을 아무 데나 붙이는 경향이 있던데 그중 하나가 번역작가라는 타이틀이다. 개가 풀 뜯어먹는 소리이다. 원론적으로 번역은 주작이 아니다. 번역을 지어내서 하면 큰일 난다. 번역이야말로, 없는 소리 보태지 말고 구라 치지 말고 출발어의 의미를 보태지도 빼지도 말고 도착어로 재현해 내야 하는 일인데, 거기다 대고 작가 타이틀을 붙인다니, 일종의 모욕이고 스스로 그렇게 칭한다면 자학이 아닐 수 없다.

번역가들의 커리어와 멘탈리티를 가만히 살펴보면 어떤 콤플렉스가 있어 보인다. 글의 세계에서 작가에 비하여 2등 시민이라는 열패감? 진리를 추구하여 글의 세계에 들어왔다는 프라이드보다는 생계수단이자 호구지책으로 종사한다는 자조감을 직업적 정서로 깔고 있다는 느낌이다.

글의 세계라도 작가와 번역가는 살아가는 영역이 다르다. 작가는 허구의 세계에서 살지만 번역가는 현실 세계에서 산다. 그래서 번역가는 구라치면 손모가지가 날아간다. 하다못해 소설을 번역한다 해도 구라를 쳐서는 안 된다. 즉, 훨씬 더 엄중한 세상에서 일하고 있다는 무거운 책임감과 프라이드를 가져야 한다.

가끔씩 천재 작가라는 미명하에 각종 사회부적응자, 사이코패스, 무능력자들이 미화되고 칭송되기도 했지만, 말이야 바른 말이지, 니 아들이 이상이라면 아무리 위대한 시를 써도 그게 위안이 되겠냐고? 매춘녀에 빌붙어 사는 자식이 말이다. 차라리 한 푼이라도 더 벌어 볼라고 쌍코피 터지며 밤새 번역하고, 노트북 들고 거리를 헤매다니며 약속 시간 중간중간에 카페에 앉아 한 줄이라도 더 작업하려고 동동거리는 소시민 번역가가 나는 더 건전하고 위대해 보이는데, 내 가치관이 이상한 거야?

쓰다 보니 작가와 번역가를 비교하는 데까지 왔는데, 번역가가 작가보다 훌륭한 결정적인 근거가 하나 있다. 작가는 죽었다 깨도 번역을 못하지만 번역가는 원한다면 창작도 한다. 코리아 번역의 신 안정효 이윤기는 나중에 창작소설도 남기신 분들이다. 멀티태스킹이 가능한 게 번역가다.

또 번역가가 도와주지 않으면 작가의 작품이 다른 언어권으로 어떻게 전달되겠어? 기생충이나 한강이나 모두 번역가의 도움을 톡톡히 봤던 작품 아니냐고? 번역가 없으면 당신들은 우물 안 개구리, 아니, 방구석 여포라니까. 오케?

나 같은 경우는… 뭐랄까… 작가가 아닌 것은 확실한데 쓰기는 오지게 많이 쓰고 있고… 진지한 노고를 가장 많이 쏟아붓는 것은 번역이긴 한데… 그렇다고 번역으로 먹고사는 것도 아닐뿐더러, 누가 시키는 번역은 절대 안 하기로 결심하고 내가 선택한 것만 하되, 하고 나면 내 돈 들여 책 내고, 거기에 필요한 서문이나 부록 등 번역 외적인 글도 내가 쓰고 필요에 따라서 청탁과 펀드레이징 그리고 심지어는 판매와 유통까지 하고 있으니까…. 이건 뭐, 작가도 아니고 번역가도 아닌, 이 바닥의 제3의 카테고리가 나의 타이틀인 갑다. 그게 뭐냐? 에디터.

어렸을 땐 에디터가 뭔지도 모르고 심지어 편집장이란 걸 했었다. 했다가 쫄딱 망했는데…. 그러고 나서도 그 job이 나를 줄곧 따라다녔다기보단… 나도 모르게 그 job을 열망하며 추구해왔던 것 같다. 그 결과가 지금의 내 꼬라지.

편집이 뭐냐? 뭐고 다 하는 거다. 기획, 구성, 청탁, 집필, 번역, 윤문, 촬영은 기본이고 나 같은 듣보잡 독고다이는 재정까지. 돈까지 끌어와야 하니까 땅콩도 팔고 산삼도 팔고 된장도 팔고 하는데, 뭘 팔지 기획해서 선정하고 홍보하고 실행하는 과정 역시 편집이다. 내 비즈니스도 내 편집의 결과물이고 내 인생도 편집의 결과물이다. 그 결과가 뭐냐? 요 모양 요 꼴. 살기 힘들다.

어렸을 때 첫 편집장 마치고 모 여자대학에서 나의 경험과 노하우를 장편으로 써달라고 해서 토요일마다 점심밥 얻어먹는 재미로 한동안 토요일마다 다닌 적이 있었다. 그게 바로 진짜 Editor's Note인데, 그때만 해도 손으로 쓰던 시절이었고 복사도 안 해놨다. 그 공책이 거기 아직도 남아 있나 모르겠다. 겨우 37년 전 일인데…. 지금 생각해 보니 작가도 아니고 기자도 아니고 번역가도 아니면서도 또 한편으론 그 모두이기도 한 에디터로서의 내 인생이 시작된 게 그 무렵이었네. 그게 뭐였는지도 모르면서 평생 짊어지고 왔네. 평생 짊어지고 왔어도 해놓은 건 없었는데 그게 이제부터 시작이네. 드디어 알았다. 확실히 알았다. 누가 나보고 작가 아니냐고 물으면 뭐라 대답할지.

나는 에디터입니다. (이 지랄!)

(2023/9/23)

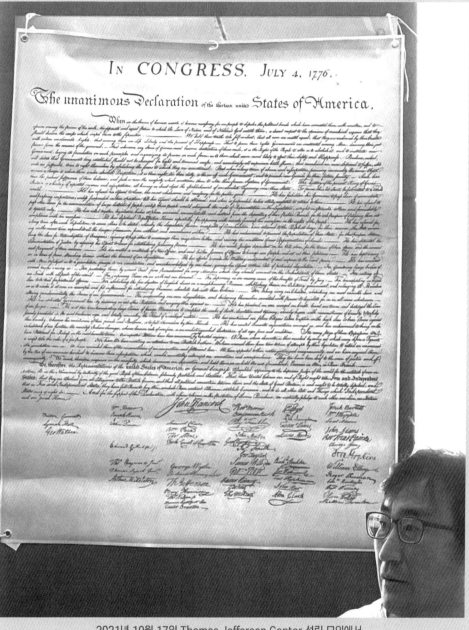

2021년 10월 17일 Thomas Jefferson Center 설립 모임에서
(사진 Ester Jung)

미합중국 번역주권 회복을 위한 제언

미국 국가의 제목이 "성조기여 영원하라"라고 통용되던 시절이 있었다. 원제가 The Star-Spangled Banner인데 아주 오랫동안 한국에서는 미국 국가를 지칭할 때 '성조기여 영원하라'라고 불렀었다. 주한미국대사관의 홈페이지에서도 그렇게 표기했었다. 말하자면 '성조기여 영원하라'는 미국정부가 공인한 The Star-Spangled Banner의 공식 한국어 표기법이었던 것이다. 적어도 2008년 이전까지는.

변화는 2008년 2월 26일 평양 동평양대 극장에서 열린 뉴욕 필하모닉의 평양공연에서 벼락같이 일어났다. 북한의 초청으로 성사된 공연이었다.

중앙일보 이장직 음악전문기자는 이 공연이 미국 내에서 정치적 논란과 부정적 여론이 적지 않았다고 밝혔다. 북한 체제의 정당화에 이용될 소지가 있다는 점과 북한의 허가를 거쳐 연주곡을 선정해야 하기에 예술적 자유가 침해될 수 있다는 점이 지적되었다는 것이다. 그럼에도 자린 메타 뉴욕필 사장은 2007년 12월 11일 뉴욕 링컨센터 기자회견에서 "우리는 위대한 음악을 연주할 뿐이다. 우리는 정치에 대해선 생각하지 않는다"며 북한의 초청에 호응했다.

"위대한 음악을 연주할 뿐"이라던 공연에 국민의례가 필수적이었는지는 의문이지만, 무대에는 인공기와 성조기가 게양되어 있었고 공연에 앞서 북한의 애국가와 미국 국가가 연주되었다. 지휘를 맡은 거장 로린 마젤은 관객들을 위하여 준비해 온 한국어로 "좋은 시간 되세요"라고 인사하기도 했다. 바그너의 로엔그린 서곡으로 시작해 앵콜로 연주한 아리랑까지 공연은 한 시간 반 동안 이어졌다. 아리랑의 수많은 버전 가운데에서도 북한의 공훈예술가 최성환이 작곡한 아리랑이었다. 뉴욕 필의 입장에서는 북한의 입장을 최대한 존중하고 배려했던 공연이었다. 그리고 이 공연은 전 세계에 생중계되었다.

미국의 주류 매체들도 이 공연에 일제히 찬사를 보냈다. 연합통신을 인용한 MBC의 보도에 따르면 "뉴욕타임스는 이번 공연은 미국과 북한 간의 반세기에 걸친 문화적 단절의 해빙을 알리는 첫 신호라고 평가"했고 "워싱턴포스트도 이번 공연이 큰 갈채를 받은 사실을 전하며 이번 공연은 음악으로 하나의 장벽을 허무는 일과 같은 것"이라고 논평했다고 전했으며, "월스트리트저널(WSJ)도 로린 마젤 뉴욕필 음악감독이 공연에 앞서 앞으로 문화 및 사회적 교류를 촉발시킬 아주 작은 걸음일 수 있다고 말한 사실을 소개하며 긍정적으로 평했다"고 보도했다. KBS가 인용한 미국 내 매체의 인터뷰에서 부모가 북한 태생이라고 소개된 미셸 김은 "웃는 얼굴에 침 못 뱉는다죠. 음악이 그들의 마음을 열어주기를 희망합니다."라며 이 공연에 대한 기대감을 피력했다.

미국의 주류 매체들이 박수를 치고 있는 동안 이 공연의 여파는 엉뚱한 곳으로 번지고 있었다. 공연 다음 날인 2월 27일 한국 언론은 일제히 미국 국가의 한국어 표기인 '성조기여 영원하라'는 오역이라는 보도를 쏟아냈다. 아래와 같은 헤드라인으로 이 공연이 대서특필된 것이었다.

위쌀직열 ▼

평양에 울려퍼진 것은 "성조기여 영원하라"가 아니었다

헷갈리는 미국 국가명, '별이 빛나는 깃발'이 맞다

[중앙일보] 입력 2008.02.27 13:47 수정 2008.02.27 15:03

보도의 불똥은 주한미국대사관으로 튀었다. 중앙일보는 이렇게 보도했다. "미국대사관 측은 홈페이지에 'star-spangled banner'를 국가로 소개하고 있다 … 제목은 '성조기여 영원하라'라고 번역해 놓았다." 일국의 대사관이 주재국에서 자국의 국가명조차 주재국 언어로 똑바로 내놓지 못하냐는 힐난이었다. 미합중국이 수십 년간 공인해 왔던 미국국가 The Star-Sangled Banner의 공식 한국어 표기법이 하루아침에 애물단지가 되어 시비의 도마에 오르게 된 것이다.

이러한 사태가 벌어진 경위는 노컷 뉴스가 보도했다. "북한 장내 아나운서가 (The Star-spangled Banner를) "별이 빛나는 깃발"이라고 소개했고, 조선중앙TV 자막으로도 '스미스 작곡, 별 빛나는 깃발, 미국국가'라고 소개"했다는 것이다. 그러니까 미국 국가의 공식 표기법에 대한 논란의 근거가 북한의 장내 아나운서와 조선중앙TV의 자막인 셈이다. 북한에서 얻어들은 내용을 대한민국으로 가져와 미국을 비방하고 있는 모습을 대한민국 언론이 보여 주고 있는 것이다. 북한의 주장을 무비판적으로 수용하고 거기에 입각하여 단 하루 만에 인민재판에 회부하는 모습이었다. 이린 게 종북의 패턴 아닌가?

이 사태의 하이라이트는 주한미국대사관의 대응방식이었다. 중앙일보는 이렇게 보도했다. "대사관 관계자는 "오래전에 이런 번역이 올려졌는데 당시 외부의 번역사들이 일반인이 알고 있는 수준에서 그렇게 표기한 것으로 보인다"며 "수정할지 번역 팀과 논의 중"이라고 전했다."

일국을 대표하는 공관의 대응 치고는 대책 없이 미숙하고 무책임한 해명이었다. 외부 지적의 타당성 여부를 깊이 검토하지 않고 즉석에서 꼬리를 내렸다. 더욱이 문제의 책임을 하청일꾼에 불과한 "외부 번역사"들에게 돌리고 면피하려는 변명은 전혀 미국답지 않은 모습이었다. 당황했던 탓일까? 세계인의 자유와 인권을 책임지기 위하여, 그리고 대한민국을 수호하기 위하여 신성한 생명과 명예를 걸고 싸워 왔던 미합중국이 아니었다.

그 이후 주한미국 대사관 홈페이지에서 "성조기여 영원하라"는 영원히 사라졌다. 한국어 제목은 사라지고 그냥 원문을 음사한, 그것도 잘못 음사한, '스타즈 스팽글드 배너'라는 제목 하에 이 노래 가사의 한국어 번역을 게시했다. 그러다가 최근 개편된 홈페이지에서는 그것마저 삭제되어 있는 상태이다. 주한미국대사관에 이제 미국 국가는 없다.

이러한 사태를 어떻게 해석해야 할 것인가? 북한의 유인전술에 꼬여 넘어온 특공대에 수류탄을 투척하여 그 유탄에 본진까지 붕괴된 케이스라면 지나친 비약일까? 그 유탄을 실어온 바람이 바로 (종북) 언론이고. 뭐, 이건 하나의 해석일 뿐이므로 강력히 주장하지는 않겠다. 한 가지 꼭 짚고 넘어갈 명확한 사실은, 북한은 미합중국에 번역을 빌미로 도발을 했다는 점이다. 자신들이 초청한 공연에서 오랫동안 통용되었던 상대국의 국가 명을 무시하고 비트는 것은 예의가 아니었다. 계획적인 트랩이었다고 해석할 수밖에 없는 공격이었고, 예상치 못한 도발에 미합중국 주한미국 대사관은 굴복했다. 북한은 뉴욕 필의 웃는 얼굴에 침을 뱉었고 미국은 아닌 밤에 홍두깨로 예기치 못한 급습을 받아 백기를 들었다는 것이 이 사태의 골자이다.

해프닝처럼 보이는 이 사건이 상징하는 바는 크다. 주한미국 대사관은 주재국 대한민국에서 한국어에 대한 미합중국의 번역주권을 포기한 것이다. 북한과 북한의 주장을 그대로 수용한 언론의 공격에 꼬리를 내리고 자국의 국가명을 표기하는 방식에 대한 결정권을 포기한 상황이 된 것이다. 천조국이라 불리는 세계 최강대국의 대사관이 주재국에서 자국을 주재국의 언어로 대표할 수 있는 권리를 포기했다는 뜻이다. 누가 빼앗은 것도 아닌데, 작은 도발에 스스로 무장을 해제한 꼴이 되었다.

번역주권을 포기한 여파도 컸다. 주재국에서 주재 국민을 대상으로 자국을 홍보하고 국위를 선양하는 임무도 자동적으로 포기된 형국이 되었다. 미국 국가를 필두로 국기와 독립선언문과 헌법과 같은 국가의 핵심가치가 담긴 상징과 문서들은 홈페이지에서 삭제되었다. 최근 개편된 홈페이지를 들어가 보면 미합중국을 대표하는 기관이 아니라 일개 동사무소 홈페이지처럼 민원 안내센터로 전락한 느낌이다.

미국 국가인 The Star-Spangled Banner를 '성조기여 영원하라'라고 표기하는 것이 그렇게 잘못된 일인가? 애당초 The Star-Sangled Banner가 '성조기여 영원하라'로 미대사관 홈페이지에 공식 표기법으로 오르게 된 과정을 추론해 본다. 대사관은 "일반인이 알고 있는 수준에서 (외부의 번역사들이) 그렇게 표현했다"고 증언한다. 대사관에 고용된 번역가들이 일반인들에 의해 일반적으로 한국 내에서 통용되던 표현을 그대로 사용했다는 얘기다. 바로 그 표현을 대사관이 인증하고 공인한 제목이 '성조기여 영원하라'이다. 여기서 일반인이란 누구인가? 바로 평균적 한국인들이다. 그 '수준'이 무시할 만한 것인가? 한국인들이 바보냐고?

주지하다시피, 번역은 어법에만 의존하는 게 아니다. 어법을 초월한 수많은 영화제목의 번역들이 직역보다 더욱 깊은 의미를 더욱 직관적으로 대중들에게 어필했던 예는 수없이 많다. 사이먼과 가펑클의 Bridge over Troubled Water는 험한 바다가 아니라 '험한 세상에 다리'라고 옮긴 것이 대세더라. 북한에다 신고해라. Statue of Liberty도 원문에 없던 '여신'이 들어가서 틀렸다고 할 텐가? 북한이 자유의 여신상 갖고 도발하면 중앙일보와 노컷 뉴스는 이제 백악관에 가서 따질 건가?

학술논문의 텍스트도 아니고 예술작품이나 문화재의 명칭 같은 것들은 글자 그대로 옮겼다고 반드시 좋은 번역이 아니다. 원작자의 의도와 대상의 의미 그리고 타깃 대중들의 감성 등 여러 요소들을 종합적으로 감안하여 만들어 낸 도착어, 그것이 바로 참된 번역이다. 거기에 사회적 합의가 반영되어 있으면 금상첨화이다.

'성조기여, 영원하라'는 미국 국가에 대한, 그리고 미국에 대한 한국인들의 이해와 감성이 반영된 산물이다. 그것을 주한미국대사관이 번역가들로부터 전달받아 수용하고 공인한 결과물인 것이다. 한미동맹의 산물인 것이다. 여기에 문제 있나? 없다면, 그 소중한 표현을 지켜야 하는 책임은 고스란히 미대사관의 몫이다. 공식 번역의 결정권자이기 때문이다. 그것이 번역 주권이다. 나라를 지켜야 하는 것처럼 지켰어야 했던 소중한 주권 가운데 하나였다. 우린 한국인들이 원하는 바를 반영했고 지속적으로 존중할 것이라고 반박했다면 아무 일도 아닌 것을. 그게 그리 어려웠나?

북한은 선의에서 이 사달을 일으켰을까? 미대사관의 오역이 안타까워서 도와주려고? 공연 전 의논도 예고도 없이 갑자기? 적국이 총칼을 들고 쳐들어오는 것만 침략이 아니다. 요런 소소한 도발도 막아내고 이겨내는 것이 주권 수호이고 국방인데 너무 쉽게 손들고 포기한 거 아닌가? 작은 구멍에 결국에는 큰 둑도 무너지는 법인데.

말이 나온 김에 뉴욕 필에도 한마디. 공연 초청을 받아들이며 자린 메타 뉴욕 필 사장은 "위대한 음악을 연주할 뿐, 정치에 대해선 생각하지 않는다"고 말했단다. (잘났어, 정말!) 북한의 애국가와 미국 국가 "성조기여, 영원하라"는 위대한 음악인가? 공연을 수락하는 데 있어서 정말로 일말의 정치적 고려도 없었나? 동토의 땅 평양에서 사상 최초로 연주를 한다는 공명심도? 바로 그 공명심 때문에 '위대한 음악'이라기보다는 정치적 음악이라 할 수 있는 애국가와 "성조기여, 영원하라"를 연주했던 것은 아닌가? 가슴에 손을 얹고 정직하게 자신을 들여다보기를 바란다. 바로 그 공명심이 이러한 사태의 단초를 제공했다는 생각은 없는가? 북한이라는 특수성을 감안하지 않은 나이브한 접근으로 인하여 국가에 피해를 끼쳤다는 생각은? 아니, 이 사달을 알고는 있는 건가?

뉴욕 필의 평양 공연을 보도한 모든 매체들에게 '위대한 음악'은 안중에도 없었다. 모든 매체가 '위대한 음악'은 전혀 언급하지 않고 일제히 해빙이니 장벽이니 하는 섣부른 정치성 논평만 쏟아냈을 뿐이었다. 뉴욕 필의 평양 공연은, 자린 메타 사장의 순진하고 치기 어린 소망과 달리, 철저하게 정치적으로 기획되고 계산되고 평가된 정치 이벤트였다는 사실을 아직도 모를까? 예술가가 정치적으로 이용되면 광대로 전락하는 것인데, 가서 돈은 제대로 받았나? 궁금하다.

패배와 포기는 비슷한 듯하면서도 다른 의미를 가진 어휘들이다. 주한 미국 대사관은 패배할 싸움이 아니었는데 싸워보지도 않은 채 주권을 포기했다. 약간의 개념과 심지만 있었다면 쉽게 방어할 수 있는 도발이었고, 방어할 만한 이유와 가치가 충분했음에도 너무 쉽게 백기를 들었다. 그래서 나는 이것이 패배는 아니었다고 주장한다. 진정한 패배는 지켜낼 이유도 능력도 가치도 없을 때 일어나는 최종적인 결과이다. 주한미국대사관은 2008년에 북한과의 번역주권 전쟁에서 패배한 것이 아니라 포기한 것이었다.

패배와 포기가 구분되어야 하는 것처럼 포기와 상실도 구분되어야 한다. 포기는 스스로 손을 놓은 것이지만 상실은 사라져서 복구가 불가능한 상태를 의미한다. 미합중국의 번역주권은 복구가 불가능한 가치일까? 패배가 아니라 포기일 뿐인데. 간절하다면, 숨넘어간 사람도 심폐소생술로 살려낼 수 있다는데. 패배가 아닌 포기로부터, 상실이 아닌 포기로부터 주한미대사관은 미합중국의 번역주권을 회복할 의지가 있을까? 마음만 먹으면 그리 어려운 일도 아닌데, 시도라도 한번 해 보면 어떨까 싶어 몇 글자 적어 봤다.

나도 이제 미국물을 먹은 지 4반세기가 넘어간다. 한국에서 대학까지 졸업한 똥팔육 세대의 일원이다 보니 시대의 세뇌를 받아 본의 아니게 미국에 대한 근거 없는 억하심정을 가지고 오랜 세월을 살았다. 내가 도미했던 까닭들 가운데는 그런 마인드가 과연 맞는 건지 검증하고 확인하려는 의도도 없지 않았다. 진짜 미국을 알라고. 눈이 조금 뜨이기 시작한 요즘은 지나간 세월이 많이 미안하다. 마음속에서 부질없이 미국과 많이 싸웠다. 나부터가 반성하고 미국에 대한 건전하고 올바른 관점과 입장을 세우며 있는 그대로의 미국을 사람들과 나누고자 정진하고 있다. 이 책도, 그리고 특히 이 글도 그러한 노력의 일환이다. 지난 25년간 나를 거두어준 미국이 나에게 해 준 것이 너무나 많은데, 내가 해 준 것이 너무나 없어 이제부터 조금씩 갚으려고. 그러나 할 줄 아는 게 그저 밥이나 간신히 벌어먹고 살면서 글 쓰고 번역하는 것뿐이라…. 그냥 이 작은 재주라도 내 신명을 다하여 평생을 갚을까 한다. 쓴소리 고깝게 여기지 마시고 나의 충심을 헤아려 주시길. (2024/7/4)

저자 이종권